누가
슬라보예 지젝을
미워하는가

Slavoj Žižek by Tony Myers
Routledge Critical Thinkers
ⓒ 2003 Tony Myers
All Rights reserved.

Korean translation edition ⓒ 2005 LP Publishing Co.
Authorised translation from English language published by Routledge,
an imprint of the Taylor & Francis Group, UK
Arranged by Bestun Korea Agency, Seoul, Korea.
All rights reserved.

이 책의 한국어 판권은 베스툰 코리아 에이전시를 통해
저작권자와 독점 계약한 도서출판 앨피에 있습니다.
저작권법에 의해 한국 내에서 보호를 받는 저작물이므로
어떠한 형태로든 무단 전제와 무단 복제를 금합니다.

누가 슬라보예 지젝을 미워하는가

토니 마이어스 지음 | 박정수 옮김

앨피

■ 옮긴이의 글

지젝에게 물어본 정신분석학의 행방

슬라보예 지젝Slavoj Žižek을 뭐라고 불러야 할까? 정신분석가? 물론 그는 1985년 파리 8대학에서 정신분석학으로 박사학위를 취득하고 라캉의 사위인 자크-알랭 밀레르에게 수련의 분석까지 받았다. 그러나 실제로 임상 분석을 하지 않는다는 점에서 지젝을 정신분석가라 부를 수는 없다. 이 결여된 임상 실천의 자리를 그는 철학-이론적 실천으로 보충한다. 그럼 그는 철학자인가?

물론 지젝은 1975년 「프랑스 구조주의의 이론적, 실천적 타당성」이란 논문으로 석사학위를 취득하고, 1981년에는 철학 박사학위까지 받았을 뿐만 아니라, 칸트·셸링·헤겔 등 독일 고전철학으로 라캉 정신분석학을 재해석하는 위업을 달성하지만, 들뢰즈나 바디우Alain Badiou에게는 어색하지 않은 '철학자'란 호칭을 붙이기에는 뭔가 2퍼센트—그러나 '전부'를 위한 결정적 2퍼센트— 부족하다.

독자적인 형이상학적 개념 체계가 없다는 점이 그 이유일 텐데, 지젝은 그 결여의 자리를 너저분한 농담과 할리우드 상업영화 따위의 대중문화로 보충한다. 화장실 유머 수준의 '더러운' 정치에 직접 몸을 담그고, 비판의 펜대를 휘둘러대는 모습도 그렇다. 차라리 대중문화 비평가나 정치 '논객'이라고 부르면 딱 좋을 모습이다.

그러나 오늘날 지젝을 최고의 인기 논객으로 만든 것이 다름아닌 그의 정신분석학적, 철학적 '고상함'임을 잊어서는 안 된다. 만약 그가 엄격한 철학적 관점 없이, 난해한 라캉 정신분석학적 개념 도구도 사용하지 않은 채 대중문화의 진창을 헤집고 다닌다면, 우리가 왜 그를 비싼 돈 주고 불렀겠는가?

오늘날 정신분석학은 점차 치료학적 효력을 잃어가고 있다. 정신병자는 여전히 거리를 떠돌거나 감금/보호를 받을 뿐 정신분석을 받지는 않는다. 더더욱, 도착증자는 정신분석의 주체(환자)가 아니다. 그들의 도착적 향락은 법적으로 보호받아야 할 인권이거나 자본에 의해 개발되어야 할 상품이지 결코 치료의 대상이 아니다. 그나마 정신분석학의 고유한 주체인 신경증자(히스테리)만이 의료보험 혜택도 없는 값비싼 상담료를 지불하며 정신분석학의 임상적 근거를 제공하지만, 그마저도 약물치료나 행동심리치료, 집단 상담 등에 자리를 내주고 있다. 요즘 다시 호황을 누리고 있는 무속 점쟁이들이 한국 사회 특유의 신경증들을 특유의 방법으로 해소해주는 것도, 정신분석학의 임상적 입지를 좁게 만드는 요인 중 하나이다.

치료학으로서의 정신분석학은 근본적으로 계몽주의적인 성격을 지닌다. 무의식이나 광기의 영역을 이성의 영역으로 재통합하는 것이 정신분석 치료의 궁극 목적인 것이다. 그러나 오늘날 정신분석학은 치료학으로서의 위상 대신 반합리주의, 혹은 신비주의 담론에 포함되는 경향이 있다. 최면, 전생, 빙의, 다중인격, 해리성 환각 같은 정신분석학적 모티프들이 대중 영화의 단골 메뉴로 등장하는 것도 이런 맥락에서 이해된다.

좀 더 고상한 차원에서 보자면, 통일된 자아 대신 분열된 주체를, 명증한 자기 의식 대신 무의식적 욕망을 강조하는 정신분석학은, 데카르트·칸트·헤겔로 대표되는 근대 이성 중심주의를 넘어서는 포스트모더니즘의 한 분파로 받아들여진다. 정신분석학적 용어로 표현하면, 포스트모더니즘의 증상들은 '억압된 것의 회귀'이다. 서양 중심주의에 의해 억압된 동양으로의 회귀, 남근 중심주의에 의해 억압된 여성의 회귀, 이성 중심주의에 의해 억압된 자연·광기·몸의 회귀, 일자一者에 의해 억압된 분열하는 복수성의 회귀, 질서에 의해 억압된 생성과 혼돈의 회귀…….

앞에서 잠깐 언급한 무속 역시 이런 탈근대적 회귀의 조류를 타고 정신분석학적 치료를 대신하며 부상하고 있다. 무속과 정신분석은 둘 다 '상징'을 통해 의미화되지 않은 '타자'의 세계에 이름과 체계를 부여하는 상징적 조작 기술이다. 샤먼이 죽은 자의 세계와 소통하고 병든 자의 신체에서 병의 실체를 뽑아내는 주술을 발휘하는 것은 이런 상징적 조작을 통해서이다. 그 상징화의 효력은 무속 공동체의 믿음으로 발생한다. 엄밀히 말해서, 공동체의 믿음이 샤먼의 주술적 효력을 발생시키는 것이지, 샤먼의 주술 능력 때문에 공동체가 그를 믿는 게 아니다. 공동체의 믿음이 없다면 샤먼은 더 이상 샤먼이 아니다. 마찬가지로, 상징적 의례를 주관하지 않는 샤먼은 샤먼이 아니라, 단지 마술사나 강신술降神術사일 뿐이다. 한국의 전통 무속에서, 대대로 의례 기술을 전수받은 세습무에 비해 신과 직접 교통하는 강신무가 천대받는 것은 이 때문이다. 그나마 전통적 무속 공동체가 사라진 오늘날 세습무에게 남겨진 길은 믿음 없는 상징 의례를 상연하는 예술가의 길뿐이다.

이에 반해 전통적 무속 공동체에서 천대받던 강신무 혹은 점쟁이는 인터넷 홈페이지까지 갖추며 목하 성장 추세에 있다. 왜 그럴까? 강신무와 점쟁이들이 탈근대의 우리들에게 제공하는 상품가치는 무엇일까?

첫째, 강신무의 빙의나 엑스터시 같은 신비 체험은, 샤머니즘 고유의 상징적 믿음이 사라진 자리에서 실재와 직접 소통하고자 하는 열망을 충족시켜준다. 언어와 상징이라는 거추장스러운 매개물을 통하지 않고 직접 실재에 도달하고자 하는 열망은, 오늘날 가상의 범람 속에서 자아의 확고한 실재성을 확인하려는 신체 절단, 아편 중독, 리얼리티 프로그램, 광신적 폭력, 근본주의적 테러 같은 자폐적 향락과 연관돼 있다.

둘째, 점쟁이들은 우리 자신의 삶에 대한 해석과 전망, 선택을 대신해준다. 이 역시 삶에 대한 총체적 해석과 전망, 실천 원칙을 제시해주는 상징적 질서가 붕괴되면서 생긴 탈근대적 징후이다. 이번 대통령은 누가 될지, 국회의원 선거에 출마할지 말지, 경제 위기는 언제 극복될지, 어느 대학에 원서를 넣을지, 취업은 할 수 있는 건지, 결혼은 몇 살에 해야 좋은지……. 이 모든 어려운 결정을 점쟁이들이 대신해준다. 그럼 우리는 정말 그들의 주술 체계를 믿는 걸까? 혹은 우리는 정말 우리의 사회-상징적 질서가 그들의 신비주의적 상징 체계로 환원될 수 있다고 믿는 걸까?

물론 그렇진 않다. 다만 무엇이든 상관없지만, 오히려 우리가 직면한 사회-상징적 질서와 무관하기 때문에 더욱 부담이 없는 그들의 비의 체계에 우리의 '주체'(자유)를 위탁하는 것뿐이다. 어차피 선택은 자신이 한다. 그럼에도 그 선택이 마치 타자에 의해 이루어진 양 가장함으로써 자기에게 지워진 결과의 불확정성과 책임의 부담을 덜어내려는 것이다.

이 얼마나 편리한 방법인가? 꿈에서도 되돌아오는 부담스런 '주체'를 대신 떠맡아주는 점쟁이들에게 그만한 복채는 결코 아깝지 않다. 주체(자유)에서의 도피를 도와주는 것이 탈근대적 무속의 역할이다.

정신분석학 역시 이와 유사한 방식으로 대중화되고 있다. 치료학으로서의 전문적 기능이 약화된 정신분석학은 우리의 욕망과 행위의 원인을 설명해주는 해석학적 담론의 형태로 대중화된다. 마치 무당이나 점쟁이가 주술 체계로 과거를 알아맞히듯이, 정신분석학자들은 TV 화면에 나와 엽기적인 범죄 사건에 대해 "어린 시절의 정신적 외상으로……"로 시작하는 이야기를 들려준다. 이들은 오늘날 가장 확신에 찬 목소리로 우리 사회의 문제 '원인'을 진단해준다.

일반 독자들이 프로이트의 책을 읽으면서 "맞아, 맞아, 나도 그런데……"라며 자기 욕망의 원인을 발견하는 기쁨을 느끼는 것도 마찬가지다. 문제는 이런 설명이 아무런 현실적 변화도 가져오지 않는다는 점이다. 오히려 원인에 대한 설명은 그 원인으로 인해 발생한 욕망의 현실에 존재 근거를 부여해준다. 인간은 근본적으로 분열된 주체이기 때문에 자신의 분열된 욕망은 존재 이유가 있다거나, 모든 충동은 근본적으로 죽음 충동이기 때문에 자신의 공격적인 파괴욕도 이유가 있다는 식이다. 오늘날 정신분석학적 해석은 병리적 향락에 대해 무력할 뿐만 아니라 오히려 그것을 지탱해준다.

이처럼 현실추수적인 해석학과 계몽주의적인 치료학의 이율배반은, 칸트가 말한 인과법칙과 자유의 이율배반과 같다. 정신분석학은 모든 현상(증상)에는 원인(외상)이 있다는 것을 인정한다. 명백히 자유의지에 따른 행위로 보이는 것도 실은 무의식적 원인을 가지고 있다는 것이 정신분석학의 기본 전제이다. 이런 관점에 따르면, 자기 의식의 주체는 존재하지 않으며, 모든 욕망은 타자의 욕망이다. 자유의지의 외관이 은폐하고 있는 무의식적 타자의 욕망을 규명하는 것이 정신분석학의 해석학적 과제이다.

다른 한편, 정신분석학은 인과법칙을 벗어난 자유를 인정한다. 칸트에게 자유란 어떤 외부적 원인에도 규정받지 않은 순수한 자기원인성을 가리킨다. 그렇기 때문에 자유는 항상 책임을 동반한다. 정신분석학이 다루는 병리적 주체는, 이 자유에 따른 책임을 회피하기 위해 주체(자유)의 부재 증명인 환상과 증상을 만든다. 그 속에서 주체는 마치 모든 것이 타자에게서 비롯되었다는 듯 타자의 욕망을 상연한다. 이 타자의 환상을 가로질러 모든 것을 주체 자신이 만들었음을 받아들이는 것이 정신분석 치료의 최종 목적지다.

이런 이율배반은 헤겔의 변증법을 통해 해소된다. 변증법적 관점에서, 인과법칙의 필연성은 오직 주체(자유)를 위해서만 존재하며, 자유(주체)는 오직 인과법칙의 필연성 속에서만 실현된다. 인과법칙이 주체 없는 실체적 필연처럼 보이고, 자유가 실체 없는 주관적 우연처럼 보이는 것은 단지 오성의 정태적 관점 속에서이다. 그런 오성의 고정된 관점은 단순히 절대이성의 수준에 도달하지 못한 정신의 미숙함 때문이 아니라, 권력이나 향락 같은 현실적 요인 때문에 발생한다. 정신분석학이 정치학이 되어야 하는 이유가 여기에 있다. 실체의 필연성을 절대화하거나 주체의 자유를 절대화하는 형이상학적 이데올로기에 감춰진 권력과 향락을 폭로하고, '실체는 주체'라는 유물변증법의 원리에 입각하여 실천을 조직하는 것이 정신분석학의 정치적 과제이다.

지젝에게 정치적 영역은 자유와 구속이 외재적으로 대립하기만 하는 공간이 아니라, 자유가 내면적인 구속의 효과를 낳고, 구속이 자기 부정의 계기를 생산하는 변증법적 공간이다. 그 변증법적 장은 또한 상징적 법과 그 이면의 초자아가 자기모순적으로 협력하는 무의식의 세계이기도 하다. 상징적 법이 금지한 향락을 초자아가 강요하는, 혹은 상징적으로 허용된 것이 초자아에 의해 금지되는 정신분석학적 주인 담론의 세계 말이다. 그 무의식적 주인의 정치에서 '주체'를 분리해내고자 하는 정신분석의 최종 목표는, 헤겔의 주인-노예 변증법에서 자기-의식의 승리로 귀결될 노예의 정치를 탐사하는 것이기도 하다.

그것은 주인 담론에 의해 선험적으로 구성된 불가능성에 내기를 거는 행위에서 출발한다. 그런 행위를 통해 정치적 장은, 르포르Claude Lefort와 라클라우Ernesto Laclau가 말한 것처럼, 경제·문화와 나란히 놓이는 하나의 사회적 하위 체계로서의 정치politics가 아니라 "사회의 구조화 원리 내지 사회적 협약의 근본 형식이 의문에 부쳐지는"* 새로운 '판갈이'의 장이 된다.

천성산 고속철도 터널 공사에 반대하여 100일 동안 단식한 지율 스님의 행위에서 이러한 정치성을 발견할 수 있다. 스님의 행위는 '정치적' 협박, '정치적' 줄다리기, '정치적' 고려라는 말 속에 함축된 '현실적 이해관계와 역학관계'를 완전히 무화시키기 때문에 정치적이다. 현실적 이해-역학관계를 전혀 염두에 두지 않고, 오히려 그런 현실적 고려를 떠받치고 있는 개발 논리 자체를 거부하기 때문에, 자신의 목숨과 도롱

---

* 슬라보예 지젝, 박정수 옮김, 『그들은 자기가 하는 일을 알지 못하나이다』, 인간사랑, 2004, 406쪽.

농의 생명을 일치시켜 개발 논리와 생태주의가 근본적으로 적대적임을 자신의 열반 원리로 증명한다. 그렇기 때문에 스님의 행위는 정치적이며, 실제로 국가 전체를 상대할 수 있었던 것이다. 그래서 개발의 논리, 자본의 논리에서 한 치도 벗어날 수 없는 현실 정치의 담당자들, 심지어 조계종단과 환경단체까지도 스님의 정치적 행위에 공포를 느끼고, 그 공포를 무마시키기 위해 정치적 양보의 제스처를 취한 것이다.

지젝의 정신분석학은 평범한 일상생활 어디서든 만날 수 있다. TV나 영화를 보다가, 공공 화장실에서 볼일을 보다가, 길거리를 거닐다가, 신문 가판대를 기웃거리다가도 문득 지젝의 재기 발랄한 문구가 떠오른다. 40년 동안 모든 음식에, 심지어 커피에까지 타서 보통 사람보다 수십 배 이상의 미원을 먹어온 '미원 아저씨', 모든 병과 모든 신체 부위에, 심지어 혀나 눈 위에까지 안티프라민을 발라온 '안티프라민 할머니'를 다룬 TV 프로에서는 근대성 신화와 상품 물신주의로 숭고해진 신체를 목격할 수 있으며, 한강대교 난간에 걸린 플래카드의 '다시 한 번 생각해보십시오. 존중받지 못할 인간은 없습니다.'라는 문구에서는 언표 내용('모든 사람은 소중하니 당신도 자신의 소중함을 깨달아라.')과 언표 행위의 효과(그냥 지나는 행인이라면, '뭐야? 다시 한 번 생각해보라고? 하긴 나도 존중받고 있지 못하지. 그럼 나도 저 메시지를 읽어야 할 사람인가?' 혹은 자살을 하려고 난간 앞에 선 사람이라면, '뭐야? 존중받지 못할 인간은 없다고? 그래 나는 지금까지 한 번도 존중받지 못하고 살아왔다. 그렇지 않다면 내가 왜 여기 왔겠어? 그럼 나는 인간도 아니란 말인가? 젠장, 진작부터 알았지만 나 같은 놈은 인간도 아니야. 죽자!') 사이의 불일치가 드러내는 인권 담론의 한계를 발견할 수 있다. 또한 화장실 벽에 붙은 '좋은 생각'의 한 구절 '당신의 오늘은 어제 죽은 누군가가 간절히 기다린 내일입니다.'에 함축된 시간 논리가, 이라크에 대한 미국의 예방 공격을 비판하는 반전주의자의 주장('이라크가 실질적으로 미국에게 행한 게 뭐냐? 이라크는 미국을 공격하지 않았다.')에 '쌍둥이 빌딩을 파괴한 테러리스트들도 9·11 이전에는 아무것도 하지 않았다.'라고 응수하는 미국의 시간 논리*, 즉 '미래를 이미 일어난 것으로 다룰 수 있다.'는 논리와 같음에, 이 말대로라면 우리의 삶은 영원히 되돌아오는 '어제 죽은' 자들의 유령과 함께하는 삶인가라는 '좋지 못한' 느낌에 몸을 부르르 떨어야 했던 것도 지젝 때문이다.

2005년 4월
박정수

---

* 슬라보예 지젝, 박대진·박제철·이성민 옮김, 『이라크』, 도서출판b, 2004, 25~26쪽.

차례

옮긴이의 글_ 지젝에게 물어본 정신분석학의 행방

왜 지젝인가?

끊임없이 놀라는 사람	21
대중문화로 철학을 '더럽히는' 철학자	22
진실의 '구멍' 드러내는 부정어법	26
할리우드 영화광, 프랑스 철학통, 대통령 후보……	30
오늘날 활동하는 가장 탁월한 사상가	39

01_ 지젝에게 영향을 미친 사람들

지젝의 세 동반자 헤겔·마르크스·라캉	43
사유 방법 제공한 헤겔 철학	43
실천적 동기와 근거 제공한 마르크스 정치학	47
개념틀과 분석 용어 제공한 라캉 정신분석학	51
'영원한 자기 찾기' 상상계	53
불가피한, 그러나 영속되지 않는 상징계	55
변증법의 활동무대, 실재계	59
상징계에 맞서는 '실재의 철학자'	65

02_ 주체란 무엇이며 왜 중요한가?

오늘날 왜 코기토를 추방시키려 하는가?	71
"개인은 상징계의 꼭두각시다!"–탈구조주의	74
시민적 주체에 필수 불가결한 '광기'	79
철학사의 사라지는 매개자, 셸링	84
주체화에 저항하라! 네 이름을 바꾸라!	90

03_ 포스트모던의 끔찍한 탈근대성

새로운 시도가 또 다른 위험 낳는 '탈근대적 위험사회'	99
대타자의 붕괴, 허구적 질서의 붕괴	103
탈근대적 초자아의 귀환, 섹스 강권하는 사회	107
탈근대성의 역설 혹은 타자의 귀환, 규제에 대한 욕망	113
행위, 주체의 재탄생	117

04_ 이데올로기에서 현실을 구분해내는 법

"세계 변화보다 종말이 더 쉬운" 이데올로기의 농간	127
"자기가 하는 것을 잘 아는" 냉소적 주체의 등장	129
믿음의 물질화, 자동화된 신념	135
이데올로기의 세 가지 양태	139
현실에 들러붙은 이데올로기 '유령'	143

05_ 같은 행성에서 온 남성과 여성, 그 사랑의 이데올로기

라캉의 성차 공식, 정말 여성혐오인가? _____ 153
바이닝거에서 찾은 페미니즘, '아무것도 아닌' 주체 _____ 154
라캉의 반전, "여자는 남자의 증상이다" _____ 160
상징 질서에 대한 여성적 저항, "무엇을 원하는가?" _____ 165
상징화가 불가능한 성적 차이, "성 관계는 존재하지 않는다" _____ 169

06_ 인종주의는 왜 항상 환상인가?

"너는 나에게 무엇을 원하는가?"……라는 환상 _____ 177
내가 무엇을 욕망할지 아는 것은 환상이다 _____ 180
모든 관점에는 욕망이 스며 있다! _____ 185
나를 지탱하는 환상, 환상 스크린 _____ 189
오해가 사라지면 인종적 편견도 없어질까 _____ 194
환상 통과하기, "언제나 이미 사회는 분열되어 있었다" _____ 199

지젝 이후

다른 사람들이 싫어하는 혹은 생뚱맞은 _____ 207
데리다와 라캉을 중재하려는 시도는 실패한다! _____ 212
궁극적 지향점은 정치혁명의 희망 _____ 216
지젝은 정녕 '좌파의 가면을 쓴 우파'인가 _____ 222

자신을 희생시켜야 성공하는 '정체성 정치' 226
지젝은 라캉으로, 우리는 지젝으로 '되돌아간다' 228

지금 지젝은… | 향락과 그것의 정치적 부침

정치적 범주로서 본 향락 235
이데올로기 이론가, 로베르트 슈만 238
미 하위문화의 사막에 오신 걸 환영합니다! 241
아부 그라이브에 대해 럼즈펠드가 알고 있는 것을 249
럼즈펠드가 알지 못하는 것

지젝의 모든 것

지젝이 지은 책 257
지젝이 공동 저술한 책 265
지젝이 편집한 책 267
지젝이 공동 편집한 책 269
지젝의 저서를 편집한 책 269
인터넷 자료 270

참고문헌 271
찾아보기 273

왜 지젝인가?

■ **일러두기**

• 책에서 자주 인용되는 지젝의 영어 저서 18권은 본문 중에 약어로 표기하고, 그 뒤에 쪽 수를 표시했다. 해당 저서의 자세한 소개와 서지 사항은 책 뒤쪽 〈지젝의 모든 것〉 참조.

- CATU *Cogito and the Unconscious*
- CHU *Contingency, Hegemony, Universality: Contemporary Dialogues on the Left*
- EYS *Enjoy Your Symptom! Jacques Lacan In Hollywood and Out*
- FTKN *For They Know Not What They Do : Enjoyment as a Political Factor*
- GAV *Gaze and Voice as Love Objects*
- LA *Looking Awry: An Introduction to Jacques Lacan through Popular Culture*
- MI *Mapping Ideology*
- SOI *Sublime Object of Ideology*
- TAOF *The Abyss of Freedom—Ages of the World*
- TARS *The Art of the Ridiculous Sublime: On David Lynch's Lost Highway*
- TFA *The Fragile Absolute, or Why the Christian Legacy is Worth Fighting For*
- TFRT *The Fright of Real Tears: Krzysztof Kieślowski between Theory and Post-theory*
- TIR *The Indivisible Remainder: An Essay on Schelling and Related Matters*
- TMOE *The Metastases of Enjoyment: Six Essays on Woman and Causality*
- TPOF *The Plague of Fantasies*
- TTS *The Ticklish Subject: The Absent Centre of Political Ontology*
- TWTN *Tarrying with the Negative: Kant, Hegel and the Critique of Ideology*
- TZR *The Žižek Reader*

원어 표기
인명이나 지명은 외래어 표기용례를 따랐다. 단, 널리 알려진 이름이나 표기가 굳어진 명칭은 그대로 두었다. 본문에서 주요 인물(생몰연대)이나 도서, 영화 등의 원어명은 맨 처음, 주요하게 언급될 때 병기했다.

출처 표시
주요 인용구 뒤에는 괄호를 두어 저자 이름과 해당 도서의 출간 연도, 쪽수 순으로 출처를 표시했다. 상세한 서지 사항은 책 뒤 〈참고문헌〉 참조.

도서 제목
도서 제목은 원제목을 번역 표기하는 것을 원칙으로 했으나, 국내에 번역 출간된 도서는 그 제목을 따랐다.

옮긴이 주
옮긴이 주는 [ ]로 표기하였다.

끊임없이 놀라는 사람

슬라보예 지젝Slavoj Žižek(1949~)은 철학자이다. 하지만 지극히 유희적인 방식으로 생각하고 글을 쓴다는 점에서 여느 철학자와 다르다. 지젝은 철학을 끊임없이 오락거리로 만든다. 비판적 사유 특유의 고답성을 유쾌하게 무시하는 그의 접근방식은 열정적이고 전복적이다. 정치적 무관심에 빠진 현대인들의 생활을 꾸짖는가 하면, 다음 순간 이웃집 닭에게 잡아먹힐 걱정을 하는 남자에 관한 농담을 하고, 영화 〈스피드Speed〉 속 키아누 리브스의 윤리적 영웅주의를 역설하는가 하면, 비아그라의 철학적 토대와 마르크스주의에서 기독교가 갖는 역설적 가치를 폭로한다.

이렇게 함으로써 지젝은 정신분석학과 철학의 목덜미를 붙잡아다 우리의 일상생활에 대면시킨다. 영국의 비평가 테리 이글턴Terry Eagleton (1943~)은 지젝을 "지난 수십 년 동안 유럽에 출현한 사람 중 가장 놀라운 명민함으로 정신분석학, 혹은 문화 이론을 해설한 사람"으로 평가한다.

지젝의 이 '놀라운 명민함'은 그의 놀람에서 비롯된다. 정말이지 그는 끊임없이 놀라서 묻는다. 왜 모든 것이 이와 같은가?

물론 지젝의 놀람은 일종의 전략이다. 그의 주장대로, 비판적 사고의 토대는 의혹과 경계이기 때문이다. '우리에게 주어진 것'('이것은 그와 같다', '법은 법이다' 등)을 그냥 받아들이지 않는 순간, 우리가 현실로 대면하고 있는 것이 어떻게 가능한지 묻는 순간, "철학은 시작된다."
(TWIN : 2) 부모에게 하늘이 왜 파란지 묻는 어린아이의 엉큼함으로 지젝은 우리가 누구인지, 무엇을 하고 있는지, 왜 그것을 하는지에 관한 통상적인 지식 전체를 의문에 부친다. 지젝이 던진 그러한 질문들과 그가 찾은 답들을 소개하는 게 이 책의 목표이기도 하다.

대중문화로 철학을 '더럽히는' 철학자

지젝의 매력 중 하나는 그 자신의 표현대로 "영화나 대중문화의 사례들과 때로는 고상한 취향의 한계를 위험하게 넘어서는 농담이나 정치 일화를 통해 자신의 이론을 뒷받침하는"(TZR : viii) 방법으로 대중문화와 일상생활을 분석하는 것이다.

이런 접근법은 죽음이나 고매한 시적 극단을 메마르고 잔잔한 어조로 설명하는 일부 철학과 달리 매우 풍부한 호소력이 있다. 하지만 더 흥미로운 것은 그가 '고상한 취향의 한계'와 협상하여 그것을 자기 저작의 일상생활과 통합시키는 방법이다. 지젝 스스로 지적하듯이, 타란티노나 화장실에 관한 논의에서 발생하는 미세하게 역겨운 향락은, 실제로는 "소위 인간적 고려라고 하는 병리학에 대해서는 철저하게 무관심한 '기계적' 사유의 전개"(TZR : viii)를 은폐한다.

가령 지젝이 영화 〈에일리언 Alien〉의 지하 동굴에 대해 "이 동굴이 불러일으키는 자궁-질의 이미지는 거의 노골적이다."(SOI : 79)라고 말할 때, '거의'라는 단어는 확실히 그의 저작을 관통하는 차갑고 냉철한 이론가의 면모와 그가 겨냥하는 독자 사이의 분열을 시사한다. 자궁-질의 암시가 '거의 노골적'이라면 정확히 누구에게 그렇다는 것인가? 답은

SF 공포물의 명작으로 꼽히는 리들리 스콧 감독의 1979년작 〈에일리언〉
시고니 위버가 연기한 여주인공 엘렌 리플리는 불굴의 용기와 의지로 이후 제작된 세 편의 속편에서도 유일하게 살아남는 인물이다.

지젝은 이 영화에 나오는 지하 동굴이 불러일으키는 자궁-질의 이미지가 "거의 노골적"이라고 말한 바 있다. 이처럼 지젝은 영화나 대중문화에서 철학적 주제를 잘 끄집어내기로 유명하다. 자기 이론을 뒷받침하기 위해 때로는 고상한 취향의 한계를 넘어서는 농담이나 얘기를 풀어놓기도 한다. 지젝이 말한 〈에일리언〉의 자궁 환기는 음란해서 거의 외설에 가깝지만, 지젝이라는 이론가에게는 전혀 외설스럽지 않다. 우리는 그의 글을 통해 아무런 죄의식 없이 관찰의 향락을 즐기게 된다.

물론 우리, 지젝의 독자들이다. 이런 진술로 지젝은 우리를 소외시킨다. 다시 말해서 이런 자궁의 환기는 너무나 음란해서 거의 외설에 가깝지만, 동시에 지젝이라는 '이론가'—그것이 독자의 감각에 미칠 충격 따위는 전혀 아랑곳하지 않고 모든 문화적 파편들을 자신의 이론적 제분기에 집어넣는 이론가—에게는 전혀 외설스럽지 않다.

따라서 '거의' 란 단어는 지젝의 작업 속에 감춰진 분열, 일종의 '떨림점' 을 지시한다. 독자의 감각을 알고, 마찬가지로 그 감각을 지니고 있는 지젝은, 오직 이론적 요점과 엄밀성만을 따지는 지젝에게 공명하여 떨린다. 요컨대, 지젝의 문체가 지닌 트릭은 이러하다.

앞서 본 것처럼 지젝은 우리를 위해, 우리를 대신해서 놀란다. 그럼으로써 우리로 하여금 정치적으로 부적절한 관찰의 향락에 빠질 수 있게, 일반적인 경우라면 반드시 느꼈을 죄의식 없이 향락을 즐길 수 있게 해준다. 그것은 마치 '물론 나는 화장실이나 사도마조히즘, 그리고 발기에 관한 이 모든 이야기가 지극히 외설적이라는 점에 동의한다. 그럼에도 불구하고 우리는 이 모든 삶의 측면들을 이론화해야 한다.' 라고 말하는 것 같다. 이렇게 지젝은 죄의식 속에서 향락에 집착할 수밖에 없는 보통 사람들의 자기 책망을 덜어주어, 좀 더 즐겁게 그의 책을 읽을 수 있게 만든다.

그래서 앞의 '거의' 라는 단어는 지젝이 '물신주의적 부인fetishistic disavowal' 이라 부른 것으로 기능한다. 지젝은 자신이 말한 것이 '너무 노골적' 이라는 사실을 알고 있다. 그럼에도 불구하고 여전히 그것을 말한다. 여기에는 부정어법apophasis이라 불리는 부인否認의 논리와 유사한 수사적 장치가 있다.

부정어법은 '어떤 것을 언급하지 않겠다고 말함으로써 바로 그것을 말하는 장치'다. 가령 '무슨 일이 있더라도 저는 목사님의 부정을 언급하지 않을 것입니다.' 같은 진술이 이에 속한다. 그래서 부정어법은 담화 내부의 구멍을 드러낸다. 어떤 것을 언급하지 않겠다고 말함으로써 바로 그것의 윤곽을 드러내는 것이다.

이처럼 부정어법은 내가 한 말의 한계, 혹은 지평을 드러낸다. 이를 지젝에게 대입시켜보면, 일상생활의 천박한 측면과 대중문화를 이론화하는 가운데 지젝은 전통 철학의 한계를 드러낸다. 전통 철학이 언급하지 않겠다고 하면서 말한 것, 자위행위나 멜 깁슨 같은 것 말이다.

그래서 지젝이 다루는 대상은 철학 담론 내의 구멍, 곧 보통 적합한 이론적 제재를 구성하기 위해 이론의 영역에서 배제해온 것들이다. 이런 구멍을 다루는 행위가 일탈적으로 보이는 이유는, 그가 철저하게 보수적인 관점, 즉 전통적인 철학의 관점을 견지하며 그것들을 다루기 때문이다. 만약 지젝이 엄격한 철학적 관점도 없이 문화적 파편들을 분석한다면, 달리 말해 그의 이론이 그가 다루는 제재만큼이나 '저급' 하다면, 그의 전체 기획은 따분해지고 우리도 그에게 관심을 갖지 않을 것이다. 지젝의 저작이 지닌 첫 번째 매력은 정확히 이와 같은 영역의 혼합, 즉 철학에서 언급하지 말아야 할 것을 말하는 것에서 비롯한다.

이는 19세기 중엽 프랑스 시인 보들레르Charles-Piere Baudelaire(1821~1867)가 사용한 공감각과 유사하다. 공감각은 '나는 푸름을 듣는다.' '나는 큰 소리로 사물들을 본다.'처럼, 하나의 감각을 다른 감각과 이미지를 연합하여 묘사하는 것이다. 공감각은 낭만주의 시인들의 개별 감각 묘사가 무미건조해지고 세속적이 됐을 때 비로소 수립되었다. 고상한 철학과 저급한 대중문화를 혼합하는 지젝의 작업은 일종의 공감각, 즉 서로 다른 유형의 담론들을 혼합하여 그것들 각각의 특성을 더 뚜렷이 드러내는 것이다.

여기서 우리는 '말해지지 않아야 할 것에 대해 철학은 말하지 말아야 한다.'는 관점이 정확히 독자의 관점, 철학의 대상을 미리 설정해온 우리 자신의 관점이라는 점을 놓치지 말아야 한다. 철학 자체는 자기 대상에 무관심하다. 차갑고 냉철한 지젝, 즉 '거의'라는 단어가 필요없는 이의 관점은 이 무심한 관점이다. 그래서 철학의 부정어법, 혹은 철학에 대한 '공식적' 담론에 뚫린 구멍은 철학 자체가 아니라 우리 자신이 구성한 것이다.

끊임없이 대중문화를 참조하여 철학을 더럽힘으로써, 아무것도 회피하지 않는 열정을 철학에 다시 불어넣음으로써, 지젝은 독자들의 공식적 편견에서 철학을 구해낸다. 이런 의미에서 지젝의 이론적 전복성은 정통 이론보다 훨씬 더 정통적인 성격에서 나온다. 지젝은 철학 그 자체는 원하지 않는 확신을 갖고 철학자의 임무를 규정한다. 그는 철학을 무겁고 진지하게 대했다. 문화에 대한 가볍고 유희적인 논의는 그것을 증명하는 징후이다.

진실의 '구멍' 드러내는 부정어법

지젝의 특징적 제스처 중 하나는 부정의문문으로 자신의 해석을 공식화하는 것이다.

프랑스, 독일, 영국의 화장실은 결국 세 가지 실존적 태도를 표현하는 방법이 아닌가? 독일의 화장실은 반성적 철저함을, 프랑스 화장실은 혁명적 조급함을, 영국의 화장실은 공리주의적 실용성을 표현해주지 않는가?' (TPOF : 5) 계급체계의 3원성을 파악할 때 우리는 라캉의 상상계,

상징계, 실재계를 다루고 있는 게 아닌가? 〈X파일〉은 아버지의 소멸된 권위는 언제나 실재 속에 되돌아온다는 사실을 보여주지 않는가?

이와 같은 도전적인 질문에 지젝이 내놓는 대답은 '물론 그렇다!' 이다(이런 단언은 항상 '달리 생각하면 당신은 바보다.' 라는 의미를 함축하고 있다.). 지젝의 저작에서 이런 질문들은 항상 어떤 번역의 과정을 함축한다. 그 지점에서 지젝은 하나의 의미체계를 다른 의미체계로 번역한다. 가령 라캉의 체계는 헤겔의 체계로, 마르크스의 체계는 라캉의 체계로, 할리우드의 체계는 지젝의 체계로 번역된다. 지젝 스스로 조심스럽게 지적하듯이, 이런 번역은 항상 완전한 대응은 아니지만 만만치 않은 설명적 통찰을 가져다준다. 지젝은 '만약 이전의 방법으로는 이해되지 않던 것들이 다른 각도에서는 이해된다면 그 각도에서 보는 것도 나쁘지 않다.' 고 말하는 것 같다.

물론 생동감이 있긴 하지만, 산문체임에도 그의 글은 시적이다. 시를 환유에 대한 은유의 우세함으로 파악한 러시아 출신 미국 언어학자 로만 야콥슨Roman Jakobson(1896~1983)을 따른다면 말이다. 은유와 환유의 차이를 알고 싶다면, 주류 영화들이 섹스 행위를 표현하는 방식을 떠올려보자. 영화 속의 남녀가 사랑을 나누는 장면을 직접 보지 않고 암시만 받고 싶다면, 유리창으로 흘러내리는 두 줄기 빗물이 합쳐지는 은유적인 장면이나 방바닥에 옷가지들이 널브러져 있는 환유적인 장면을 떠올리면 된다. 즉, 은유는 속성상의 유사성을 지시하며, 환유는 어떤 사태 전체를 그 사태의 일부분으로 대신 지시한다. 야콥슨에 따르면, 소설은 환유의 원리, 즉 단어들이 결합하여 문장을 이루는 수평축에 의존하며, 시는 하나의 단어가 유사성에 의해 다른 단어로 대체되는 수직축에 의존하여 씌어진다.

지젝의 책은 특이한 시적 순간들로 채워져 있거나 수선화 얘기로 향기를 풍기지는 않지만, 그 구조상 근본적으로 시적이다. 그의 책은 하나의 사유체계를 다른 사유체계로, 하나의 관념을 이웃한 다른 관념으로 대체하며, '형이상학적 종지기'가 구사할 수 있는 모든 기법을 동원하여 여러 철학의 소리를 공명시킨다.

이런 상호교환성 속에서 지젝은 풍부하고도 밀도 높은 연상聯想의 직물을 만들어낸다. 마치 '지젝식 태피스트리'를 구성하는 숱한 영화들에 등장하는 한 장면처럼. 그 속에서 인디언들이 존 웨인의 모닥불 주위를 둘러싸듯, 지젝은 자기 대상의 '진실' 주위를 에워싸며 직물을 짜나간다. 그래서 지젝의 책을 읽을 때 경중경중 대강 읽어내려가면 무슨 일이 일어났는지 알 수 없게 된다. 그가 지핀 모닥불 주위를 도는 독서 여정 속에서 만나게 되는 모든 이야기들은 각각의 지점 혹은 장에 제한되어 있기 때문이다.

지젝의 책을 주의 깊게 읽은 독자라면, 그가 매번 다른 모습으로 되돌아오는 개념을 사용하고 있음을 알아챌 수 있다. 그러니 그의 책을 읽을 때 각 논의의 세부 사항까지 전부 이해하지 못한다 해도 조급해할 필요는 없다. 조만간 일련의 등가성들 속에서 더 생산적인 각도로 이전의 논의를 이해시켜주는 '이것은 ~가 아닌가?'의 순간에 직면할 테니까. 이것이 지젝의 통상적인 전략이다. 다시 말해, 그의 책들은 일관된 논의 전개가 아니라 하나의 주제, 혹은 하나의 구멍 주위를 돌며 윤곽을 드러내는 방식으로 씌어진다. 아르헨티나의 철학자 에르네스토 라클라우가 지젝의 첫 번째 영어 저서 『이데올로기라는 숭고한 대상*The Sublime of Ideology*』에 대해 평가한 것처럼.

러시아 출신 미국 언어학자 로만 야콥슨
야콥슨은 시를 '환유에 대한 은유의 우세'로 파악했다. 은유는 속성상의 유사성을, 환유는 어떤 사태 전체를 그 사태의 일부분으로 대신 지시하는 것이다. 이렇게 본다면 지젝의 글은 시적이다. 개별 문장이 그렇다기보다는 하나의 사유체계를 다른 사유체계로, 하나의 관념을 이웃한 다른 관념으로 대체하는 그 구조가 시적이다.

이 책은 확실히 고전적인 의미의 책이 아니다. 다시 말해서, 미리 결정된 계획에 따라 논의가 전개되는 체계적인 구조물이 아니다. 그렇다고 해서 자기완결적인 에세이들이 공통의 문제를 다루는 주제의 '통일성' 아래 묶인 에세이집도 아니다. 이 책은 단일한 주장의 점진적 발전이 아니라, 나중의 것이 전혀 다른 담론 맥락 속에서 이전의 것을 '반복'하는 식으로 각각이 서로 비추는 이론적 간섭의 연쇄라 할 수 있다.(SOI : xii)

가끔 이런 접근법은 실패한 것처럼 보이기도 한다. 가령 지젝의 책 가운데 '왜 여자는 남자의 증상인가Why is Woman the Symptom of Man?'라는 제목의 장이 있는데, 여기에는 이 질문에 대한 답이 나오지 않는다. 그 대답은 간접적으로 혹은 부정어법의 형태로, 다른 항목에 대한 답변('왜 언제나 두 명의 아버지가 존재하는가?') 속에 제시된다.

지젝이 이렇게 하는 이유는 독자의 기대를 좌절시키려는 도착증적인 욕망 때문이 아니라, 사물들 사이의 연관성을 끌어들이기 위해서이다. 이는 단지 어떤 것을 적합하게 보여주는 방법의 문제가 아니라, 어떤 것의 진실은 항상 다른 데 있다는 명제, 어떤 것의 동일성은 그 외부에 있다는 지젝의 기본 명제에 관한 문제이다. 그래서 모든 것에는 자기가 아닌 것 속에서 자신의 진실을 드러내는 잃어버린 조각, 혹은 구멍이 존재한다.

할리우드 영화광, 프랑스 철학통, 대통령 후보……

이렇게 해서 우리는 지젝의 저작을 관통하는 이론적 매듭 중 하나인 동일성identity의 문제에 도달했다. 이런 맥락에서 지젝 자신의 동일성은 흥미롭다.

지젝은 1949년 3월 21일 구 유고슬라비아, 지금의 슬로베니아의 수도 류블랴나에서 중산층 관료(그의 부모는 지젝이 경제학자가 되길 원했다.)의 독자로 태어났다. 마샬 티토Marchal Tito(1892~1980)의 통치 아래 있던 당시 유고슬라비아는 동구 블록 속에서 좀더 '자유로운' 공산주의 국가 중 하나였다. 그러나 지젝이 지적한 것처럼, 공산주의 체제가 국민들에게 허용한 자유는 오히려 치명적인 자기통제 형식을 각자의 내면에 심는 양면성을 지니고 있었다. 반면, 국가통제의 한 측면으로서 모든 영화사들에게 배급 영화 일체를 지방 대학 자료실에 제출하도록 강제한 법률은 오히려 지젝에게 긍정적인 영향을 미쳤다. 그 결과 지젝은 당시 배급된 미국과 유럽 영화를 모두 볼 수 있었고, 할리우드 전통에 대한 정확한 인식을 갖게 되었다. 이는 이후 지젝의 저작 활동에 지대한 도움을 주었다.

할리우드 영화에 대한 지젝의 관심은 조국 슬로베니아 영화나 특히 문학에 대한 혐오와 상관이 있다. 당시 대다수의 슬로베니아 영화는 공산당의 이데올로기나 우익 민족주의에 물들어 있었다. 특히 슬로베니아의 시는 아직도 '(슬로베니아) 사회의 근본 이념'(Hanlon 2001 : 4)으로 잘못 평가되고 있다.

지젝은 10대 시절부터 영어로 씌어진 문학, 그중에서도 탐정소설에 몰두했다. 이런 문화적 관심 속에서 철학에 대한 취미를 키워갔고, 열일곱 살 무렵 철학자가 되기로 결심했다. 그리하여 스무 살이 되던 해, 류블랴나에서 공부하던 중 첫 저서를 발간했으며, 1971년에는 철학과 사회학 학사를 취득하고, 1975년에 문학철학 석사과정을 마쳤다. 400쪽에 달하는 그의 석사학위 논문 「프랑스 구조주의의 이론적, 실천적 타당성」은 자크 라캉, 자크 데리다, 줄리아 크리스테바, 클로드 레비-스트로스, 질 들뢰즈 같은 프랑스 사상가들의 영향력을 분석한 것이다.

그러나 불행히도 정치적 혐의 때문에 그는 전부터 제의받은 대학교수 자리를 당 노선과 가까운 다른 후보자에게 뺏기고 말았다. 슬로베니아의 동료 철학자 믈라덴 돌라르Mladen Dolar(1951~)에 따르면, 당시 당국자들은 지젝의 카리스마 넘치는 강의가 학생들을 반체제적인 사상에 물들게 할지 모른다는 의심을 품었다고 한다.

자신의 재능이 받아들여지지 않는 현실에 실망한 지젝은 별다른 직업 없이 유고슬라비아 육군에 복무하며, 간간이 들어오는 독일어 번역 작업으로 아내와 아들을 부양했다. 그러다 1977년 몇몇 영향력 있는 친구들이 슬로베니아 공산주의 동맹 중앙위원회에 추천해주어, 반체제적인 정치의식에도 불구하고 가끔씩 지도급 공산주의 인사들의 연설문을 쓰기도 하고, 남는 시간에는 철학 공부도 하였다.

이 몇 년 동안 지젝은 프랑스 정신분석학자 라캉Jacques Lacan(1901~1981)의 이론을 연구하는 집단의 중심 인물이 되었으며, 그들과 함께 류블랴나의 이론 정신분석학회를 창립했다(라캉의 영향에 대한 내용은 1장 참고.). 앞서 언급한 동료 철학자 돌라르와 지젝의 두 번째 부인 레나타 살레츨Renata Salecl(1962~)로 유명한 이 그룹은《문제 Problemi》라는 잡지의 편집권을 실질적으로 행사했으며(여기서 지젝은 자기 책에 대한 악평이나 심지어 존재하지 않는 저서에 대한 논평도 썼다.), '아날렉타 Analecta' 라는 시리즈물도 출간하기 시작했다. 지젝 자신도 왜 그토록 많은 라캉주의자들이 류블랴나에 모였는지 정확히 알 수 없었지만, 구 유고슬라비아의 다른 국가들과 달리 슬로베니아에는 라캉의 저작에 대한 관심을 가로막거나 누그러뜨릴 정신분석학 단체가 없었던 것만은 분명하다.

1979년 지젝은 대학교수 자리는 아니지만, 친구들의 도움으로 류블랴나 대학교 사회학연구소라는 더 좋은 직장을 얻었다. 지젝은 이곳을 공산당이 체제 비판자들을 한곳에 모아놓은 '지적 수용소'라고 생각했지만, 막상 부딪쳐보니 연구소는 다른 학자들이 부러워할 만큼 수업의 부담과 관료주의의 압박 없이 자신의 관심 분야에 몰두할 수 있는 곳이었다. 그가 1981년 철학으로 첫 박사학위를 취득한 곳도 이곳이었다. 같은 해 지젝은 파리 여행 중 그의 저서에서 주로 논의되는 사상가들을 만난다(그는 데리다가 직접 서명한 저서들을 갖고 있다.). 그중 대표적인 인물은 라캉이지만 그는 이미 1981년에 죽었고, 그 대신 라캉의 사위 자크-알랭 밀레르Jacques-Alain Miller가 지젝의 지적 발전에 결정적인 영향을 미쳤다.

밀레르는 라캉 사후 라캉주의자들 사이에 분열을 일으킨 인물로, 라캉의 지적 유산을 관리한 덕분에 프랑스 정신분석학의 좌장 자리를 차지하고 있었다. 그는 파리에서 라캉에 관한 공개 토론을 주관하는 한편, 라캉의 저술을 근본부터 하나하나 검토하는 프로이트 원인학교École de Cause Freudienne의 30인 세미나를 지휘했다. 지젝과 돌라르는 이 폐쇄적인 세미나에 동유럽인으로는 유일하게 초청받았으며, 거기서 지젝은 오늘날까지 그의 사유를 형성한 라캉의 후기 저작에 대한 이해를 발전시켰다.

밀레르는 지젝에게 조교 자리를 알선해줬을 뿐 아니라 그의 분석가가 되어주었다. 지젝은 세미나 과정에 포함된 10분 남짓한 분석 시간 동안, 교육받은 환자는 자신들이 받고 있는 정신분석의 유형에 맞는 증상과 꿈을 보고한다는, 그가 나중에 자주 언급한 분석의 진실을 알게 되었다. 지젝은 자신이 깨달은 바대로 행동했고, 이러한 계산된 꾸밈 때문에 밀레르와 그의 면담은 자주 지적 술래잡기 게임으로 끝났다.

이 게임은 지젝이 1985년 파리 8대학에서 정신분석학으로 두 번째 박사학위를 받았을 때 막다른 골목에 부딪혔다. 지젝의 박사학위 논문을 호의적으로 옹호해준 밀레르는 당시 논문 출판 기관의 대표이기도 했는데, 그가 지젝의 논문 출판을 거부한 것이다. 그래서 지젝은 라캉 정신분석학 핵심 그룹 외부에 출판을 의뢰해야 했다. 이 두 번째 좌절은 그로 하여금 고향인 슬로베니아로 돌아가 더 명확한 정치적 목적을 수행하도록 만들었다.

슬로베니아로 돌아간 지젝은 《믈라디나*Mladina*》지의 고정 칼럼니스트로 활동했다. 《믈라디나》는 1980년대 후반 유고슬라비아와 소련에서 성장하던 정치적 다원주의 속에서 점차 권력을 잃어가던 공산주의 체제에 대한 민주주의적 저항의 거점이었다. 1990년 슬로베니아에서 최초의 민주적 선거가 시행됐을 때, 지젝은 4인 대통령 후보[슬로베니아 대통령제는 네 명의 대통령이 국정을 이끌어가는 집단대통령제이다.]로 출마하지만 아쉽게도 5위에 그쳤다. 당시 그는 자유민주당 후보로 출마했는데, 그것은 그의 신념 때문이라기보다 민족주의와 구 공산당의 보수 연합을 무너뜨리기 위한 전략적 선택이었다. 자기 스스로 말해온 바대로, 지젝은 자신의 신념을 위해 자기 손을 더럽히는 걸 마다하지 않았다. 그래서 1991년 슬로베니아 공화국의 과학 대사가 되었다.

지젝은 지난 10여년 간 슬로베니아 정부에 비공식적으로 충고하는 역할을 수행하는 한편, 자신의 모든 에너지를 연구 활동에 쏟아부었다. 1989년 『이데올로기라는 숭고한 대상』의 출간 이후 지젝은 맹렬한 창작열로 영어로 된 것만 열다섯 권의 저서와 다수의 편집 서적을 펴냈다. 또한 독일어·프랑스어·슬로베니아어로도 다수의 책을 썼는데, 이 책

청중을 상대로 강연하는 지젝
지젝은 사상가보다는 행동가라는 말이 더 잘 어울리는 사람이다. 자기 말마따나 자기 신념을 위해 자기 손을 더럽히는 걸 마다하지 않는 사람이다. 그래서 1990년 슬로베니아에서 최초의 민주적 선거가 시행됐을 때 '전략적으로' 대통령 후보 출마까지 서슴지 않았다. 이뿐이 아니다. 10여 년 간 영어로 된 것만 열다섯 권의 저서를 펴내면서도, 이 와중에 네 대륙 청중들을 직접 만나는 국제 강연회도 쉼 없이 개최했다. 그가 몸담고 있는 단체와 학교도 일일이 열거하기 어려울 정도이다. 진정한 열정가의 면모가 아닐 수 없다.

들은 네델란드어·일어·한국어·포르투갈어·슬로바키아어·세르보 -크로아티아어·스위스어로 번역 출간됐다.

엄청난 양과 질을 담보한 출판 작업 외에, 지젝은 국제 강연회도 의욕적으로 개최하여 지금까지 네 대륙의 청중들에게 자신의 문자 속에 녹아 있는 에너지를 직접 전해주었다. 그 결과, 지젝은 현재 류블랴나의 사회학연구소 외에 SUNY(뉴욕주립대) 버팔로, 미니애폴리스의 미네소타 대학, 뉴올리언스의 툴레인 대학, 뉴욕의 카르도조 로스쿨, 뉴욕의 콜럼비아 대학, 프린스턴 대학, 뉴욕의 '사회 연구를 위한 뉴 스쿨', 1991년부터는 앤아버의 미시간 대학에 직위를 가지고 있다. 또한 슬로베니아의 '아날렉타' 시리즈 편집장을 맡고 있으며, 라캉 정신분석학과 마르크스주의의 결합을 도모하는 '그것이 있던 곳Wo es war' 시리즈, 라캉을 통해 문화·정치 분석을 시도하는 'SIC' 시리즈의 영어와 독일어 출판을 돕고 있다.

지젝이 걸어온 삶의 모든 국면 속에서 우리는 하나의 테마가 반복되는 것을 볼 수 있다. 어릴 적에 그는 자기 나라의 지배적인 시 문화보다 할리우드 영화를 더 좋아했다. 학생일 때에도 공산주의의 공식적인 사고방식 대신 프랑스 철학에 더 많은 관심을 갖고 그에 대한 글을 썼다. 본격적인 학자의 길에 들어선 뒤에는 정통 라캉학파에 집착하지 않고 다른 철학자들과의 관계 속에서 라캉을 해석하고자 했다. 철학자로서 지젝은 관습적으로 다뤄온 주제보다는 대중문화를 통해 사고했다. 다시 말해, 지젝의 지적 여정은 그가 속한 공식 문화와 거리를 두거나 이질적인 특징을 보여왔다. 그는 항상 지배적인 정설 내부의 불투명한 지점이었으며, 그가 놓인 사회적·철학적 관습에 온전히 통합되지 않는 '얼룩'이었다.

이와 같은 비제도성으로 인해 적어도 두 번(한 번은 석사논문과 관련해서, 다른 한 번은 두 번째 박사학위와 관련해서) 기성 제도에 편입할 기회를 놓쳤지만, 지젝은 제도에 대한 이런 저항 속에서 자신의 위치를 발견했다. 이 말은 지젝이 학문적 모반에서 출발했다거나, 온갖 장애물을 극복하는 가운데 자신의 재능을 증명했다는 차원의 문제가 아니다. 오히려 이러한 사실은 제도가 지젝의 사유를 동화시키는 데 실패한 바로 그 지점에, 지젝 철학의 특성 혹은 정체성이 있음을 증명해준다. 지젝 이론의 놀라운 성공은 부분적으로 이른 시기에 겪은 실패와 그 실패 속에서 자기 자신을 체제와 이질적인 존재로 인식할 수 있었던 데서 비롯됐다는 것이다.

다시 말해, 지젝 특유의 사유를 주조한 것은 그가 속한 철학 담론과의 차이 혹은 소외였다. 지젝의 이론은 객관적 체계 속의 일부가 아니었기 때문에 그 자체로 주체적이었다. 이 점이 중요한 이유는 지젝이 '주체 subject' 형성을 이와 유사한 방식으로 기술했기 때문이다. 지젝이 비판이론에 미친 주된 영향 중 하나가 이 주체의 개념을 정교하게 다듬은 것이다. 지젝은 대부분의 사람들이 묻지 않고 넘어간 '주체란 무엇인가?'라는 질문을 파고들었다. 이에 대한 지젝의 일차적인 대답은 간단 명료하다. 우리의 모든 개별적인 특징과 특정한 욕구, 관심, 믿음을 제거했을 때 남겨지는 것이 바로 주체이다. 주체는 사람에 따라 개별적이며 고유한 의식의 내용이 아니라, 의식意識의 형식이다.

이는 너무나 추상적이어서, 그런 주체라면 도저히 시내를 어슬렁거리는 동안 만나질 것 같지 않다. 그러나 지젝에 따르면, 이 주체가 바로 민주주의의 주체이다. 민주주의는 개별 국민들로 구성된 것이 아니다. 그 이유는 이러하다.

민주주의는 근본적으로 '반휴머니즘적'이기 때문이다. 그것은 '(구체적이고 실제적인) 사람들에 맞춰 만들어진' 게 아니라 아무런 감정도 없는, 오직 형식적인 추상에 의해 만들어졌다. 민주주의라는 개념 안에는, 어떤 구체적인 인간적 내용으로 채워지거나 공동체적 결속의 진정성에 내어줄 자리가 없다. 민주주의는 추상적 개인들의 형식적 결합일 뿐이다.(LA : 163)

그래서 정의상 모든 민주주의 시민들은 서로 평등하다. 민주주의는 개별적 인간의 인종, 젠더, 섹슈얼리티, 종교, 재산, 식사 예절, 수면 습관 따위에 무관심하다. 민주주의가 취급하는 것은 이 모든 개별적인 특질들이 제거되었을 때 남는 것, 지젝이 '주체'란 용어로 지시한, 모든 시민들이 평등하게 똑같이 공유하는 측면이다. 유추의 위험을 감수하고 말한다면, 주체는 세계에 대한 관점, 그로부터 세계가 보여지는 자리라고 할 수 있다.

'세계가 보여지는 자리'라는 표현은, 주체가 오직 세계와 거리를 두고 있는 한에서만 존재한다는 의미를 함축하고 있다. 망막으로 봄으로써만 자신의 망막을 감지할 수 있듯, 세계의 일부인 우리 자신은 세계를 볼 수 없다. 주체는 세계에서 제 자신을 분리시켜온 세계의 한 조각이며, 그럼으로써 이제 세계가 보여지는 자리다. 이것이 주체를 객관에 대립된다는 의미에서 주관적으로 만드는 것이다. 주체는 세계에 대한 특수하고 개별적인 관점이다.

여기서 우리는 왜 지젝이 이런 생각을 발전시켜왔으며, 이를 저작의 버팀목으로 삼아왔는지 알 수 있다. 지젝 자신이 언제나 세계—슬로베니아의 공식 문화, 정치적인 학계, 정통 라캉학파, 철학제도—와 거리를 두고 있었기 때문이다. 다시 말하거니와 그가 사상가로서 자기만의 정체성을 형성할 수 있었던 이유는 이렇게 그가 속해 있던 체계에서 소외되었기 때문이다.

오늘날 활동하는 가장 탁월한 사상가

그래서 이 책은 비판철학에 대한 지젝의 가장 중요한 공헌 중 하나인 주체 이론에 초점을 맞춘다. 지젝의 책은 어떤 내용을 다루든지 간에 아주 넓은 범위의 문제들을 건드리듯 다루고 넘어가는 경향이 있기 때문에, 이 책에서는 그의 사유들을 좀 더 체계적으로 통합시키고자 했다. 구체적으로는 지젝의 사유에 주요한 영향을 미친 사상가들을 얘기하고, 추상적인 형식으로서의 주체를 개관한 뒤 각 장에서 포스트모던적, 이데올로기적, 젠더적, 윤리적 주체를 검토할 것이다. 그리고 마지막 장에서 지젝의 이론이 일으킨 충격에 대한 평가와 영어로 된 지젝의 저서 목록을 정리하였다. 지젝의 책들을 본문에서 인용할 때에는 〈일러두기〉에서도 밝혔듯 머리글자만 밝힐 것이다.

이 책은 지젝의 이론을 소개하고 설명하는 책이지만, 지젝의 책을 대신할 수는 없다. 가장 좋은 것은 지젝의 저서를 직접 읽는 것이다. 지젝은 때로 '광신도를 몰고 다니는 사람'이란 평가를 받을 만큼 오늘날 각광받는 사상가이다. 그러나 그의 사상을 제대로 아는 사람이 몇이나 될까? 이 책이 지젝의 놀라운 성과를 대중화하는 데 일조하기를 바란다. 말했다시피 지젝은 오늘날 활동하고 있는 가장 탁월하고 활력 있는 사상가 중 한 명이기 때문이다. 지젝의 놀랄 만한 에너지에 감화되면 상투적인 사고로는 얻을 수 없는 신선한 통찰을 얻게 된다. 덧붙여 우리가 살고 있는 이 세계에 대한 눈뜸은 보너스이다.

01

지젝에게 영향을 미친 사람들

지젝의 세 동반자 헤겔 · 마르크스 · 라캉

지젝이 다른 사상가의 영향을 받은 분야는 주로 철학, 정치학, 정신분석학이다. 각 분야마다 그에게 주된 영향을 미친 사람이 있는데, 철학에서는 게오르그 헤겔, 정치학에서는 칼 마르크스, 정신분석학에서는 자크 라캉이다. 지젝의 책에서 이 세 사람의 개념과 방법론은 서로 겹치기도 하지만, 저마다 서로 다른 측면에서 지젝의 사유에 영향을 끼쳤다고 할 수 있다.

먼저 헤겔의 철학은 지젝의 사유 방법에 일정한 형태를 부여했으며, 마르크스의 저작은 이론의 차원을 넘어선 실천적 동기와 근거를 제공했고, 라캉의 정신분석학은 지젝이 사용하는 분석 용어와 개념적 틀을 제공했다. 이 장에서는 헤겔 · 마르크스 · 라캉이 제공한 핵심적인 아이디어가 무엇이며 그것들이 지젝의 저작에 어떻게 이용되었는지 살펴보겠다.

사유 방법 제공한 헤겔 철학

헤겔Georg Wilhelm Friedrich Hegel(1770~1831)은 무수한 주석가들이 지적하듯이, 서구 관념론의 전통에서 정점에 도달한 독일 철학자이다. 관념론이란 세계를 사물들의 연쇄로 설명하는 것이 아니라, 반대로 사물

지젝의 사유 방법에 일정한 형태를 부여한 헤겔
헤겔은 서구 관념론 전통에서 정점에 도달한 철학자이다. 그는 개별적 관념들은 하나의 절대 관념으로 통합될 수 있고, 더 나아가 통합이 필연적이라고 주장했다. 일반적으로 테제-안티테제-통합으로 구성된다고 보는 헤겔의 변증법을 지젝은 훨씬 더 급진적으로 파악한다. 헤겔의 변증법이 어떤 화해나 종합적 관점이 아닌, 언제나 불일치로 분해되는 관념이라는 것이다. 이 불일치야말로 그 관념이 애초에 존재하게 된 필연성이라고 지젝은 본다.

에 대한 관념들로 세계를 설명하는 철학체계이다. 크게 보아 관념 철학자들은 '사물들 혹은 물질적 세계는 정신이 그에 대해 갖는 관념들과 독립해서 존재하지 않는다.'고 주장한다. 그들은 의식이 현실의 근거라고 믿는다. 서구의 사유 역사에 헤겔이 끼친 가장 큰 공헌은, 개별 관념들이 하나의 절대 관념으로 통합될 수 있다고 주장한 것이다. 헤겔은 그것이 가능할 뿐만 아니라 필연적이라고 주장했다. 왜냐하면 우리는 세계 전체, 그가 '총체성totality'이라고 부른 것을 이해함으로써만 세계의 일부분에 대한 진실에 도달할 수 있기 때문이다.

총체성을 이해할 수 있는 상태에 도달하기 위해, 헤겔은 고대 그리스 철학자들이 사용한 변증법적 사고를 다시 전개시킨다. 제논Zeno(기원전 490~430)과 소크라테스Socrates(기원전 470~399)가 사용했던 변증법은 원래 질문과 답변으로 지식을 얻는 것이다. 스무고개 놀이에서 질문과 답변이 거듭될수록 내용이 정교해지는 것과 비슷하다. 그러나 헤겔의 저작에서 변증법은 신성神性의 해석법, 우주 법칙, 모든 역사를 일자一 者 속으로 말려들게 하는 비밀스러운 동력이 된다.

일반적으로 헤겔의 변증법은 세 단계로 되어 있다고 한다. 먼저 어떤 테제定立나 관념이 있고, 다음에는 안티테제反定立나 관념의 구체적 한정이 그에 대립된다. 마지막으로, 이 둘은 어떤 종합이나 더 포괄적인 관념으로 통합된다. 가령 '모든 영화는 훌륭하다.'는 테제를 주장한다고 할 때, 그 다음엔 그에 대한 안티테제로 '〈타이타닉Titanic〉은 실제로 나쁜 영화다.'라고 주장할 수 있다. 그래서 이 둘의 종합은 '대다수의 영화는 훌륭하다.'가 될 것이다. 이 종합은 새로운 테제가 될 수 있고, 이 과정은 완전한 진실(총체성. 이 경우에는 '오직 몇몇 영화만이 훌륭하다.'는)에 도달할 때까지 계속될 수 있다.

이것이 헤겔의 변증법에 대한 관습적인 생각으로, 이에 따르면 서로 다른 관점들은 언제나 더 큰 진리로 화해할 수 있다. 하지만 지젝은 이러한 헤겔 본인 시대의 이해와는 상관없이, 독창적으로 헤겔을 읽는다. 지젝에게 헤겔과 그의 변증법은 훨씬 더 급진적이다. 지젝이 읽은 헤겔의 변증법은 어떤 화해나 종합적 관점이 아닌, 헤겔 자신이 말한 '모순은 모든 동일성의 내적 조건'(SOI : 6)이라는 인식을 생산한다. 이 명제를 통해 헤겔은 어떤 것에 대한 관념은 언제나 불일치로 분해되며, 이 불일치야말로 그 관념이 애초에 존재하게 된 필연성임을 주장한다.

좀 전의 예로 다시 돌아가서, 테제가 '모든 영화는 훌륭하다.'이고 안티테제가 〈타이타닉〉은 실제로 나쁜 영화이다.'라면, 지젝의 종합은 '모든 영화가 훌륭한 것은 〈타이타닉〉이 실제로 나쁜 영화이기 때문이다.'가 된다. 이것은 일견 사리에 맞지 않거나 모순으로 들린다. 하지만 이 주장의 진실은 바로 이 모순 속에 있다. 만약 나쁜 영화가 존재하지 않는다면, 우리는 어떤 영화가 좋은지 알지 못할 것이다. 서로 비교할 대상이 없기 때문이다. 따라서 좋은 영화가 존재하기 위해서는 나쁜 영화가 적어도 하나는 존재해야 한다. 이 경우 〈타이타닉〉은 문자 그대로 '규칙을 입증하는 예외'이다.

황당하다고 느껴져도 무리는 아니다. 지젝의 변증법은 한번에 이해하기 어려운 개념이다. 음양陰陽에서부터 토니 블레어의 '제3의 길'에 이르기까지, 우리의 문화 전체가 진리는 절대적이라서 '네가 사물의 한 면만을 보고 내가 다른 면을 본다면 너와 나의 분열을 조화롭게 화해시켜 두 관점을 포괄하는 중용의 길도 존재한다.'는 생각에 입각해 있다. 그러나 지젝에게 진리는 언제나 차이의 매끄러운 소멸이 아니라 모순 속에서 발견된다. 이를 '모순어법적 사유방식'이라 부를 수 있다.

모순어법이란 '메마른 비' '차가운 열' '물리적 지성'처럼 모순적인 어법을 구사하는 것이다. 헤겔의 저작에는 '정신은 뼈이다.' '부富는 자기自己다.' 같은 모순어법이 가득하다. 이것들은 단순한 표현법이 아니라, 지젝이 히치콕부터 유럽의 화장실 디자인까지 모든 것을 분석할 때 적용하는 변증법적 원리다. 이 원리는 지젝 저서의 매력적인 표제들, 가령 '가상현실은 현실 자체보다 더 현실적이다.' '기독교 전통은 마르크스주의에 의해 신봉될 것이다.' '악명 높은 여성혐오자인 오토 바이닝거Otto Weininger(1880~1903)는 다른 어떤 페미니스트보다 더 페미니즘에 유익한 사람임이 밝혀질 것이다.' 같은 충격적인 진술들에 적용된다.

실천적 동기와 근거 제공한 마르크스 정치학

헤겔의 제자 칼 마르크스Karl Marx(1818~1883)는 현대 공산주의의 창시자이다. 넓게 말해서, 마르크스는 사회가 조직되는 방법을 예리하게 비판했다. 그는 자본주의적 생산 혹은 자유시장경제 체제는, 다수에 대한 야비한 억압과 지배를 통해 소수가 광대한 부를 축적하도록 허용하는 불평등으로 인해 분열되어 있다고 주장한다.

마르크스에 따르면 이런 분열의 불공정성은 문화적·정치적·법적 사회 구조, 즉 상부구조superstructure에 의해 위장되고, 재가되고, 촉진된다. 마르크스에게 상부구조는 넓은 의미에서 불평등의 존속을 통해 이득을 얻는 지배계급에 의해 결정된다. 세부 묘사는 없지만, 마르크스는 '공산주의'라는 용어로 자본주의의 대안을 제시한다. 공산주의 사회는 어떠한 분열이나 불평등 없이 모든 개인이 창조적 잠재력을 실현할 수 있는 사회이다.

지젝에게 이론의 차원을 넘어선 실천적 동기와 근거를 제공한 마르크스
지젝은 자기 자신을 "일말의 주저함도 없는 마르크스주의자"라고 선언한다. 헤겔의 변증법이 이데올로기 비판에 필요한 분석 도구를 제공했다면, 마르크스의 자본주의 비판은 그런 분석과 비판의 이유를 설명해준다. 지젝은 자본주의 비판이 갖는 가치와 진실을 확신하며, 더 나은 방법으로 사회를 조직할 수 있다는 가능성을 믿어 의심치 않는다. 지젝이 라캉에게서 발견한 것은 마르크스주의가 안고 있는 문제를 해결할 방법, 즉 이데올로기 해석 이론이다.

자기 자신을 "일말의 주저함도 없는 마르크스주의자"(TZR : x)라고 선언하는 지젝은 마르크스의 자본주의 비판이 갖는 가치와 진실을 확신하며, 더 나은 방법으로 사회를 조직할 수 있다는 가능성을 믿는다. 헤겔의 변증법이 지젝에게 이데올로기 비판에 필요한 분석도구를 제공했다면, 마르크스의 자본주의 비판은 그런 분석과 비판의 이유를 설명해 준다. 다시 말해서, 지젝은 자신의 작업을 "우리가 세계를 이해하는 방법을 바꿈으로써 더 나은 세계를 원하도록 만드는" 마르크스주의적 비판의 일부로 간주한다.

그래서 지젝의 저작에서 마르크스의 영향은 특별한 형태의 사유를 위한 동기에서 찾을 수 있다. '이론적 실천praxis'이라고 불리는 이런 종류의 사유는, 단순히 경험을 반영하거나 범주화하는 게 아니라 경험을 바꾸려는 시도이다. 지젝의 전장戰場은 관념과 문화, 혹은 상부구조의 장이다. 마르크스주의자에게 가족과 교육 시스템, 정치권, 스포츠, 예술 등 상부구조의 핵심 역할은 기존의 경제적 조직화 방법(마르크스가 '토대base'라고 부른 것. 이 경우 자본주의)의 재생산을 지탱하는 것이다. 이런 관점이 팝송이나 조지 클루니의 최신작 분석과 맞지 않아 보인다면, 그것은 지젝이 지적했듯 당신이 자본주의 이데올로기, 즉 상부구조를 통합하여 그것이 사회의 자연적 법칙처럼 보이게 만드는 사고체계에 성공적으로 기입되었기 때문이다.

이데올로기는 마르크스주의 전통 안에서 다양하게 정의된다. 이 정의들은 결국 '이데올로기란 사물에 대한 부정확한 사고방식'이라는 명제 주위를 맴돈다. 가령 내가 광고란 그저 사소한 정보 전달에 불과하다고 생각할 때, 누군가는 나의 이런 생각이 오류임을, 광고는 실제로 나의 욕망을 조종하고 나의 구매 습관을 바꾸어 특정한 상품을 사게 만드는 것임을 조리 있게 설명할 수 있다. 이런 관점의 이데올로기에서 문제가 되는 것은 사실의 왜곡이 아니다. 만약 내가 축구공을 수류탄이라고 생각한다면, 그것은 단순한 혼동일 뿐 이데올로기적 오인이 아니다. 이데올로기라는 것은 사실을 해석하는 방식이다. 만약 내가 축구는 단지 게임일 뿐이라고 주장한다면, 누군가는 내가 사회적 네트워크 속에 축구가 기입되는 방식, 즉 민족주의의 전쟁터가 되고, 동성애적 결속이 맺어지며, 노동계급에 대한 상업적 착취의 장이 되는 방식을 놓치고 있다고 말할 수 있다. 이렇게 볼 때, 이데올로기는 잘 보이지 않는 안경알을 바꾸듯이 교정될 수 있는 인식상의 오류 같은 것이다. 이런 관점의 이데올로기는 사물에 대한 사고의 옳고 그름을 문제 삼는다.

이와 달리 또 다른 측면에서는 이데올로기를 사고 자체의 지평을 기술하는 실질적인 수단으로 정의내린다. 이런 관점에 따르면, 나는 광고를 사소한 정보 전달 이외의 어떤 것으로 인식할 수 없다. 누군가 나를 납득시키려고 아무리 노력해도 아무리 내 귀를 잡아당기고 내 성질을 건드려도 나로서는 다른 방식으로 광고를 생각할 수 없다. 이와 유사하게, 많은 마르크스주의자들은 오늘날 우리의 사고 지평이 자본주의로 재현되기 때문에 우리는 실천적인 차원에서 사회를 다르게 조직할 수 있는 대안을 인식할 수 없다고 주장한다. 이런 의미에서 이데올로기는 변경될 수 있는 사고방식이 아니라, 마치 암흑이 시각의 한계를 재현하듯이 실질적 사고의 한계를 재현하는 것이다.

이처럼 이데올로기는 정반대의 관점으로 파악될 수 있고, 때문에 마르크스주의 내부에서 마치 정기 행사처럼 완전히 새로운 이데올로기 이론을 제출하고, 비판하고, 결국 잊어버리는 것도 놀랄 일은 아니다.

분명 이것은 마르크스주의가 안고 있는 심각한 문제이다. 이데올로기를 해석하는 적합한 이론 없이는 정확히 어떤 방식으로 상부구조가 토대의 지속성을 보증하는지 설명할 수 없기 때문이다. 이 지점에서 지젝은 마르크스주의 전통에 인상적인 공헌을 남긴다. 그는 이데올로기를 개인들이 사회와의 관계를 이해하는 방식으로 정의한다. 이런 폭넓은 정의는 일찍이 사회적 역학에 대한 마르크스주의적 규명 안에서 충분히 제기된 것이지만, 개인들에게 작동하는 방식은 해명된 바가 없었다. 이데올로기는 개인들의 본능적이고 심리적인 과정 속에서 작동하기 때문에, 이런 과정에 대한 이론을 발견하는 게 관건이다. 지젝은 자크 라캉에게서 그 이론을 발견한다.

개념틀과 분석 용어 제공한 라캉 정신분석학

프랑스의 정신분석학자 자크 라캉Jacques Lacan(1901~1981)은 수많은 논쟁을 일으키며 프로이트Sigmund Freud(1856~1939)의 정신분석학을 재해석했다. 라캉을 둘러싸고 그토록 많은 논쟁들이 발생한 원인 중 하나는, 그의 저작이 현란한 언어 유희, 모호한 인유, 종잡을 수 없는 개념의 교차로 가득 차 해석이 거의 불가능했다는 데 있다. 라캉의 저서를 읽기 위해서는 먼저 라캉을 이해해야 한다는 말까지 있을 정도이다.

지젝은 라캉 초심자들에게 그 이해를 제공해주는 역설적인 도전에 몸을 던졌다. 그래서 지젝의 저서가 지닌 의의 중 일부는 라캉의 이론을 설명하는 데 있다. 이로써 지젝은 '라캉 정신분석학'이라는 특별한 브랜드의 정신분석학을 대중화시키는 데 기여했다. 나는 특히 이 점을 강조하고 싶다. 왜냐하면 정신분석학은 보통 신경증 환자들을 치료하는

지젝의 분석 용어와 개념적 틀을 제공한 라캉

프로이트의 정신분석학을 재해석하며 수많은 논란을 일으킨 라캉은, 그 책을 읽기 위해서는 먼저 라캉을 이해해야 한다는 말까지 있을 정도로 독해가 어려운 사상가이다. 지젝은 정치학·철학·문학·과학·종교에까지 그 분석 범위를 확장시킨 라캉의 정신분석학을 대중화하는 데 기여했다. 지젝을 '실재의 철학자'라고 부르는 것은 그가 일상생활과 관련한 주제를 다룬다는 의미이기도 하지만, 라캉적 의미의 '실재'를 확장하고 자기화했다는 뜻이기도 하다.

방법론과 심적 과정에 대한 이론들을 포함하는 지적 영역으로 협소하게 이해되었기 때문이다. 하지만 라캉을 거치면서 정신분석학은 이 협소한 영역을 넘어 정치학·철학·문학·과학·종교 등 모든 인간 존재의 활동 영역으로 그 분석적 야망을 확대시켰다. 이 오만한 기획을 위해 라캉이 마련한 초석은, 모든 정신 작용을 분류할 수 있는 세 가지 '질서Order' 즉 상상계·상징계·실재계이다.

'영원한 자기 찾기' 상상계

일차적으로 상상계는 자아ego가 탄생하고 인식되는 과정을 가리킨다. 보통 '거울 단계mirror stage'로 불리는 이 과정은, 태어난 지 6개월

라캉의 세 질서, 상상계·상징계·실재계 라캉의 세 질서를 쉽게 설명하면, '개인의 심리행위에 작용하여 그들의 삶에 서로 다른 방식으로 영향을 주는 힘의 장場'으로 풀 수 있다. 상상적인 것, 상징적인 것, 실재적인 것, 이 세 형용사형은 특정한 질서를 지칭하는 명사로도 사용되는데, 그 경우 해당 질서와 관련된 특정한 사물이나 경험을 가리킨다.

또한 '질서'라는 표현이 암시하듯, 이 세 질서는 심적 경험을 분류하는 체계의 일부일 뿐 아니라, 그 경험을 유사윤리적 기준 속에서 등급화하는 수단이기도 하다. 라캉의 저작을 보면 '상상적인' 것은 부정적인 의미로, '상징적인' 것은 긍정적인 의미로 사용되는 것을 볼 수 있다. 하지만 실재계야말로 가장 으뜸가는 것으로, 이 질서를 언급할 때 라캉의 어조에는 거의 존경과 숭배가 묻어난다.

라캉의 용어를 일상적인 의미와 혼동하지 않기 위해 이 책에서 전자는 대문자로, 후자는 소문자로 구별해서 썼으나, 지젝 자신은 이런 구별을 그리 엄격히 따르지 않는다.

정도부터 시작된다. 라캉이 지적하듯, 인간은 7세 무렵까지는 자신의 신체적 움직임을 통제하지 못한다는 점에서 미숙한 상태이다. 유아는 이 미숙함을 거울(실제 거울일 수도 있고, 거울처럼 작용하는 다른 인간 존재일 수도 있다.) 속에 비친 자기 이미지와 자신을 동일화하며 극복한다. 유아가 본래 지닌 자기 신체에 대한 서툰, 거의 만취 상태의 탈구된 감각과 달리, 이 이미지는 유아에게 완전하게 통일되고 종합적인 신체 형상을 부여한다. 이렇듯 거울 단계는 이후 발달을 예기하며, 유아에게 통일성의 감각적 쾌락 혹은 자아의 감각을 부여한다.

  이런 동일화 과정은 언뜻 안정된 통합 과정처럼 보이지만, 실제로는 아이에게 예기된 통일성과 조화를 파괴하는 끔찍한 변덕의 힘으로 존재한다. 왜냐하면 아이의 자기 감각과 아이가 동일시하는 통일된 이미지 사이에는 항상 간극이 존재하기 때문이다. 자아는 유아 자신이 아직 갖지 못한 힘을 가정하는 동일화를 통해 형성되기 때문에, 자아는 구성적으로 자기 자신과 자기 이미지 사이의 불일치로 찢기고 부서져 있다. 그래서 다른 것을 자신과 같은 것으로 화해시키려는 끝없는 노력이 남게 된다.

  왜 '끝없는' 인가? 일단 어른이 되면 자아는 자신의 성격을 바꾸지 않기 때문이다. 그럼에도 우리의 일부분은 계속해서 처음의 분열을 극복하고 통일성과 전체성을 찾고자 한다. 그래서 상상계는 넓은 의미에서 영원한 자기 찾기를 가리킨다. 다시 말해서 그것은 자기 통일의 신화를 수립하기 위해 끊임없이 사본寫本과 유사물의 사례를 융합시키는 과정이다. 그래서 상상계는 라캉과 지젝에게 항상 경멸의 시선을 받는 세계이다. 우리에게는 안됐지만, 라캉은 현대사회를 정점에 도달한 상상계로 본다. 현대를 살아가는 사람들이 자기 자신에게 강박되어 자신과 자신의 창조물을 세계 위에 둔다고 보기 때문이다.

불가피한, 그러나 영속되지 않는 상징계

상징계는 언어에서부터 법에 이르는 모든 사회적 체계들을 포함하는 가장 광범위한 세계이다. 상징계는 우리가 보통 '현실'이라고 부르는 것의 긍정적인 부분을 구성한다. 상징계는 사회의 비인격적 틀로서, 거기서 우리는 다른 인간 존재들과 함께 특정한 공동체 내의 자리를 차지하고 있다. 가령 대다수의 사람들은 태어나기도 전에 상징계에 등록된다. 이미 이름이 정해지고, 가족이나 사회경제적 집단, 젠더, 인종 등에 소속되기 때문이다. 다른 한편으로 라캉은 상징계가 의미화 사슬signifying chain, 혹은 기표의 법law of the signifier에 의해 통합되며, 어떤 의미에서 우리는 이 상징계 속에 갇혀 있다고 지적한다.

라캉은 스위스의 언어학자 소쉬르Ferdinand de Saussure(1857~1913)에게 '기표signifier'라는 용어를 빌려왔다. 소쉬르에 따르면 언어는 기호로 되어 있으며, 각각의 기호는 기표(記表, 단어의 소리)와 기의signified(記意, 단어의 의미) 두 성분으로 구성되어 있다. 기표는 기호의 소리에 대한 정신적 이미지이며, 기의는 그 소리가 연상시키는 개념이다. 기호의 이 두 성분은 자의적으로 결합된다. 달리 말해서, '고양이'라는 소리가 매일매일 밥 그릇 앞에서 먹이를 기다리는 지저분한 얼룩무늬 짐승이라는 개념을 의미해야 하는 필연적인 이유는 어디에도 없다. 소쉬르와 달리, 라캉은 기의보다 기표를 우선적인 것으로 평가했다.

소쉬르 역시 언어를 관계적 혹은 변별적 시스템으로 파악했다. 이 말은 어떤 기호도 다른 기호와 분리된 채로는 규정되지 않는다는 뜻이다.

가령, 고양이가 고양이인 것은 그것이 개나 토끼가 아니기 때문이다. 또한 우리는 어떤 것이 나쁜 것은 그것이 좋지 않기 때문임을 알고 있다. 마찬가지로 남자가 남자인 것은 그가 여자가 아니기 때문이며, 왼쪽이 왼쪽인 것은 오른쪽이 아니기 때문이다(지젝 역시 이런 견해를 견지하지만, 여기에 덧붙여 두 항의 관계가 부재와 현존의 관계에 입각해야 한다고 전제한다. 그래서 변별항의 두 번째 항은 첫 번째 항의 부재를 채우고 있는 것일 뿐이며, 그 역도 마찬가지다. 가령, 밤은 낮이 현존하지 않는 공백을 채운다.).

라캉에게 이 '어떤 것이 아님', 혹은 언어의 변별적 측면은 매우 중요하다. 왜냐하면 단어들이 가리키는 것이 세계가 아니라 다른 단어들일 뿐이라면, 우리는 세계에서 분리되어 언어의 해안을 떠도는 고립된 존재이기 때문이다. 이런 의미에서 언어는 자기 자신의 폐쇄된 세계를 형성하는 독립된 시스템이다. 다시 말해서, 언어는 경험을 반영하는 것이 아니라 경험을 구성한다.

만약 이 말이 이상하게 들린다면, 한 사람을 테러리스트라 부르는 것과 자유의 투사라 부르는 경우를 생각해보라. 그 사람은 동일한 사람이지만, 무엇으로 부르나에 따라 그에 대한 우리의 태도는 완전히 달라진다. 물론 그래도 여전히 그는 '사람'이지 않느냐고 반박할 수 있다. 하지만 그때조차 그 사람이라는 말이 '사람과科 동물hominid'을 가리키는지, 포유동물을 가리키는지, 아니면 동물 일반을 의미하는지 선택의 여지가 남는다. 이렇게 언어는 세계에 대한 중립적인 위치를 점하는 것을 불가능하게 만들며 세계를 분절적으로 구성한다.

여기서 한 사람이 의미할 수 있는 '사람과 동물' '포유동물' '동물', 그리고 '사람' 자체의 목록은 라캉이 말한 '의미화 사슬'의 한 사례를 제공한다. 의미화 사슬이 상징적 질서를 묶어주는 것이라는 점을 상기

스위스 언어학자 소쉬르

라캉을 읽기 위해서, 달리 말해 지젝을 읽기 위해선 반드시 소쉬르를 거쳐야 한다. 소쉬르는 언어를 기호로 보고, 이 기호가 기표와 기의로 되어 있다고 했다. 라캉은 상징계가 기표의 법으로 통합되며, 어떤 의미에서 우리는 이 상징계 속에 갇혀 있다고 보았다. '기표의 법'이란 다른 말로 '의미화 사슬', 곧 사용 가능한 기표들의 전체 네트워크를 가리킨다. 이 기표들이 연결되는 법칙은 유동적이고 자의적이다. 그런데 이 기표 법칙을 따르지 않고서는 어떤 것도 파악할 수가 없다. 그렇다면 결론은 두 가지다. 기표 법칙에 따라 영원히 '언어의 감옥'에 갇히거나, 자의적이고 유동적인 기표와 기의 관계처럼 우리가 몸담은 상징적 질서도 변하고 변할 수 있다고 믿는 것.

한다면, 이 사슬은 또한 사용 가능한 기표들의 전체 네트워크를 가리킨다고 할 수 있다.

어떤 의미에서 의미화 사슬은 동일한 사물을 가리키는 데 이용될 수 있는 단어나 대체항들의 목록이다. 가령 '열熱'이라는 단어는 더위, 발열, 백열白熱, 열병 등으로 대체될 수 있다. 이 각각의 단어들은 또 다른 단어들과 연결된다. '열병'은 병이나 질환, 혹은 명백히 열熱과 반대되는 감기Cold로 대체될 수 있다. 이렇게 다양한 연쇄를 따라 결국 전체 '기표 네트워크'로 거슬러 올라갈 수 있다. 그러므로 우리가 어떤 단어를 사용할 때 그것은 잠재적으로 다른 모든 단어들을 사용하는 것이라고 말할 수 있다.

상징적 질서를 이런 식으로 이해하는 것은 두 가지 상반되는 내용을 함축한다. 먼저 상징적 질서가 의미화 사슬을 통해 통합된다면, 혹은 유동적이고 자의적인 기표 법칙에 따르지 않고서는 어떤 것도 파악될 수 없다면, 우리는 '세계 그 자체'를 알 수 없으며 결국 영원히 '언어의 감

라캉의 두 타자, 소타자·대타자 지젝은 일관되게 라캉의 '소타자'와 '대타자' 사이의 구분을 받아들인다. 소문자 'o(other)'로 표기되는 타자는 항상 상상적 타자이다. 이것은 우리 자신의 자아 안에 있는 또 다른 자아를 가리킨다.
이에 반해 대문자 'O(Other)'로 표기되는 '대타자'는 개별 주체들이 경험하는 상징적 질서를 가리키거나, 상징계를 대리표상하는 다른 주체를 가리킨다. 가령 법은 상징적 질서의 일부인 제도로서, 그 자체로 대타자이다. 경찰 역시 법이라는 제도를 대리표상하기 때문에 대타자이다. 경찰의 타자성은 경찰이 법의 대리자 혹은 법의 장소 점유자라는 사실에 근거한다. 따라서 이런 타자성은 동일화 과정으로 내면화될 수 없다는 점에서 상징계의 타자성보다 훨씬 더 극단적이다.

옥' 속에 갇히게 된다. 다른 한편으로, 기표와 기의의 관계가 자의적이고 유동적이라면, 우리가 살고 있는 상징적 질서의 유형이나 성격은 결코 영속적이거나 필연적이지 않다고 할 수 있다. 예를 들어, 최근 몇 년 동안 여성의 사회적 역할은 남자보다 열등한 것에서 평등한 쪽으로 변해왔다. 이제 '여성'이라는 기표는 '이등계층' 혹은 '열등한 인간 존재'가 아니라 '여성적 인간 존재'를 가리킨다.

변증법의 활동무대, 실재계

실재계는 알 수 없는 삶의 영역을 가리킨다. 앞에서 살펴본 대로, 세계에 대한 우리의 앎 전체는 언어를 통해 매개되어 있기 때문에 실재계는 모든 것을 의미한다. 우리는 결코 직접적으로 세계를 알 수 없다. 이런 의미에서 실재계는 언어에 의해 포획되기 이전의 세계이다. 미국 작가 척 팔라닉Chuck Palahniuk의 『질식Choke』에서 마미가 산을 이해하는 방식에서 우리는 이와 같은 실재의 경험을 발견할 수 있다.

> 짧은 섬광 속에서 마미는 벌목 더미, 스키 리조트, 산사태, 관리된 야생, 판 구조 지형, 국지기후, 비 그늘(산으로 막혀 강수량이 적은 분지), 음양의 조화 등과는 무관한 산을 보았다. 그녀는 언어라는 틀 없이, 관념의 연상 없이, 산과 관련하여 알고 있던 지식의 렌즈를 거치지 않은 상태의 산을 본 것이다. 그 찰나의 섬광 속에서 그녀가 본 것은 '산'이 아니었다고 할 수 있다. 그것은 자연의 원천이다. 그것은 아무런 이름도 갖고 있지 않다.(Palahniuk 2001 : 149)

마미는 언어와 문화에 갇히기 이전의 산, 산의 직접성에 도달한 것이다. 그녀가 산을 그 특이성 속에서, 즉 그것을 둘러싼 다른 것들과의 차이 속에서 규정하고 있다는 사실과는 별도로, 이것은 실재와의 대면에 근접한 경험이다. 나무와 그것이 뿌리내린 땅, 그리고 나뭇잎 사이의 다람쥐와 그 배경이 되는 하늘을 구별 짓는 게 불가능한 그런 상태를 상상할 수 있다면, 그것이 바로 실재이다. 이처럼 실재는 묘사할 수 있는 어떤 것이 아니다. 왜냐하면 우리는 어쩔 수 없이 세계의 각 부분적 요소들을 지시하는 언어를 사용해야 하기 때문이다. 이런 이유로 라캉은 실재는 상징화에 저항한다고 쓴다.

그럼 왜 우리는 실재에 주목해야 하는가? 결국 우리가 상징계 내부에서 살 수밖에 없다면, 실재계 안에서 일어나는 일은 무엇을 다르게 만드는가? 여기서 알아둘 비밀은 상징계와 실재계는 내밀하게 서로 결부되어 있다는 점이다.

상징계는 실재계에 대해 작용한다. 라캉이 말했듯, 상징계는 실재계를 절단한다. 그것은 무수하게 다른 방법으로 실재를 분절한다. 그래서 실재를 인식할 수 있는 방법 중 하나는 어떤 것이 상징화에 적용되지 않는 순간을 주목하는 것이다. 앞에서 든 예에서 우리는 인간 존재가 사람과 동물, 유인원, 포유동물, 동물 등으로 상징화되는 모든 사례들을 열거함으로써 그 존재 중 일부는 실재라는 것을 알 수 있었다. 이렇게 어떤 것을 명명하거나 분류할 때 우리는 상징계 속으로 들어가지만, 그 전에는 실재계 속에 있다.

이와 유사하게, 서로 다르게 해석되는 것은 모두 실재의 현존을 드러낸다. 에이즈가 좋은 예이다. 어떤 사람들은 에이즈를 동성애에 대한 징벌, 혹은 비기독교적 삶에 가해진 신의 징벌이라고 해석한다. 그런가 하면 에이즈를 아프리카의 인구 증가를 막기 위한 CIA의 음모라고도 생각하고, 인간이 자연을 침해한 결과라고 주장하기도 한다. 그러나 이 모든 설명은 동일한 질병의 현실 주위를 맴돌 뿐이다. 달리 말해, 에이즈는 실재의 침입이다. 그것은 그 자체로는 아무 의미도 없다. 에이즈에 대한 모든 해석은 그것을 상징화하기 위한 시도이며, 좀 더 극단적으로 말하자면 아무것도 존재하지 않는 실재에서 어떤 메시지를 찾아내려는 시도이다. 실재는 무감각하고 무의미하다. 그것은 단지 있을 뿐이며, 의미는 오직 상징계의 현실 속에서만 발견할 수 있다.

우리는 이 실재를 정반대 방향에서 볼 수 있다. 한편으로 실재는 상징계가 작동하여 분절된 단위로 조각 내기 이전의 충만한 사물의 상태라는 점에서, 상징계에 앞서 있다. 그러나 다른 한편으로, 실재는 상징계가 이런 분절 과정을 완수하고 남은 잔여물이기도 하다. 이런 의미에서 실재는 상징계 이후에 발생한다. 상징계 내부의 실패나 공백으로만 나타나는, 상징화에 저항하는 잉여인 것이다. 이렇게 실재가 상징적 질서 이전에도 존재하고, 동시에 상징화 이후에 존재하기도 한다면 이는 모순이 아닐까? 답은 '그렇다.'이다.

지금까지 책 내용을 충실하게 따라온 사람은 여기서 헤겔의 변증법을 떠올릴 수 있다. 지젝에 따르면, 실재가 변증법의 활동무대인 까닭이 여기에 있다. 대립된 항들은 실재계에서 일치할 수 있다. 이와 달리, 상상계는 두 항들이 조화로운 종합 속에서 화해할 수 있는 곳이며, 상징계는 두 항들이 변별적으로 규정되는 곳이다. 상징계에서 하나가 어떤 것인 것은 다른 어떤 것이 아니기 때문이다. 지젝이 모순어법을 좋아한다는 걸 떠올리면 그가 왜 다른 것보다 실재계를 좋아하는지 알 수 있다. 오직 실재계에서만 모순이 지워지지 않기 때문이다.

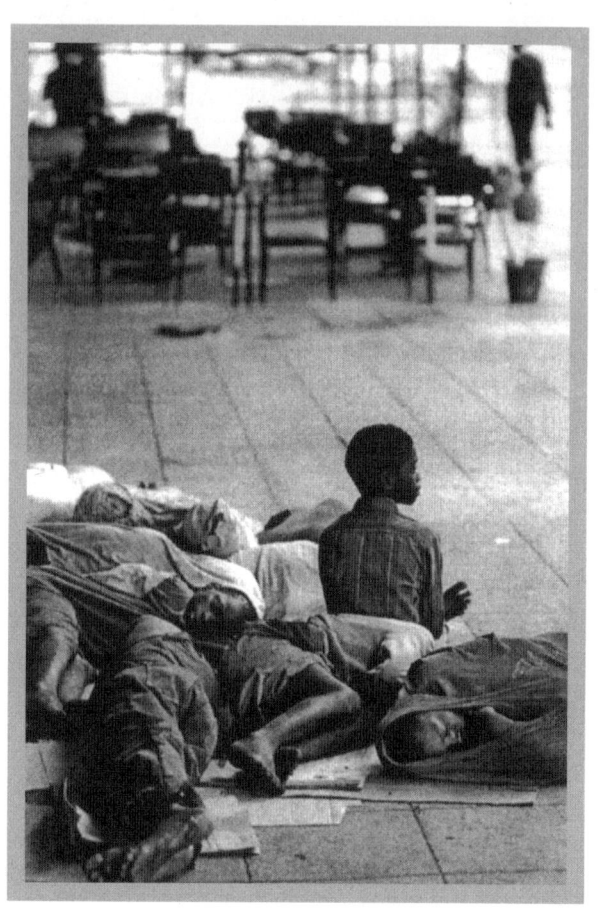

에이즈는 동성애에 대한 징벌인가?

비기독교적인 삶에 가하는 신의 징벌? 아니면 아프리카의 인구 증가를 막기 위한 CIA의 음모인가? 그러나 이 모든 설명은 에이즈의 현실 주위를 둘러쌀 뿐이다. 서로 다르게 해석되는 모든 것은 실재의 현존을 드러낸다. 에이즈에 대한 모든 해석은 에이즈를 상징화하기 위한 시도이다. 아무것도 존재하지 않는 실재에서 어떤 메시지를 찾아내려는 시도. 달리 말해, 에이즈는 실재의 침입이다.

언어로 포획된 세계가 상징계라면, 포획되기 전의 세계는 실재계이다. 상징계는 실재계에 대해 작용한다. 우리가 실재를 인식할 수 있는 방법은 어떤 것이 상징화에 적용되지 않는 순간을 주목하는 것이다.

실재와 상징계의 관계에서 마지막으로 지적하고 싶은 것은, 만약 상징계가 실재에 대한 불완전하고 불충분한 재현이 아니라면, 다시 말해서 우리가 실재를 직접 이해할 수 있다면, 우리 주체들은 사라질 것이라는 점이다. 왜냐하면 만약 모든 것이 정확히 이해된 그대로라면, 모든 것이 자체의 충만함 속에서 온전히 파악될 수 있다면, 다른 사람이 세계를 보는 방식과 내가 보는 방식 사이에 어떤 불일치도 존재하지 않는다면, 모든 기표가 완벽하게 모든 기의와 부합한다면, 모든 기호가 모든 지시대상과 일치한다면, 결코 의미화 연쇄는 존재하지 않을 것이기 때문이다.

그 대신 실재와 완전히 일치하는 상징적 질서만이 존재할 것이다. 우리를 인간으로 존재하게 하는 것, 우리를 주체로 만드는 것은 의미화 연쇄이며, 그에 대한 우리의 결정이다. 그것이 사라지면 그에 따라 우리 주체도 사라지게 된다. 그래서 만약 나를 비롯한 모든 사람이 에이즈가 CIA의 음모라는 것, 모든 인간 존재는 원숭이와 같은 부류라는 것, 새싹이 식물 세계의 가장 멋진 생산물이라는 것에 동의한다면, 우리는 더 이상 인간 존재나 주체가 아닌 단지 상징적 질서의 명령에 맹목적으로 복종하는 자동기계나 로봇일 것이다. 이것은 우리가 물리적으로 탈물질화된다는 의미가 아니라, 결정하고 선택하고 생각하는 존재로서의 우리가 사라진다는 뜻이다.

가령 한두 시간 계속 운전하다가 문득 자신이 어디로 가고 있는지 잊고 있음을 깨달을 때 이와 같은 경험을 할 수 있다. 라캉의 용어를 빌면, 이것은 우리가 '자동인형'이 되어 운전의 법칙이라는 상징적 질서의 한 계기에 자동적이고 맹목적으로 복종했기 때문에 일어난 일이다. 운전을 하는 동안 우리는 순전히 상징계의 일부가 되며, 그로 인해 주체로서의 우리는 사라진다. 그러다 갑자기 반대 방향에서 오던 트럭이 차선을 넘어 내 쪽으로 다가올 때, 실재의 침입을 경험하게 된다. 그때 우리는 브레이크를 밟을지, 핸들을 옆으로 돌릴지 결정해야 하며, 바로 그 결정의 순간, 즉 실재의 침입에 어떤 방식으로 대응할지 선택하는 순간, 우리는 주체로서 다시 존재하게 된다. 이런 의미에서 지젝은 주체는 상징계와 실재 사이의 경계, 혹은 그 사이에서 출현한다고 말한다. 간단히 말해서, 상징계와 실재 간의 상호작용이 없다면 주체는 존재하지 않을 것이다.

실재가 상징계의 작동을 방해하는 지점, 외상Trauma 지젝에 의하면, 실재가 상징계의 매끄러운 작동을 방해하는 지점을 가리키는 외상적外傷的 사건은 상징계와 실재 사이의 관계를 전형적으로 보여준다. 외상에 대해서는 몇 가지 이론이 있지만, 지젝은 특히 프로이트의 '지연된 행위Nachtra glichkeit' 개념에 주목한다.

이 개념과 관련하여 가장 유명한 사례는 프로이트가 '늑대인간'이라 불렀던 사람의 경우이다. 프로이트는 늑대인간의 신경증(늑대들에게 잡아먹힐 것 같은 공포)이, 처음에는 아무 의미도 없었으나 훗날 지연된 행위 속에서 외상적으로 돌출한 사건(한 살 반 무렵 부모의 후배위 성교를 목격한 것) 때문에 발생했다고 주장한다. 지젝의 말처럼, 그 사건의 외상적 성격은 원래부터 최초의 사건이나 원초적 장면에 속했던 것이 아니다.

"늑대인간의 경우 …… 물론 그 원인은 부모의 외상적인 후배위 성관계였다. 즉, 그 장면은 상징화되지 못한 중핵으로서 그 중핵을 둘러싸고 이후의 모든 상징화가 전개된다. 그러나 이 원인은 일정한 시간 지체 이후에 그 효력을 발휘할 뿐만 아니라, 그런 지연을 통해 문자 그대로 외상 — 즉, 원인 — 이 된다. 늑대인간이 두 살 때 부모의 후배위 성관계를 목격한 당시에는, 이 장면은 아무런 외상적 충격도 주지 않았다. 그것이 외상적 특질을 갖게

상징계에 맞서는 '실재의 철학자'

지젝은 '실재의 철학자'라고도 불린다. 이 호칭은 지젝이 추상적 관념이 아니라 유럽 각국의 화장실 디자인이나 아놀드 슈워제네거의 영화 등 우리의 생활과 직접 연관된 '실재적'인 주제를 다룬다는 뜻이기도 하지만, 다른 한편으로는 지금까지 얘기한 라캉적 의미의 '실재'를 확장하고 자기화했다는 의미이기도 하다.

여기서 염두에 둘 점은, 지젝은 거의 언제나 상징계와의 관계 속에서 실재를 다룬다는 점이다. 이것은 지젝의 작업에 개성을 부여하는 특징 중 하나이다. 지젝이 국제적인 비평 무대에 등장하기 전까지 대부분의

> 되는 것은, 아이 나름대로 성에 대한 이론을 발달시키는 과정에서 소급적으로 그 장면이 새로운 서사화 — 역사화 — 상징화의 지평 속으로 통합되는 것이 불가능해질 때이다."(TMOE : 31)
> 애초에 늑대인간이 부모의 성관계 장면을 목격했을 때, 그것은 그에게 아무런 의미도 갖지 않았다. 그것은 상징화에 저항하는 실재의 일부이다. 하지만 3년 후 주로 거세와 관련된 일련의 순진한 성적 이론들을 발전시키면서, 늑대인간은 자기가 본 성관계를 해석하게 된다. 그 장면이 외상적이 되고, 그로 인해 그가 늑대 공포증을 갖게 된 것은 바로 이 지점, 상징화의 지점에서이다. 여기서 지적할 것은 실재 혹은 사건은 동일한 것으로 남아 있다는 사실이다. 사건의 의미를 변화시키는 것은 상징계이다.
> 이 때문에 프로이트는 20년이 지난 후에야 늑대인간이 그 사건을 신경증적이지 않은 형태로 상징계에 통합시키도록 도울 수 있었다. 그 사건 자체에는 아무런 변화도 없었지만 그것이 이해되는 방식, 의미화되고 상징화되는 방식이 변한 것이다. 이것이 실재와 상징계가 관계 맺는 방식이다. 실재는 그냥 그대로 있지만, 우리가 그 실재를 해석하는 방법은 상징계에 따라 변한다.

이론가들은 상징계와 상상계의 관계에 집중하는 경향이 있었다. 그런데 지젝은 실재와 상징계 사이의 적대성에 관심을 돌림으로써 성차적性差的, 이데올로기적, 윤리적, 탈근대적 형상들 속의 주체를 일관성 있게 설명할 수 있었다. 이것이 다음 장에서 살펴볼 내용이다.

지젝의 '주체' 탄생 도운 세 명의 철학자

지젝의 작업에 주된 영향을 미친 사람은 헤겔, 마르크스, 라캉이다.

- 헤겔은 지젝에게 사유의 형식 혹은 방법론을 제공했다. 이 사유의 형식이란 변증법이라 불리는 것으로, 지젝의 헤겔 독법에서 변증법은 결코 완전하게 해소되지 않는다.
- 마르크스는 지젝의 작업에 실천적인 영감을 제공한다. 지젝이 시도하는 바는 마르크스주의적 사유 전통, 특히 이데올로기 비판에 공헌하는 것이기 때문이다.
- 라캉은 지젝의 분석틀과 개념용어를 제공한다. 지젝에게 특히 중요한 것은 상징계와 실재계 개념이다. 지젝은 주체를 이 두 세계의 접속지점에 위치시킨다.

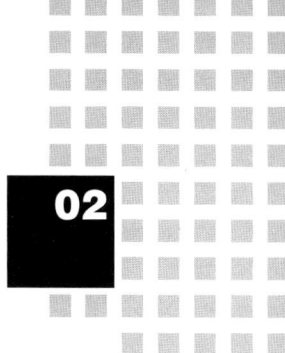

02

주체란 무엇이며 왜 중요한가?

오늘날 왜 코기토를 추방시키려 하는가?

지젝의 1999년작 『까다로운 주체 The Ticklish Subject』 서문은 "하나의 유령이 서구 학계를 떠돌고 있다. …… 데카르트적 주체라는 유령이"(TTS : 1)라는 문구로 시작한다.

지젝에 따르면 오늘날 뉴에이지 New Age 반계몽주의자, 포스트모던 해체주의자, 하버마스주의자, 하이데거주의자, 인지과학자, 생태주의자, 포스트 마르크스주의자, 페미니스트들은 한결같이 '코기토 cogito'로 알려진 데카르트적 주체를 현대적 사유에서 추방하고자 한다. 한 마디로 거의 모든 이들이 코기토를 비난한다. 지젝의 비판적 사유에 매료된 사람들은, 지젝이 학계의 이런 흐름과는 반대로 데카르트적 주체 모델을 받아들이는 데 놀라지 않을 것이다. 이 지점에서 이렇게 물을 수 있다. 코기토란 무엇이며, 왜 지젝을 제외한 모든 사람이 코기토의 종말을 바라는가?

코기토에 대한 생각은 원래 기독교 교회의 창시자 중 한 명인 성 아우구스티누스 Saint Augustine(354~430)가 제기하였지만, 우리가 알고 있는 형태의 코기토는 '근대철학의 아버지'라 불리는 프랑스의 철학자이자 수학자 르네 데카르트 René Descartes(1596~1650)가 창안한 것이다. 데카르트가 처음 코기토를 생각해낸 것은 어느 추운 겨울날이었다. 추위를 피하기 위해 온종일 커다란 화덕 가에 앉아 있던 데카르트는 이렇게 자

> "하나의 유령이 서구 학계를 떠돌고 있다. …… 데카르트적 주체라는 유령이"

지젝은 오늘날의 일반적인 학계 흐름과는 정반대로 '전적으로' 데카르트적 주체 모델을 받아들인다. 프랑스 탈구조주의자들은 개인주의와 연관된 코기토("나는 생각한다. 고로 나는 존재한다.") 개념을 거부하고, 탈중심적 주체에 대한 사고를 발전시켰다. 라캉을 탈구조주의 범주에 묶는 시각도 있는데, 지젝은 데리다가 라캉을 일관되게 오독하고 있다고 비판한다.

지젝의 코기토 해석은 코기토 자체가 아니라, 데카르트가 자신의 결론에 도달하기 위해 사용한 방법에 빚지고 있다. 데카르트적 회의는 우리가 어떻게 자연에 함입된 존재에서 문화로 지탱되는 존재로 변모하는지에 관한 통찰을 제공한다는 것이다.

기 자신을 가두고 있는 동안 자신의 이름을 딴 철학적 절차, 곧 '데카르트적 회의'에 돌입했다. 이 절차의 요점은 진실로 알 수 있는 것이 무엇인지를 설정하는 것이다.

데카르트는 자기 감각의 진실성부터 검토했다. '진짜 내가 가운을 입고 불 가에 앉아 있었던 걸까?' 그는 그것을 확신할 수 없다는 결론에 이르렀다. 그와 똑같은 꿈을 꾼 적이 종종 있었는데 꿈속에서도 그것은 실재처럼 느껴졌었다. 꿈 자체는 환영이라 하더라도 꿈에서 사용된 형태, 수, 크기 등의 수학적 개념들은 명백히 현실의 개념들과 일치하지 않는가?

데카르트는 비록 꿈에서 깨어나면 알 수 있을지라도, 그 모든 것들이 자신을 기만하는 악령의 조작일 가능성 역시 존재한다고 말한다. 이 지점에서 데카르트는, 설사 그렇다 하더라도 자신이 어떤 식으로든 존재하지 않는다면 기만당할 수조차 없을 것이라고 생각한다. 이렇게 그는 자신의 신체가 환영일 수 있다는 전제 아래 만약 그것이 기만이라면 적어도 기만하는 사유만은 존재해야 한다는 결론에 이른다.

> 그래서 나는 모든 것은 허위라는 생각에 도달했지만, 그런 결론은 그렇게 생각하는 나는 반드시 어떤 것이어야 한다는 사실을 수반한다. 이를 볼 때 '나는 생각한다. 고로 나는 존재한다'는 것은 명확하며, 가장 강력한 회의주의자의 가설조차 이 진리를 흔들 수 없음이 분명하다. 나는 이것을 아무런 거리낌없이 내가 찾고 있는 철학의 제1원리로 삼을 수 있다고 판단했다.(Descartes 1968 : 53-54)

이렇듯 '코기토'라는 단어의 의미는 데카르트가 말한 "철학의 제1원리", '나는 생각한다. 고로 나는 존재한다cogito ergo sum'이다.

"개인은 상징계의 꼭두각시다!"-탈구조주의

코기토에 대해서는 다양한 해석들이 있지만, 여기서는 탈구조주의적 해석과 지젝의 해석만 살펴보자. 탈구조주의자에게 코기토는 중심화된 주체 혹은 '개인individual'의 토대로, 그들은 코기토를 철학의 방탕아로 여긴다. 개인은 말 그대로 분리 불가능하다. 나날의 일상에서 우리는 자신을 분리 불가능한 개인으로 생각한다. 우리는 자기 자신을 완전하다고 느끼며, 제 자신에 대한 책임감 아래 변덕스러운 외부의 힘에 종속되지 않는 존재로 여기기 때문이다. 데카르트가 "그렇게 생각하는 나는 반드시 어떤 것이어야 한다."고 말할 때, 우리는 그 '나', 코기토의 '나'를 개인으로 이해한다. 생각을 하고 있는 것은 '나'이다. 즉, 내가 사유에 속하는 게 아니라 사유가 나에게 속한다. 달리 말해, 코기토의 '나'는

언어의 역할 강조하는 탈구조주의 '탈구조주의Post-Structuralism'란 용어는 매우 느슨하게 결합된 철학자 또는 비판이론가 집단이 쓴 저작물들을 지칭하는 개념이다. 가장 유명한 탈구조주의자로 꼽히는 사람은 프랑스의 자크 데리다 Jacques Derrida(1930~2004)와 롤랑 바르트Roland Barthes(1915~1980)이다. 보통 자크 라캉도 이 집단에 묶이긴 하지만, 지젝은 이에 반대하며 데리다가 라캉을 일관되게 오독하고 있다고 비판한다.

넓게 말해서 탈구조주의는 언어의 역할을 전면에 내세우며, 언어가 어떻게 우리의 앎과 존재에 영향을 미치는지 보여준다. 이 이론에 따르면, 현실은 언어로 짜여진 텍스트이다. 언어가 항상 끝없는 의미의 미끄러짐 속에서 유동하는 만큼, 현실 역시 유동적이고 우리의 통제력을 넘어선다.

자기 자신의 주인이다.

이렇게 개인은 '자기 투명성'(자신의 행위를 완전히 통제하며, 제 자신에 대해 완전한 자율성을 갖고 있기 때문에 그 어떤 것도 자기 인식을 방해할 수 없는)을 갖고 있다. 프시케(영혼)를 미끄러지게 만드는 음흉한 바나나 껍질 같은 것은 없으며, 발화자發話者의 의도를 배신하는 말 따위도 없고, 개인들을 각자의 횃대에서 떨어뜨리는 갑작스런 역사의 돌풍 같은 것도 없다. 개인의 세계는 티 없이 완벽하고 고요하며, 위험에서 자유로운 환경이다.

그것은 완전함의 상태이다. 그 완전함은 어떤 것도 개인의 자율성을 침범하지 않는 데 있다. 모든 사람은 이른바 고립된 섬으로, 자기충족적이고 독립적이며, 스스로 하고 싶은 것을 할 자유가 있다. 하지만 그것의 주된 결함 역시 아무것도 개인의 자율성을 침범하지 않는다는 데 있다. 모든 사람은 고립된 섬으로, 자기충족적이고 독립적이며, 스스로 의지하는 것을 할 자유가 있다. 달리 말해, 개인에게 은총으로 보였던 모든 것들은 또한 불행이기도 하다. 왜냐하면 이런 개인은 전적으로 주관적이기 때문이다. 모든 것은 자기 책임 아래 있으며, 자기 통제에 따른다. 객관적인 것은 아무것도 없다.

이와 같은 주체 모형은 순전히 철학만의 문제가 아니라 '현실' 안에서도 실제 작용한다. 가령, 최근까지도 오직 남자들만이 제 자신의 주인이라는 생각이 (적어도 남자들에게는) 일반적이었다. 이에 반해 여자들은 자기 자신도 조절하지 못하는 정념과 감정에 지배된다고 여겨졌다. 다시 말해서, 여자들은 중심화된 주체가 아니라 탈중심화된 주체였다. 그들은 '본래적인' 의미에서 개인이 아니며, 그렇기 때문에 주체적인 남자들에게 지배받아야 하는 이등시민으로 취급되었다.

사실 여성의 지배는 (여자들까지 포함하는) 자연세계의 지배라는 더 큰 기획의 일부로 여겨졌다. 흔히 '계몽의 기획'이라고 불리는 이 기획의 결과는 무자비한 환경 파괴로 나타났다. 철학적 모델을 환경 파괴의 관점에서 비난하는 것이 억지스러워 보인다면, 오직 자기 자신만을 보증하는 주체성이 자연 파괴의 위험은 감수하면서 그에 대한 책임은 지지 않고 있다는 사실을 기억하라. 자연을 파괴하면서 우리는 우리가 앉아 있는 나뭇가지마저 톱으로 잘라버리고 있다!

이런 파괴적인 주관주의에 맞서 철학자들(탈근대주의도 그중 하나이다.)이 객관주의라는 치료제를 생각한 것은 놀랄 일이 아니다. 철학자들은 주체 중심의 권위를 무너뜨린 또 다른 과학 속에서 그 근거를 발견했다.

가령 폴란드의 천문학자 코페르니쿠스Nicolas Copernicus(1473~1543)는 지구가 태양 주위를 돈다는 사실을 밝힘으로써 인간을 태양계의 주변부로 밀어냈다. 이와 비슷하게 영국의 자연학자 다윈Charles Darwin (1809~1882)은 인간이 동물과 분리된 존재가 아니라 자연법칙의 지배를 받는 원숭이의 일종임을 밝혔다. 20세기 초반 정신분석학을 창시한 프로이트는 무의식을 발견함으로써 우리의 정신적 삶 중 상당 부분이 통제 불가능한 알 수 없는 영역으로 채워져 있다고 주장했다. 이와 같은 학문들은 난공불락처럼 보였던 개인의 주관주의적 장벽을 무너뜨려, 개인 역시 외부의 힘에 지배받아야 하며 결코 자신이 중심이 될 수 없는 세계의 주변적 존재임을 밝혔다.

이런 이론들 위에서 탈구조주의자들은 개인주의와 연관된 코기토의 개념을 거부하고, 그 대신 탈중심적 주체에 대한 사고를 발전시켰다. 이런 주체는 앞에서 언급했듯 자기 통제력을 지닌 자율적 존재가 아니라,

20세기 초반 '무의식'을 발견해낸 정신분석학의 창시자 프로이트
프로이트는 우리의 정신적 삶 중 상당 부분이 우리 자신의 통제가 미치지 않는 알 수 없는 영역이라고 주장했다. 개인이 외부의 힘에 지배받는, 세계의 주변적 존재라는 이 같은 주장은 탈구조주의의 이론적 토대가 되었다. 이렇게 본다면, 주체는 자기 통제력을 지닌 자율적 존재가 아니라, 서로 경쟁하는 담론들이 엇갈리며 일으키는 효과이자 담론들이 말해지는 통로일 뿐이다. 주체의 의미는 탈중심화되어 있거나 주체의 외부, 즉 무의식적 담론이나 이데올로기적 담론 속에 있다. 극단적으로 말해, 탈중심적 주체는 불가항력적인 힘들에게 조종되는 꼭두각시다. 지젝은 이러한 주체 모델에 반대한다.

서로 경쟁하는 담론들이 엇갈리며 일으키는 효과이자 담론들이 발화되는 통로일 뿐이다. 따라서 주체의 의미는 자신의 내부 혹은 중심에 있지 않다. 주체의 의미는 탈중심화되어 있거나 주체의 외부, 즉 무의식적 담론이나 이데올로기적 담론 속에 있다. 주체는 이런 외부 담론들에 의해 강제되고 결정되기 때문에 제 자신을 스스로 결정할 수 없다. 주체는 지배 이데올로기(혹은 거기서의 '주체 위치')와 당대의 역사에 종속되어 있다. 극단적으로 말해서 탈중심적 주체는 불가항력적인 힘에 의해 조종되는 꼭두각시로, 지젝의 말처럼, 자신을 조종하는 실 끄트머리에 매달림으로써만 개인적인 출구를 찾을 수 있다.

'탈구조주의'에서 주체는 보통 주체화로 환원된다. 즉, 주체는 근본적으로 비주체적인 과정의 효과로 인식된다. 주체는 언제나 전前주체적인 과정들('글쓰기'의 과정, '욕망'의 과정)에 의해 포획 혹은 횡단된다. 여기서 강조점은 역사적 과정의 '주체' '행위자' '대역자'로서 자신의 위치를 '살고' '경험하는' 개인들의 서로 다른 양태들이다.(SOI : 174)

달리 말해, 탈구조주의적 주체는 데리다가 주장한 것처럼 순전히 '언어의 기능'(derrida, 1973 : 145), 대타자의 담론을 복화술로 발화하도록 운명지어진 상징적 자동인형 같은 것이다.

물론 이런 모델은 객관 세계가 개인의 주관 세계를 너무나 깊숙이 침범하여 아무런 주체성도 남기지 않는다는 문제를 안고 있다. 만약 모든 것이 객관적이라면, 나의 성격에 어떤 주체적 요소도 존재하지 않는다면, 나는 어떠한 특수성이나 개별성도 갖지 못할 것이다. 나는 단지 체계 혹은 상징계가 말하는 장소일 뿐이다. 그러나 이것 역시 진실하지 않다.

만약 내가 이데올로기, 언어, 무의식이 조종하는 끈에 매달린 꼭두각시에 불과하다면, 나는 어떻게 아침에 차보다는 커피를 선택할 수 있는가? 이러한 선택을 가능하게 하는 '나'는 어디에 있는가? 물론 순수한 객관 세계에는 이 '나'가 존재하지 않는 게 분명하지만, 그 못지 않게 분명한 것은 우리는 그런 세계에 살지 않는다는 점이다. 실제로 우리는 그런 선택을 하기 때문이다.

지금까지 살펴본 두 주체 모델은 주체성을 과대평가하거나, 반대로 객관성을 과대평가하는 양 극단에 놓여 있다. 완성된 주체라면 자신의 존재를 위한 개별성의 영역을 보존하는 동시에, 우리가 거쳐해야 할 장소로서 어떤 비개별성의 토대 위에 발을 딛고 있음으로써 둘 간의 생산적 균형을 유지해야 한다. 그런 주체를 발견하기 위해 지젝이 어떻게 코기토를 읽었는지, 어떻게 코기토를 탈구조주의와는 전혀 다른 방식으로 이해하는지 살펴봐야 한다.

시민적 주체에 필수 불가결한 '광기'

지젝의 코기토 해석은 코기토 자체가 아니라 데카르트가 자신의 결론에 도달하기 위해 사용한 방법에 빚지고 있다. 지젝에 따르면, 데카르트적 회의는 우리가 어떻게 자연(혹은 객관성)에 함입된 존재에서 문화(혹은 주체성)로 지탱되는 존재로 변모하는지에 관한 통찰을 제공한다. 지젝은 독일의 철학자 칸트Immanuel Kant(1724~1804)나 헤겔의 작업이 이런 변모과정의 문제에 부쳐진 것이라고 보았다.

어떻게 우리는 단지 자연 혹은 객관 세계의 일부였다가 다음 순간에는 말하는 존재로서 세계의 나머지 부분에 대해 주체적인 태도를 갖게 되는가? 이 간극은 어디에서 발생하는가? 헤겔과 칸트는 문화가 마치 마술처럼 갑자기 인간 존재에게 부여된다고 가정하지 않음으로써, 이미 자연은 아니지만 그렇다고 아직 문화(지젝이 로고스logos, 말Word 등으로 명명한)도 아닌 상태를 창조해야 했다. 가령, 헤겔은 이 '사이존재'를 절반은 자연에 속박되어 있고, 절반은 자연을 노예화하려는 '흑인negroes' 상태로 불렀다.

지젝은 자연과 문화 사이의 이 잃어버린 고리를 데카르트적 회의에서 찾았다. 지젝은 데카르트적 회의 과정을 자기로의 철회, '화덕 속으로의 육체적 철회'로 묘사한다. 데카르트는 자기 자신을 세계와 단절시킨다. 오직 코기토만 남을 때까지 모든 외부세계와의 고리를 체계적으로 단절시킨다. 지젝은 바로 여기, 이 전면적인 철회의 제스처에서 자연에서 문화로 가는 감춰진 이행을 발견했다. 지젝에 의하면, 이런 제스처는 광기의 일종(헤겔의 '세계의 밤night of the world'이 지닌 특수한 광기)이다.

주마등 같은 허깨비들 속에서 순수한 자기self가 존재하는 이 밤, 그 자연의 내부는 피투성이 머리가 튀어나오고 하얗게 질린 유령들이 불쑥 나타났다가 갑자기 사라지는, 모든 것을 감싸는 밤이다. 눈眼 속에 비친 인간 존재를 볼 때 우리는 그 밤을 언뜻 볼 수 있다. 그 속에서 인간은 소름 끼치는 공포가 된다.(CATU : 258)

상징적 우주 또는 문화적 세계가 형성될 수 있는, 혹은 (광기에 빠지지 않기 위해) 반드시 필요해지는 때는, 이 '세계의 밤'에 의해 현실이 소거될 때, 세계가 그 자체로 상실 또는 절대적 부정성으로 경험될 때뿐이다. 데카르트의 '자기로의 철회'는 정확히 이 극단적인 상실의 경험이

데카르트, 헤겔과 함께 근대 이성 중심주의를 대표하는 철학자 칸트
칸트와 헤겔은 문화가 갑자기 인간 존재에게 부여된다고 가정하지 않음으로써, 이미 자연은 아니지만 그렇다고 아직 문화도 아닌 상태를 창조해야 했다. 지젝은 자연과 문화 사이의 잃어버린 고리를 데카르트적 회의 속에서 찾는다. 오직 코기토만 남을 때까지 모든 외부세계와의 고리를 체계적으로 단절시키는 것. '전면적인 철회의 제스처.' 바로 이 지점에서 지젝은 자연에서 문화로 가는 이행을 발견한다. 이렇게 지젝은 독일 관념론의 전통 전체를 재조명한다.

다. 지젝에게 데카르트의 코기토는 현실적 개인의 '나'가 아니라, 부정성의 텅 빈 지점이다. 이 텅 빈 장소는 '아무것도 아닌' 것이 아니라 모든 것의 반대편, 모든 규정된 것들의 부정성이다. 지젝은 바로 여기, 아무런 내용물도 없는 텅 빈 장소에 주체를 위치시킨다. 즉, 주체는 공백

'사라지는 매개자' 주체 혹은 광기 '사라지는 매개자vanishing mediator'는 지젝이 『그들은 자기가 하는 일을 알지 못하나이다For They Know Not What They Do』에서 일관되게 사용하는 개념이다. 그는 이 개념을 북미의 마르크스 비판 철학자 프레드릭 제임슨Fredric Jameson(1934~)의 「사라지는 매개자: 혹은 스토리텔러로서의 막스 베버The Vanishing Mediator; Max Weber as Storyteller」에서 빌려왔다. 이 논문에서 제임슨은 유명한 독일 사회학자 막스 베버Max Weber(1864~1920)의 마르크스주의 비판을 분석한다. 베버는 프로테스탄티즘이 자본주의가 발생할 수 있는 조건을 만들었다고 보았다. 프로테스탄티즘은 종교이고 자본주의는 생산양식이다. 곧 베버는 토대가 상부구조를 창출한다는 전통적인 마르크스주의의 기본 구도를 뒤집은 것이다. 이에 대해 제임슨은 어떻게 마르크스주의와 일치하는 변증법적 운동 속에서 자본주의가 프로테스탄티즘에서 발전했는지 보여준다.

제임슨에 따르면, 이 변증법은 그가 '사라지는 매개자'(두 항들 사이의 잃어버린 고리)라고 부른 것에 의해 추동된다. 그는 프로테스탄티즘은 봉건제와 자본주의 사이의 사라지는 매개자라고 주장한다. 프로테스탄티즘이 출현하기 전의 종교는 경제 부문과 분리된 영역이었다. 이에 반해 보편화된 종교로서 프로테스탄티즘은 노동의 세계를 자기 영역 속에 끌어들임으로써, 모든 사람을 부의 축적과 근면한 노동에 매진하도록 했다. 그렇게 함으로써 프로테스탄티즘은 자본주의가 출현할 조건을 창출한 것이다. 그러나 아이러니하게도 자본주의의 출현은 종교, 특히 프로테스탄티즘의 쇠퇴를 불러왔다.

"그것(프로테스탄티즘)은 글자 그대로 서로 배타적인 두 항 사이의 교환을 가능하게 하는 촉매 동인動因이다. 따라서 우리는 거꾸로 종교제도 자체가 변화의 발생 장소이며, 그 쓰임새가 다하면 해체되어 치워질 수 있

이다.

지젝에 따르면, 자연 상태에서 문화 상태로 이행할 수 있는 것은 이 공백 때문이다. 만약 사물(혹은 대상)과 그것의 재현 표상(혹은 말들) 사이에 아무런 간극도 없다면, 그 둘은 동일화될 것이고 그렇게 되면 주체

> 는 사다리 또는 거푸집 같은 것으로 기능한다고 말할 수 있다."(Jameson 1988: 31)

'사라지는 매개자'는 말 그대로 서로 대립하는 두 개념 사이의 이행을 매개하고 곧 사라지는 개념이다. 여기서 지젝이 주목하는 바는, 사라지는 매개자가 개념과 형식의 비대칭성으로 발생한다는 것이다. 마르크스의 혁명 분석에서처럼 형식은 내용을 따라가지 못하고 지체된다. 즉, 내용의 논리가 형식의 한계 지점까지 작동하여 자기 껍질을 털어버리고 새로운 형식을 드러낼 때까지, 내용은 현존하는 형식의 자장磁場 속에서 변한다. 지젝은 제임슨의 논의를 언급하며 이와 같이 말한다.

"봉건제에서 프로테스탄티즘으로의 이행은, 프로테스탄티즘에서 부르주아적 일상생활 속의 사적 종교로의 이행과 그 성격이 같지 않다. 첫 번째 이행은 '내용'과 관련된다(종교적 형식을 보유하거나 심지어 좀더 강화된 형식 속에서 어떤 중요한 변화 — 신의 은총이 나타나는 장으로서의 금욕적-탐욕적 경제활동에 대한 확신 — 가 발생한다.). 이에 반해 두 번째 이행은 순전히 형식적인 행위, 형식상의 변화이다(프로테스탄티즘이 금욕적-탐욕적 태도로 실현되는 순간, 그것은 형식으로서 떨쳐 버려진다.)."(FTKN: 185)

이런 과정 속에서 지젝은 헤겔의 '부정의 부정', 즉 변증법의 세 번째 계기를 발견한다. 첫 번째 부정은 낡은 형식 안에서 그 형식의 이름으로 일어나는 내용의 변화이다. 두 번째 부정은 형식 자체의 소멸이다. 이런 방식으로 모든 것은 강화되는 것처럼 보이는 와중에 역설적으로 자신의 대립물이 된다. 프로테스탄티즘의 경우, 종교적 태도의 보편화가 최종적으로는 사적인 묵상의 문제로 치부되는 결과를 낳는다. 즉, 봉건제의 부정으로서의 프로테스탄티즘은 그 자체로 자본주의에 의해 부정된다.

성의 여지는 사라지기 때문이다. 말들은 애초에 우리가 사물을 '살해'한 한에서만, 말과 그것이 재현하는 사물 사이의 간극을 창출하는 한에서만 존재할 수 있다. 이 간극, 자연과 그것에 함입된 존재들 사이의 간극이 주체이다. 달리 말해 주체는 지젝의 용어로, 자연과 문화 상태 사이의 잃어버린 고리, '사라지는 매개자'이다.

여기서 지젝의 요점은, 자연에서 문화로의 이행은 헤겔이 도입한 진화의 서사로 그려질 수 있는 게 아니라는 것이다. 코기토에서 정점에 도달한 '자기로의 철회'가, 자연과 문화의 간극을 잇는 사라지는 매개자로 전제되어야 한다. 자연에서 문화로의 이행은 그 사라지는 매개자를 통해 조직되는 것이다. 달리 말해, 우리는 상징적 질서라는 형식으로 실재를 대체하기에 앞서 그 실재를 '제거'해야 한다. 지젝은 이 사라지는 매개자를 광기로 이행하는 것으로 읽으며, 이렇게 해서 (사라지는 매개자인) 주체를 광기로 파악한다. 지젝에게 광기는 제정신, 즉 시민적 주체의 '정상성'에 필수 불가결한 것이다.

철학사의 사라지는 매개자, 셸링

주체의 계보학 면에서 지젝이 참조한 사람은 독일 철학자 셸링 Friedrich Wilhelm Joseph von Schelling(1775~1854)이다. 지젝에 따르면, 셸링은 철학사에서 사라지는 매개자로 기능한다. 셸링의 저작은 관념론과 유물론 사이의 비가시적 연결고리로, 이전의 관념철학이 지닌 형식 속에 이후의 마르크스 · 니체Friedrich Nietzsche(1844~1900) · 프로이트가 제기한 유물론적 내용을 도입한다. 지젝이 셸링의 저작을 단순히 비의적인 종교적 저술로 간주하지 않은 것은, 그것을 사라지는 매개자로 읽었

주체의 계보학에서 지젝이 참조한 또 한 명의 독일 철학자 셸링

지젝은 셸링의 저작을 단순히 비의적인 종교적 저술로 보지 않는다. 철학사에서 셸링이 '사라지는 매개자'로 기능한다고 본다. 셸링의 저작은 관념론과 유물론 사이의 비가시적 연결고리로, 이전의 관념철학이 지닌 형식 속에 이후의 마르크스, 니체, 프로이트가 제기한 유물론적 내용을 도입한다는 것이다.

셸링 분석에서도 지젝은 상상계·상징계·실재계의 개념을 유용하게 사용한다. 지젝의 목표는 "독일 관념론을 되살리기 위한 탁월한 지적 도구로 라캉을 이용하는 것"이기 때문이다.

기 때문이다. 지젝이 말했듯, "'진리가 아닌 것' 처럼 여겨지는 부분이나 측면을 무시해버리려는 모든 시도는 반드시 진리 자체의 상실을 가져온다."(TIR : 7)

이 점을 염두에 둔다면, 지젝이 무無를 신의 탄생보다 열등한 것으로 취급하는 셸링의『세계 시대Die Weltalter』의 (셋 중) 두 번째 초안 분석에 그토록 많은 노력을 기울인 것은 놀랄 일이 아니다. 신의 탄생은 요한복음서의 "처음에 말씀이 있었다."는 구절에 잘 나와 있다. 지젝은 이 '처음'을 대문자로 표시한다. 그것은 '태초Beginning'이다. 그러나 셸링의 철학은 태초가 처음이 아님을 입증한다. 태초 이전에 "카오스적-정신병적 상태의 우주가 있었으니, 그때 우주는 맹목적 충동의 반복과 불규칙한 맥동의 상태였다."(TIR : 13) 이 충동이 현실의 궁극적 기반, 모든 것의 토대Grund이다. 어떤 것도 이 '무nothing' 혹은 '심연'(아니면 토대 없음)을 앞서지 않는다.

이 심연의 자연은 지젝의 소제목이 암시하는 바대로 '고삐 풀린 자유'의 하나이다. 그것은 어느 누구에게 '속해 있는' 자유가 아니다. 즉, 어떤 주체의 술어가 아닌 것이다. 그것은 "아무것도 의지하지 않는 순수하게 비인격적인 의지"(TAOF : 15)이며, 셸링의 철학에서 반드시 전제되는 맹목적인 우연의 사실이다. 처음에(이것은 태초Beginning보다 이전임을 기억하라.) 신은 이 자유Freedom의 일부였다. 신은 아직 개별 존재 Being가 아니었다. 다만 비존재의 상태를 즐기는 순수한 무Nothingness였다. 하지만 그런 만족은 근원적인 불만의 씨앗을 함축하고 있다. 순수한 자유의 은혜로운 평화는 아무것도 원하지 않는 불확정적인 의지Will에 기반한 것이다. 그럼에도 불구하고 '아무것도 원하지 않음'은 그 자체로 확고한 주장이다. 이에 대해 지젝은 다음과 같이 말한다.

근원적인 자유의 순수한 잠재성—아무것도 원하지 않는 불확정적이고 중립적인 의지의 이 은혜로운 평화, 그 순수한 향락—은 실제로는 바로 그 '무nothing', 모든 긍정적·규정적 내용의 절멸을 원하는 의지의 모습으로 실현된다.(TIR : 23)

아무것도 원하지 않음과 '무'를 원함은 동전의 양면으로, 태초보다 이전 상태인 충동의 순환운동을 형성하는 수축과 팽창이다. 어떤 것을 원하는 의지가 긍정적·팽창적 의지라면, 정확히 무nothing를 원하는 의지는 부정적·수축적 의지이다. 그 운동의 결과는 교착 상태의 반복이다.

지젝은 이 반복적인 순환운동을, 존재를 향한 시도들의 실패, 끊임없이 잘못되는 출발들로 해석한다. 그것은 신이 그 자신과 그의 술어를 변별하는 데 실패하는 악순환이다. 달리 말해, 신은 토대, 즉 현실의 근거 중 일부이지 아직 스스로 독립된 본체가 아니다. 신이 독립성을 성취하기 위해서는 그 자신을 토대에서 해방시켜야 한다.

자기 자신을 필연성의 결박에서 전적으로 자유로운 본체—간단히 한 사람—로 정립하기 위해, 절대자는 그 속에서 신 자신이 아니라 자기 존재의 토대Grund와 거리를 확보함으로써, 즉 그 자신에게서 토대를 축출함으로써 즉자 상태의 혼돈을 청산하고 사물들을 제자리에 정돈시켜야 한다.(TIR : 36)

여기서 우리는 데카르트가 철학의 제1원리, 곧 '존재의 확고한 토대'를 확보하기 위해 시도한 것과 유사한 점을 발견할 수 있다. 데카르트가 주장한 것처럼, 신이 자기 존재의 토대를 수립할 수 있는 유일한 길은 모든 한정된 내용을 파괴하는 것, 세계로부터 철회하는 것, '그 자신에게서 토대를 축출하는' 것이다. 지젝은 이와 같은 행위를 신성한 광기의 한 형식, 헤겔이 말한 '세계의 밤'의 광기와 유사한 것으로 설명한다. 지젝의 재치 있는 표현을 빌자면, "신 자신이 '제정신을 잃은'"(TAOF : 11) 것이다. 신은 스스로 존재할 수 있기 전에 먼저 광기의 위험을 겪어야 한다. 무Nothingness와 신 자신 사이의 '사라지는 매개자'를 형성하는 것이 바로 이 밤의 광기다.

여기서 중요한 것은 지젝의 저작을 관통하는 중요한 모티프인 주체

라캉을 통한 셸링 읽기 라캉의 기본 개념인 상상계·상징계·실재계를 이해한 사람이라면, 셸링에 대한 논의에서도 드러났듯 지젝이 항상 이 세 개념을 가지고 철학자들을 해석한다는 사실을 알아챌 것이다. 지젝 자신도 몇 차례 인정했듯, "내 작업의 핵심은 독일 관념론을 되살리기 위한 탁월한 지적 도구로 라캉을 이용하는 것"(TZR: ix)이기 때문이다. 이는 다음의 세 가지 물음을 불러일으킨다. 독일 철학이란 무엇이고, 왜 그것은 되살아나야 하며, 그 되살림이란 무엇을 의미하는가?

'독일 관념론'이란 칸트, 피히테Johann Gottlieb Fichte(1762~1814), 셸링, 그리고 헤겔의 철학을 가리킨다. 지젝이 독일 철학의 부활을 주장하는 이유는 지금까지 우리가 그것을 일면적으로만 배워왔으며, 그가 생각하기에 독일 관념론의 진실은 우리가 배운 것과 다르기 때문이다. 지젝이 셸링에게서 빌린 '되살림eactualizing'이라는 단어는, 독일 관념론을 해석하는 데 다른 가능성이 존재하며, 지젝 본인은 통상적으로 실현 혹은 '현재화'되는 것과는 다른 방식으로 그 가능성을 현실화하고자 함을 의미한다.

우리는 독일 관념론자들이 어떤 것의 진실은 즉자적으로in itself 발견될 수 있다고 생각한다고 배워왔다. 반면 지젝에게 독일 관념론의 근본 통찰은, 어떤 것의 진실이 언제나 자기 외부에 있음을 발견한 데 있다. 가령 우리 경험의 진실은 우리 자신의 깊은 곳에 숨어 있는 것이 아니라 상징계와 실재계,

(이 경우는 신)가 상실, 자기 자신의 철거, 자신의 토대 또는 본질 자체의 축출로 구성된다는 것이다. 이런 의미에서 주체는 언제나 자신의 상실을 회복하려고 하는 향수적인 주체이다. 그러나 주체가 주체로서의 자기 일관성을 유지하기 위해서는 그 토대가 주체 외부에 남아 있어야 한다. 달리 말해, 주체는 주체가 되기 위해 자기 자신을 외재화外在化시켜야 한다. 이는 주체가 앞서 살펴본 주체성에 대한 두 가지 모델에서처럼 대상과 대립하는 것이 아님을 의미한다.

주체와 대상은 서로 연루되어 있다. 주체는 자기 외부의 대상이다. 주

즉 우리 외부에 있다.

우리는 자신을 들여다 볼 수 없으며, 자신이 진실로 누구인지 발견할 수 없다. 우리가 자신을 볼 수 없고, 자신이 진실로 누구인지 알 수 없으며, 자신의 고갱이를 응시할 수 없는 것은, 우리의 진실이 언제나 다른 곳에 있기 때문이다. 우리의 고갱이는 다른 어딘가, 항상 우리보다 앞서 존재하는 상징적 구조와 그 상징계에 진입하기 위해 반드시 부정해야 하는 실재계 속에 있다. 라캉이 지젝의 사상에서 특권적인 지위를 차지하는 것은, 지젝의 중심 작업이 '자기동일성'의 불가능성을 증명하는 것이기 때문이다. 어떤 것의 동일성, 어떤 것의 특이성 혹은 '단일성'은 언제나 분열되어 있다. 달리 말해서 언제나 그것보다 너무 많은 것, 극미한 잔여물, 미세한 찌꺼기가 있게 마련이어서 결국 자기동일성을 불가능하게 한다. 가령 한 단어의 의미는 결코 그 단어 자체가 아니라 다른 단어들에서 찾아진다. '고양이'의 의미는 '고양이'라는 단어가 아니라, '길들여진 작은 고양이과 동물'에서 찾아진다. 따라서 '고양이'의 의미는 자기동일적이지 않다.

이 자기동일성의 불가능성은 지젝이 셸링을 포함한 독일 관념론을 독해하는 방식을 결정한다. 앞에서 살펴본 대로, 태초는 실제로 시초가 아니다. 태초의 진실은 다른 곳에 있다. 그것은 분열되어 있거나 그 자신과 동일하지 않다.

체는 지젝이 라캉을 따라 '그 자신에 대해 외밀함ex-timacy의 관계' 라 불렀던 것을 함축한다. 외밀함이란 '외재적인' 과 '내밀함' 을 합성한 말이다. 이 외재적인 내밀함, 혹은 외밀함은, 주체의 존재 한가운데 있는 것이 자기 외부에 존재하는 방식을 가리킨다. 이를 이해하기 어렵다면, 본인의 안구를 생각해보자. 우리는 모든 것을 볼 수 있지만 그렇게 보고 있는 우리 자신의 일부, 즉 안구만은 볼 수 없다. 안구를 볼 수 있는 유일한 방법은, 그것을 우리 외부에 투사시키는 거울을 보는 것이다. 주체는 바로 이와 같은 위치에 있다. 주체는 그 자체로는 결코 파악될 수 없으며, 오직 현실의 '거울' 속에서만 보이는, 현실에 비친 관점이다.

주체화에 저항하라! 네 이름을 바꾸라!

주체가 외재화되는 장소는 말Word, 태초를 언명한 말씀이다.

정확히 말은 어떻게 반복적인 맥동의 긴장을 해소시키며, 수축과 팽창의 적대를 중재하는가? 말은 정확히 대립물, 즉 팽창의 모습을 한 수축이다. 다시 말해서, 말을 하는 가운데 주체는 자기 존재를 외부에 수축시킨다. 주체는 외재적 기호 속에서 자기 존재의 중핵을 '응고시킨다.' (언어적) 기호 속에서 나는, 말하자면 내 외부에서 나 자신을 발견한다. 즉 나는 나 자신의 바깥, 나를 대리 표상하는 기표 속에서 나의 단일성을 정립한다.(TIR : 43)

이처럼 만약 내가 나의 외부에서 나 자신을 발견한다면, 나는 더 이상 자기동일적이지 않다는 문제가 발생한다. 나를 표상하는 기표는 단지 나의 대리 표상일 뿐 실제의 나가 아니다. 그러나 내가 온전히 주체가 되고자 한다면, 나는 이런 회복 불가능한 상실을 피할 수 없다. 왜냐하면 내가 아무것도 아닌 것nothing으로 남지 않고 어떤 것something이 되는 길은, 오직 이와 같은 상실에 의해서이기 때문이다.

라캉의 용어를 통해 지젝의 셸링 독해를 더 명확히 이해할 수 있을 것 같다. 지젝은 충동의 폐쇄적인 순환운동에서 말의 언명으로의 이행을, 간명하게 실재계에서 상징계로의 이행으로 보았다.

실재 혹은 토대는 언어로 새겨지기 이전의 세계이며, 언어 혹은 말은 상징적 질서의 매체이다. 여기에 더해 충동의 순환운동은 실재의 상상적 경험이라고 덧붙일 수 있다. 충동의 끝없는 맥동, 그 한없는 수축과 팽창은 거울상像 단계의 자아가 동일성과 차이의 진동 속에서 일종의 내란을 겪는 상태이다. 신은 이 거울상 단계에서 거울 앞에 선 유아처럼 순수하게 자기지시적인 존재이다. 신에게는 자기 존재를 위한 어떠한 객관적 정박점도 없다. 즉, 모든 것은 오직 주관적이다. 아니면 지젝의 말처럼 모든 것은 그 '속'에 있다.

> 이 신은 아직 창조자가 아니다. 왜냐하면 창조를 통해 타자성의 존재(수축된 현실)가 정립된 이후에야 신은 최소한의 자기일관성을 갖게 되고, 그 창조자 외부에 존재하게 되기 때문이다. 그러나 이것은 신의 이기주의적 분노 속에서 참을 수 없는 일이다.(TAOF : 17)

신이 실재와 거리를 두려면, 다시 말해 신이 실재와 단절하고 그 자리를 대신할 수 있으려면 반드시 말씀의 선포(혹은 실재의 상징적 경험)를 거쳐야 한다. 거의 동일한 방식으로, 육체적 존재로서의 우리는 실재의 일부지만 상징적 주체로서의 우리는 그것과 구별된다. 다시 말해서, 우리는 자연 속에 근거를 두고 있고 또 육체 속에서만 살아갈 수 있지만, 동시에 단순히 육체만은 아닌 존재이다. 오히려 우리는 신체를 소유하고 있으며, 신체와 자유롭게 관계 맺을 수 있다. 그것을 가능하게 하는 것이 바로 언어이다.

우리 자신을 언어나 그 외 상징적 질서에 종속시키는 과정을 지젝은 '주체화'라 부른다. 이것은 일견 탈구조주의적 주체처럼 보이지만, 지젝의 주체화는 두 가지 측면에서 파악된다는 점에서 다르다. 우선 상징적 질서 혹은 대타자는 우리보다 앞서고 우리를 통해 말을 한다. 가령 우리는 가족의 일원으로 태어나서 가족의 성姓을 갖고, 특정한 사회경제적 위치를 점하며, 특정한 종교를 따르게 된다. 그러나 다른 한편으로, 상징적 질서는 불완전하며 결여(그 결여가 주체이다.)로 구성되어 있기 때문에, 상징계의 요소들을 통합하고 그것들을 서술하는 것은 우리 자신의 몫이다. 가령 우리는 가족을 거부할 수도 있고, 이름을 바꿀 수도 있으며, 새로운 종교를 창시할 수도 있다. 설사 우리가 인조인간이라 할지라도 상징계 속의 간극은 우리가 상징계의 기능에 완전히 종속된 자동인형이 아님을 드러낸다. 지젝은 영화 〈블레이드 러너*Blade Runner*〉(1982)의 인조인간이 지닌 모호한 위상을 이렇게 설명한다.

그들의 가장 내밀한 기억조차 '진실'이 아니라 단지 주입된 것에 불과하다 할지라도, 인조인간들은 그 기억들을 자신의 개인 신화, 즉 상징적 질서 속에 자기 자리를 구성하는 서사에 통합함으로써 자기 자신을 주체화한다. (TWTN : 41)

이때 인조인간들을 인간처럼 보이게 하는 것은, 주입된 기억들을 가

리들리 스콧 감독의 1982년작 〈블레이드 러너〉에 나오는 인조인간 중 한 명인 조라
지젝은 이 영화 속 인조인간들이 지닌 위상을 들어, 우리 인간이 탈구조주의자들이 말하는 '불가항력적인 힘들에 조종되는 꼭두각시'가 아니라고 주장한다. 영화 속 인조인간들을 인간처럼 보이게 하는 것은 주입된 기억을 가지고 자신의 개인 신화를 창조하는 그들의 능력이라는 것이다. 인간은 상징적 질서 속의 요소들을 개별적인 방식으로 통합하는 능력을 갖고 있다. 이처럼 우리 자신을 언어나 그 외 상징적 질서에 종속시키는 과정을 지젝은 '주체화'라 부른다.

지고 자신의 개인 신화를 창조하는 그들의 능력이다. 그것이 바로 인간의 능력이기 때문이다. 인간은 상징적 질서 속의 요소들을 개별적인 방식으로 통합하는 능력을 가지고 있다. 그런 활동을 하는 것을 지젝은 "서사적 중력의 중심"으로서의 '자기Self' 라고 말한다.(CATU : 261) 달리 말해, '자기'는 주체의 공백을 메우는 것으로서 주체는 변하지 않지만 '자기'는 끊임없이 갱신된다.

코기토는 주체의 토대

대부분의 현대 철학자들과 달리, 지젝은 데카르트의 코기토를 '주체의 토대'라고 주장한다. 다른 철학자들이 코기토를 실체적이고, 투명하며, 전적으로 자기의식적이며, 자신의 운명을 완벽하게 통제하는 '나'로 이해하는 데 반해, 지젝은 코기토를 자기 자신에서 세계의 나머지 부분이 축출될 때 남게 되는 텅 빈 공간으로 설명한다.

상징적 질서는 세계의 직접성이 상실될 때 그 상실을 대체하는 것으로, 거기서 주체라는 텅 빈 자리는 주체화의 과정을 통해 채워진다. 그 주체화의 과정 속에서 주체는 특정한 동일성을 부여받기도 하고 자기 Self에 의해 그 동일성을 바꿔나가기도 한다.

03

포스트모던의 끔찍한 탈근대성

새로운 시도가 또 다른 위험 낳는 '탈근대적 위험사회'

'탈근대postmodern'란 주제는 지난 20여 년 간 비판철학자들의 논쟁을 거치며 풍부해졌다. 그 논쟁 중 상당 부분은 '탈근대'의 정확한 개념 정의를 둘러싸고 벌어졌다. 대부분의 이론가들은 '탈근대성postmodernity'을 지금 우리가 살고 있는 사회·역사적 시대를 가리키는 용어로, '포스트모더니즘postmodernism'을 이 시대에 대한 문화적 반응을 가리키는 용어로 구분해 사용한다. '포스트모던postmornist'이라는 단어는 보통 포스트모더니즘의 형용사적 용법으로 사용되며, '탈근대적postmodern'이라는 단어는 탈근대성의 양상을 기술할 때 쓰이기도 하고, 때로는 포스트모더니즘의 측면을 기술할 때 사용되기도 한다.

이런 용어들의 혼란에도 불구하고 한 가지 명확한 것은, (어떤 형태로든) '포스트모던'이라는 용어를 사용함으로써 작가는 새로운 사회·경제적 생활양식과 그에 대한 문화적 반응 양쪽에서 실질적인 변화와 전환이 있었음을 인정한다는 것이다.

지젝 역시 우리가 탈근대적인 시대를 살고 있다고 주장하는 사람 중 한 명이다. 지젝의 탈근대 분석은 독일의 사회학자 울리히 벡Ulrich Beck(1944~)과 영국의 사회학자 앤서니 기든스Anthony Giddens(1938~)가 주장한 '위험사회' 이론에서 출발한다. 이 이론에서 '위험'이란 단어가 지시하는 바는, 이산화탄소 방출량의 증가로 지구 온난화, 동식물 유

독일과 영국의 사회학자 울리히 벡(왼쪽)과 앤서니 기든스(오른쪽)
지젝의 탈근대 분석은 이 두 사람이 주장한 '위험사회' 이론에서 출발한다. 이 이론의 '위험'이란 지구 온난화와 유전자 변형처럼 "확률은 낮지만 결과는 심각한" 위험이다. 이 위험들의 공통점은 인간이 자연에 개입하여 만들어진 '제조된 위험'이라는 것이다. 이 위험을 줄이려면 다시 과학기술이 개입해야 하고, 그것은 또 다른 예측 불허의 결과를 양산한다. 이처럼 한 가지 위험의 감소가 다른 위험의 발생으로 이어지는 '재귀성'이 탈근대성을 이해하는 열쇠라고 지젝은 지적한다. "의존할 만한 확고한 토대를 제공하는 어떠한 자연이나 전통도 없다는 사실"에서 현 사회의 불투명성이 나왔다는 것이다.

전자의 변형 등의 문제가 생기고, 이로 인해 화학적으로 내성을 갖춘 곤충이 증가하고, 인공 에스트로겐이 식품을 오염시켜 남성 인구가 감소하는 현상 등 "확률은 낮지만 결과는 심각한" 위험들이다. 이중 어떤 하나의 상황이 제어할 수 없는 결과를 초래할 확률은 낮지만, 어느 한 가지 일이라도 발생한다면, 그 결과는 인류에게 치명적이다.

언급한 위험들의 치명적인 공통점은 그것들이 '제조된 위험'이라는 점이다. 즉, 인간이 자연세계에 개입함으로써 만들어진 결과들이다. 이런 개입은 너무나 심대하여 이젠 더 이상 자연 스스로 치유하고 해법을 찾기를 바랄 수도 없게 됐다. 왜냐하면 이런 위험들은 자연 자체의 탈선을 포함하고 있기 때문이다. 그 결과, 이런 위험의 발생 확률을 낮추기 위해 우리는 또다시 과학기술의 개입을 늘릴 수밖에 없으며, 그것은 또 다른 예측 불허의 결과들을 양산한다. 한 마디로, 우리는 한 가지 위험의 감소가 또 다른 위험의 발생으로 이어지는, 환경을 통제하려는 새로운 시도가 또다시 새로운 불확실성을 양산하는 '자기재귀적인' 올가미에 사로잡혀 있다.

지젝에 따르면, 탈근대성을 이해하는 열쇠는 이 '재귀성再歸性·reflexivity'에 있다[보통 반성성으로 번역하는데, 그 반성이 지닌 이중성과 자기로의 회귀를 강조하기 위해 재귀성으로 옮김.]. 우리는 우리가 짠 거미줄에 걸려 있다. 과학자들과 정부 관료들 모두 이렇게 제조된 위험들이 일으킬 재난의 정도와 범위를 정확히 파악하지 못하고 있는데, 이는 그 위험들이 너무 복잡해서가 아니라 너무 불투명하기 때문이다.

새로운 불투명성과 불가해성(우리의 행위가 야기하는 최종 결과들의 불확실성)은 우리가 어떤 초월적인 힘(운명, 역사적 필연성, 시장)에 조종되는 꼭두각시라서 생겨난 것이 아니다. 반대로 그것은 '아무도 책임이 없으며' '그런 권력은 존재하지 않는다' 는, 운명의 실을 조종하는 '타자의 타자' 란 없다는 사실에서 기인한다. 불투명성은 오늘날의 사회가 전적으로 '재귀적'이라는 사실, 의존할 만한 확고한 토대를 제공하는 어떠한 자연이나 전통도 없다는 사실에 기반해 있다.(TTS : 336)

우리는 지금 완벽하게 주관적인 세계, 오직 우리 자신에게만 물어볼 수 있는 세계, 자연세계나 전통과 관습 어디에도 실질적인 기반을 두고 있지 않은 세계에 살고 있다.

지젝이 비판한 포스트모더니즘과 탈근대성 '탈근대성postmodernity'과 관련하여 가장 유명한 이론가는 프레드릭 제임슨과 프랑스 철학자 장-프랑수아 리오타르Jean-François Lyotard(1927~1998)이다. 제임슨은, 30여 년 전부터 '후기 자본주의' 라고 부를 만한 새로운 흐름의 자본주의가 진행되어왔다고 주장한다. 후기 자본주의의 특징은, 자본주의적 생활양식이 이전까지와는 비교할 수 없을 정도로 광범위하게 우리의 일상생활 전 부분에 침투한다는 데 있다.
제임슨에게(그리고 대체로 그의 모델을 받아들이고 있는 지젝에게) 포스트모더니즘은 후기 자본주의의 문화적 논리, 혹은 그것이 상품을 통해 꾀하는 식민화에 대한 문화적 반응이다. 제임슨이 찾아낸 포스트모더니즘의 주된 특징들은 이전까지 분리되어 있던 문화 장르의 통합(고급문화와 하위문화의 혼합, 서부영화와 공상과학 영화 등 서로 다른 스타일들의 결합), (노스탤지어에 대한 욕망으로 표현되는) 역사 감각의 상실, (세계에 대한 이미지

대타자의 붕괴, 허구적 질서의 붕괴

지젝에게 재귀성의 보편화가 지닌 핵심적인 측면은 대타자大他者의 최종적인 붕괴, 사회제도·관습·법 등 공동 네트워크의 붕괴이다. 지젝은 이런 붕괴를 라캉의 신神에 관한 설명과 비교한다. 라캉은 오늘날 신이 죽은 게 아니라 언제나 죽어 있었는데, 다만 신 자신이 그 사실을 알지 못했다고 한다. 이와 비슷하게, 대타자는 애초부터 물질적 존재로 존재하지 않았다는 점에서 언제나 죽어 있었다. 지금까지 대타자는 순전히 상징적·허구적인 질서였던 것이다.

이런 비교를 통해 지젝은, 우리가 모두 실재 너머의 상징적 세계를 위해, 날것의 실재 사실을 부인함으로써 최소한의 이상화에 참여하고 있다고 말한다. 그는 이러한 부인을 '마치 ~인 것처럼'이란 말로 표현한다. 우리는 이웃과 함께 살기 위해 마치 역겨운 냄새를 맡지 않은 것처

의 승리 같은) 표면 혹은 깊이없음에 대한 열광적인 도취 등이다.
제임슨과 마찬가지로 리오타르 역시 원래 마르크스주의 철학자였다. 그러나 리오타르가 탈근대성 이론에 끼친 공헌은, 전체적으로 자신의 마르크스주의적 과거에서 탈피한 점에 기반해 있다.
리오타르에 따르면, 탈근대는 '거대서사grand narratives'의 종말로 설명된다. 거대서사란 모든 삶과 사물의 총체성을 해명하고자 하는 해석 혹은 서사이다. 가장 대표적인 거대서사 중 하나가 마르크스주의인데, 리오타르는 (다른 거대서사들과 마찬가지로) 그것을 거부한다. 마르크스주의 역시 보편성을 위해 삶의 구체성과 사물들의 개별성을 무시한다는 점에서 전체주의적이고 억압적이기 때문이다. 지젝은 포스트모던 비판 철학자들의 이런 주장을 비판하기 위해 『누가 전체주의를 말했나? Did Somebody Say Totalitarianism?』를 썼다. 이 책에서 지젝은 리오타르 등이 후기 자본주의의 문화 논리에 굴복했다고 비판한다.

럼, 우스꽝스러운 꼴을 보지 않은 것처럼 행동한다. 판사 앞에 섰을 때에는 그 판사가 무식한 늙은이가 아닌 것처럼, 마치 그 판사가 법이 언명되는 통로인 것처럼 행동한다. 우리는 충실한 신민으로 남기 위해 왕이 실제로 새 옷을 입고 있는 것처럼, 벌거벗은 채 거리를 활보하는 게 아닌 것처럼 행동한다.

그래서 대타자는 우리가 모두 개별적으로 동의하는 일종의 사기 또는 거짓말이다. 우리는 모두 왕이 (실재계에서) 벌거벗었다는 사실을 잘 알고 있다. 그럼에도 불구하고 왕이 (상징계에서) 새 옷을 입고 있다는 기만에 동의한다. 그래서 지젝이 "대타자는 더 이상 존재하지 않는다."고 말할 때, 그것은 '재귀성'으로 특징지어진 새로운 탈근대란 시대 속에서, 우리가 더 이상 왕이 옷을 입었다고 믿지 않음을 뜻한다.

우리는 대타자의 말(상징계 속에서 입고 있는 옷)보다는 (실제로 벌거벗은 것을 보는) 우리 자신의 눈을 믿는다. 지젝은 이를 위선을 벗어던진 바람직한 상황이 아니라, 우리가 속해 있는 공동체 자체가 해체되는, 우리가 의도한 것 이상의 결과가 초래되는 상황으로 본다.(FTKN : 12) 상징적 효력이 치명적으로 손상되는 상황 말이다.

'상징적 효력'이란, 어떤 사실이 진실이 되려면 단지 우리가 그것을 아는 것만으로는 부족하며, 그 사실이 대타자에게도 알려졌음을 알 필요가 있음을 말한다. 지젝은 자신을 낟알로 생각하는 미친 사람에 관한 농담을 통해 이를 설명한다. 치료가 끝나서 퇴원했다가 다시 병원을 찾은 그 사람은, 집에서 닭을 만났는데 그놈이 자기를 잡아먹을 것만 같았다고 털어놓는다. 의사는 화를 버럭 내며 당신은 인간이지 낟알이 아니라고 소리쳤다. 그러자 그 사람은 "예, 나도 알아요. 하지만 그 닭도 그걸 알까요?"라고 대답한다.

원래 마르크스주의 철학자였다가 포스트모더니즘 철학자가 된 장-프랑수아 리오타르
리오타르는 '거대서사'의 종말로 탈근대를 설명한다. 거대서사란 삶과 사물의 총체성을 해명하고자 하는 해석으로, 마르크스주의가 대표적 예이다. 지젝은 리오타르 등이 후기 자본주의 문화 논리에 굴복했다고 비판했다.

즉, 인간으로서의 자기 존재가 대타자에게 확인될 때까지 그 사람은 여전히 낯알인 것이다. 이와 마찬가지로 세계육상연맹이 입증해주기 전까지는 나는 세계에서 가장 빠른 육상선수가 될 수 없으며, 나의 시가 출판되기 전까지 나는 시인이 아니며, 면허시험을 통과하기 전까지 나는 아직 무면허 운전자이다. 비록 나는 똑같은 기술을 가진 동일한 사람, 즉 세계에서 가장 빠르고, 시인이고 운전자이지만, 그것이 상징적 제도라는 대타자에 의해 등록되기 전까지 그 사실은 나에게나 다른 관계자들에게 모두 효력이 없다.

여기서 중요한 점은 오늘날 무수한 탈중심화된 인격을 지닌 주체들에게 동일성을 부여해주는 것이 '대타자' 라는 사실이다. 달리 말해, 내 인격의 서로 다른 측면들은 상징적 질서 속에서 동등한 지위를 갖지 않는다. 다른 사람들에게 인정받고, 나 자신의 사회·경제적 위치를 결정하는 것은, 오직 상징적 효력을 공표하는 대타자에 의해 등록된 자기Self 혹은 자기들Selves뿐이다. 지젝이 말하듯, 이것이 발생하는 차원은 현실의 차원이 아니다.

상상의 유희와 대립되는 '현실' 은—라캉의 요점은 무수한 환영적 동일성들 너머에 어떤 '실재 자기' 의 단단한 알맹이 같은 것이 존재한다는 게 아니다. 우리가 다루고 있는 것은 상징적 허구, 즉 자신의 고유한 구조와는 아무 상관 없는 우연한 이유들 때문에 수행적 힘을 발휘하는 상징적 허구의 차원이다.— 사회적으로 작동하며, 내가 참여하고 있는 사회 속의 상징적 현실을 구성한다. 그/그녀의 '실재적인' 특질들까지 포함하여, 한 사람의 지위는 그/그녀가 대타자와 관계 맺는 방식이 변화하는 순간 전혀 다른 조명을 받는다.(TTS : 330)

대타자와 맺는 관계의 양상이 바뀌는 순간, 동일한 사람의 지위가 바뀌는 경우란 어떤 것일까? 의사 자격증도 없이 병원에서 의료행위를 하는 사람을 들 수 있다. 오랫동안 병원에 근무하며 의사 자격이 있는 사람들 못지 않게 의사의 역할을 잘 수행해온 사람이 있다. 그런데 무자격자란 사실이 드러나는 순간, 이 사람의 위상은 완전히 뒤바뀐다. 이 사람이 저지른 실수는 이제 단순한 의료사고가 아니라 '사기꾼의 필연적인 상해'로 간주된다. 달리 말해서, 사기꾼이라는 사실이 밝혀지기 전까지는 이 사람의 행위가 상징적 효력을 발휘하지만, 무면허 시술을 했음이 드러난 다음에는 똑같은 행위를 해도 더 이상 상징적 효력을 발휘하지 못한다.

탈근대적 초자아의 귀환, 섹스 강권하는 사회

지젝은 정신분석의 기능이 상징적 효력의 소멸을 한탄하는 것이라고 생각하지 않는다. 오히려 정신분석이 이런 소멸의 효과에 대한 중요한 통찰을 가져다준다고 생각한다. 그 효과란 무엇일까?

가장 분명한 효과는 대타자의 권위가 사라짐으로써, 우리가 더 이상 자연이나 전통의 주체가 아닌 선택의 주체가 된다는 점이다. 우리는 단지 배격하기 위해서 관습에 의거할 뿐이며, 그 결함을 부각시키기 위해서 자연세계를 참조한다. 이렇게 모든 관습적 속박에서 자유로워진 결과, 이제 우리에게는 선택의 문제만 남는다. 근본적인 것이든 사소한 것이든, 내 아이가 남자일지 여자일지, 눈동자 색깔이 파랄지 푸를지, 아침에 콘프레이크와 바나나 칩을 함께 먹을지 말지, 죽고 나서 묘지에 묻힐지 아니면 화장을 해서 허공에 뿌려질지, 그도 아니라면 미라처럼 썩지 않고 보관될지…… 모든 것은 우리의 결정에 달려 있다.

그러나 극소수의 사람에게만 유리한 관습적 차별이나 잔혹한 자연의 변덕스러움에서 벗어나 자유로워지는 것이 말처럼 좋기만 한 일일까? 지젝도 일단은 좋다는 쪽에 동의할 것이다. 그러나 지젝이 주장하는 바는 우리가 결별해온 것이 단지 특정 전통이나 관습만이 아니라 모든 종류의 행위양식이라는 것이다. 우리는 모두 무엇을 선택하든지 절대적으로 자유롭다. 이 지점에서 지젝은 앞 장에서 살펴본 자율적 주체에 대한 믿음이 지닌 위험성과는 별도로, 오늘날 우리 삶에서 증가하는 '재귀화 再歸化 · reflexivization' 와 그로 인한 상징적 효력의 붕괴 역시 새로운 문제들을 야기한다고 주장한다.

이런 문제들 중 하나는 점차 강화되고 있는 '복종에 대한 집착' 이다. 지젝은 우리가 더 이상 대타자의 법에 종속되지 않게 되면, 이런 공식적인 권위의 상실을 벌충하기 위해 '사적인 법' 이나 지배종속 관계에 호소하기 쉽다고 생각한다. 일례로 지젝은 가학-피학(사도마조히즘)적인 성애의 증가를 든다. 이런 관계를 맺은 사람들은 '주인' 이나 '지배자' 의 자발적인 피지배자 또는 노예가 됨으로써 리비도적 만족을 얻는다. 이는 자유로운 위반 행위가 공적 규제를 전복시킨다는 통념을 뒤집는 것이다. 가학-피학적 성애의 증가는 오늘날 우리가 성취한 공적인 평등이, 가혹한 개인적 지배관계로 은밀히 전복되고 있음을 말해준다. 모든 사람이 자유로운 선택을 할 때에는 자유롭게 선택하는 자신을 부정하는 행위가 위반이 되는 것이다.

지젝에게 이런 역설적인 전략은 정신분석학이 다루어야 할 재귀성의 유형을 시사한다. 가령 욕망은 그 자체로 불만족을 나타내기 때문에 욕망을 만족시키는 것은 불가능하다는 게 라캉 이론의 상식이다. 이런 의미에서 욕망은 단지 종식될 뿐 결코 충족되지는 않는다. 하지만 히스테리 환자에게 이 욕망의 실현 불가능성은 도리어 실현되지 않고자 하는 욕망으로 재귀적으로 전환된다. 이와 마찬가지로, 강박신경증자는 욕망의 규제를 규제에 대한 욕망으로 전도시킨다.

지젝에 따르면, 이 모든 경우에서 문제가 되는 것은 위험사회 이론가들이 간과해온, 주체의 중심부에 자리잡고 있는 '재귀성'이다. 이론가들은 탈근대적 주체(그들의 용어로 하면 '두 번째 근대성'의 주체)의 재귀적 자유를 찬미하기에 바빴지, 주체가 그런 와중에 '언제나 이미' 존재하는 재귀성으로 그 자유를 화해시킨다는 사실을 간과했다.

우리는 소위 관용적인 서구 사회에서 이를 목격할 수 있다. 끊임없이 쏟아져 나오는 향락의 이미지와 쾌락에 대한 몰두를 보면, 이젠 더 이상 성적 쾌락이 금지되어 있다고 말하기 어렵다. 지젝의 말처럼, 성적 희열은 이미 공식 이데올로기의 지위를 차지했다. 더 나아가 이제는 섹스를 즐기라고 강요받는다. 이 뻔뻔함, "즐겨라!"는 이 명령은 초자아의 귀환을 표시한다.

초자아는 흔히 금지의 내적 작인作因, 우리 머릿속에서 들려오는 법의 목소리로 생각된다. 그러나 지젝은 후기 라캉의 주장을 좇아 초자아는 법(특정한 국가의 법이 아니라 상징적 권위 자체)과는 다른 방식으로 작동한다고 말한다. 초자아는 법이 억압하는 것을 자양분으로 삼는 법의 이면이다. 그래서 법이 향락의 포기로서, 우리가 할 수 없는 것을 요구함으로써 자신을 드러낸다면, 초자아는 우리가 할 수 있는 것을 즐기라고 명령한다. 달리 말해, 초자아는 '허가된' 향락, 향락에 대한 자유가 향락에 대한 '의무'로 전도되는 지점을 가리킨다.(FTKN : 237)

지젝이 지적하듯, 향락이 강제적이 될 때 그것은 더 이상 즐겁지 않다. 지젝은 영화 〈몬티 파이돈의 삶의 의미*Monty Python's the Meaning of Life*〉에 등장하는 성교육 장면을 언급한다. 이 영화에는 낄낄거리는 학생들 앞에서 당황한 모습으로 새와 벌 따위에 대해 설명해주는 틀에 박힌 이미지의 교사 대신, 성교를 상세하게 직접 시연까지 해보이며 설명해주는 선생이 등장한다. 영화 속 일부 학생들은 이를 당황스럽게 받아들이기도 하지만, 다른 학생들은 여느 평범하고 지루한 수업 시간처럼 따분해하며 창 밖을 내다본다. 지젝은 이 사례가 "사태의 '정상' 상태에 관한 진실, 즉 향락은 직접적이고 자발적인 상태가 아니라 초자아적 명령에 의해 지탱된다."(TPOF : 173)는 것을 보여준다고 말한다. 즉, 〈몬티 파이돈의 삶의 의미〉는 보통 무의식으로 은폐되어 있는 것들을 폭로하고 있다.

또한 이 예는 초자아의 '즐겨라!' 는 명령이 어떻게 그 명령 자체의 효과를 무효화시키는지, 즉 그 명령의 수신인으로 하여금 향락의 명령을 수행할 수 없게끔 혹은 향락에 대해 무관심하게 만드는지 보여준다. 이 점을 분명히 하기 위해, 지젝은 오늘날 사람들이 성행위에 대해 점점 더 흥미를 잃어가고 있다는 여론조사 결과를 인용한다.

이런 경향은 비아그라의 인기에서도 나타난다. 이를 두고 지젝은 초자아가 화공학적 형식을 취하게 되었다고 말한다. 발기부전 남성들의 발기 기능을 회복시켜주는 비아그라는 그런 남자들의 (아마 애초에는 초자아적 명령 때문에 생겼을) 심리적인 문제들을 우회하여 그들이 원할 때 언제든지 발기가 될 수 있게 해준다. 그리하여 이 약물이 의미하는 바는 "너는 섹스를 즐겨야 한다. 너에게는 이제 더 이상 섹스를 하지 않을 변명거리가 없다. 만약 그래도 섹스를 하지 않는다면 그것은 너의 결함이다!"(TFA : 134)라는 것이다.

'향락이 강제적이 될 때 그것은 더 이상 즐겁지 않다.'는 주장의 증거로 제시된 영화 〈몬티 파이돈의 삶의 의미〉

지젝은 이 영화를 들어, 향락은 직접적 자발적 상태가 아니라 초자아적 명령에 의해 지탱된다고 주장한다. 또한 '즐겨라'는 초자아의 명령이 어떻게 그 명령 자체의 효과를 무효화하는지, 향락에 대해 무관심하게 만드는지 보여준다고 말한다. 이를 통해 지젝은 초자아의 명령이 향락에 대한 법의 직접적 금지보다 훨씬 더 효과적으로 향락에 대한 접근을 방해한다고 말한다. 이런 면에서, 비아그라는 '초자아가 화공학적 형식을 취한 것'이다.

지젝의 요점은, 초자아의 '즐겨라'는 명령이 향락에 대한 법의 직접적 금지보다 훨씬 더 효과적으로 향락에 대한 접근을 방해한다는 것이다. 그래서 탈근대적 주체는 〈절대적 허풍 Absolutely Fabulous〉이라는 코미디 프로그램에 등장하는 딸과 유사하다.

이 딸의 어머니는 지극히 자유로울 뿐만 아니라 학교를 빼먹은 딸과 함께 적극적으로 마약과 섹스를 하고, 술을 마시고, 돈을 낭비한다. 이는 굉장히 급진적인 행동처럼 보이지만, 오히려 딸을 공포에 몰아넣어 관습적으로 하던 위반행위들을 못하게 만든다. 결국 어머니에게는 매우 놀랄 일이지만, 딸은 지극히 보수적인 생활태도를 갖게 되어 열심히 공부하고 얌전하고 근실한 태도를 보임으로써 도리어 어머니에게 엄격한 규제를 가하는 방식으로 '위반을 한다.' 달리 말해, 딸은 피학적 위치를 점하게 된다. 왜냐하면 어머니의 초자아적 명령 아래에서 이 딸에게 남겨진 유일한 쾌락의 통로는 얼마간의 고통에 개입하는 것뿐이기 때문이다.

내부의 불법성 은폐하는 법 지젝은 그의 저작 전체에서 법을 논하는데, '법law'이라는 단어는 사회가 기반해 있는 원칙 또는 일련의 금지들에 입각한 집단적 행위규범을 가리킨다. 하지만 지젝이 보기에 법의 지배는 자기 내부의 불법성을 은폐하고 있는데, 최초의 법은 정확히 이 '폭력'을 통해 제 자신을 법으로 정립시킨다.

"법의 '탄생 순간'에는 어떤 '불법'이 있었으니, 그 폭력의 실재는 법의 지배를 수립하는 행위 자체와 일치한다. …… 법이 제 자신을 지탱하기 위해 행한 불법적 폭력은 무슨 수를 쓰더라도 감춰져야 한다. 왜냐하면 이런 은폐

탈근대성의 역설 혹은 타자의 귀환, 규제에 대한 욕망

탈근대성의 역설은, 대타자의 붕괴로 생겨난 자유가 실제로는 어떤 부담으로 다가와 규제에 대한 욕망을 불러일으킨다는 데 있다. 이런 의미에서 그것은 습관에 대한 헤겔의 논의와 유사하다. 헤겔에게 습관은 세계에 대한 기계적 반응의 하나로, 이 반응은 세부에 대한 관심으로 시간을 낭비하지 않음으로써 더 심오한 문제에 참여하게 한다. 다음은 지젝의 설명이다.

> 우리의 지적 창조성은 어떤 강제된 개념 틀의 제약 안에서만 '자유로울' 수 있다. 정확히 그런 제약 속에서만 우리는 '자유롭게 움직일' 수 있다. 이런 제약 틀의 결여는 필연적으로 참을 수 없는 부담으로 느껴지는데, 이는 그런 결여가 우리로 하여금 우리가 놓여진 모든 경험적 상황에 어떻게 대처할지 고심하도록 강제하기 때문이다.(TIR : 25)

그런 제약 틀의 대표적인 예가 언어이다. 우리는 문법과 통사 규칙을 숙달한 이후에야, 단어의 뜻을 알기 위해 사전을 펼쳐볼 필요가 없어진

> 야말로 법이 작동하는 데 필요한 긍정적 조건이기 때문이다."(FTKN: 204) 달리 말해 법의 권위는 어떤 정의 관념에서 파생되는 게 아니라, 그것이 법이라는 사실 자체에서 비롯된다. 즉, 법의 원천은 '법은 법이다.'라는 동어반복에 기반한다. 그러나 법이 실질적으로 작동하기 위해서는 우리가 그것을 정당한 것으로 경험해야 한다. 우리가 '법은 법이다'라는 동어반복에서 언뜻 드러나는 법의 우연성과 한계를 인식할 수 있는 순간은 오직 법이 파괴될 때, 법이 제 자신에 대한 법이 될 때, 법이 자기 한계에 도달할 때뿐이다.

후에야, 언어 속에서 자유롭게 사고할 수 있다. 이런 규칙 틀이나 습관이 없다면 우리는 언어를 무거운 짐으로 느끼게 된다.

탈근대의 자유는 문법적 틀이 없는 언어활동의 자유와 유사하다. 우리에게는 아무런 해석 규칙이나 규범도 없다. 따라서 대타자의 붕괴가 이를 보상하기 위해 무수히 작은 타자들, 혹은 부분적인 대타자들을 발생시킨 것은 놀랄 일이 아니다. 지젝은 그 증거를 과학기술의 성과에서 비롯된 윤리적 딜레마들을 해결하기 위해 자꾸 전문가 위원회를 찾는 경향에서 찾는다.

이런 위원회의 증가는 일반적으로 받아들여지는 상징적 금기들의 부재를 시사한다. 이런 상징적 금기들의 부재 때문에, 각종 윤리위원회들은 사이버 스페이스, 유전자생물학, 의학 등에 관한 규제 원칙들을 창안해야 한다. 윤리위원회들은 태아에 대한 유전자 조작을 얼마나 허용해야 하는지, 생명 연장 기계에 의존하는 이들이 실질적으로 살아 있는 것인지 죽은 것인지, 인터넷 상에서 하는 섹스에 어떤 문제점이 있는지 답한다. 이런 윤리적 난제들에 대한 해명 책임을 이들 위원회에 떠넘김으로써, 개별 주체들은 본래 자기들 몫이었던 해명의 자유가 주는 부담을 털어버린다.

이렇듯 작은 대타자의 구성 외에, 대타자의 붕괴에 대한 또 다른 반응은 진짜 실재 속에 존재하는 대타자를 구성하는 것이다. 이 '실재 속의 타자'에게 라캉 정신분석학이 붙인 명칭은 '타자의 타자'이다. 타자의 타자에 대한 믿음, 즉 실재로 배후에서 사회를 조종하며 모든 것을 통제하는 어떤 사람이나 조직의 존재는 편집증의 징후 가운데 하나이다.

탈근대성에 관한 제임슨의 분석에 따르면, 오늘날의 지배적 병리는 편집증이다. 요즘 스릴러 영화나 대중소설에서는 정부나 신문·시장 등 중요한 사회기구를 은밀히 통제하는, 보통 군산軍産 복합체로 표현되는 모종의 비밀 조직이 빠짐없이 등장한다. 지젝은 이런 편집증의 원인이 대타자의 붕괴에 대한 반작용에 있다고 분석한다.

    그런 편집증적 형성물에 직면하여 우리는 그것을 '병' 자체로 오인하지 말라는 프로이트의 경고를 명심해야 한다. 편집증적 형성물은 오히려 우리 자신을 치유하고자 하는 시도이다. 즉, 그것은 이런 대체 형성을 통해 실재적 '병', '세계의 종말', 상징적 우주의 붕괴에서 우리 자신을 구해내려는 시도이다.(LA : 19)

    그래서 지젝은 전형적인 탈근대적 주체란, 공식적 제도에 노골적인 냉소를 드러내는 동시에 모든 것을 조종하는 보이지 않는 타자나 음모의 존재를 확고하게 믿는 사람이라는 역설적 주장을 편다. 냉소와 믿음이라는 외관상 모순된 대립항은 엄격히 대타자의 붕괴와 상관이 있다. 대타자의 소멸은 우리로 하여금 그것의 상실이 가져온 참을 수 없는 자유를 회피하기 위해 타자의 타자를 구성하도록 만든다. 그런데 반대로, 만약 타자의 타자를 믿는다면 우리는 대타자를 진지하게 취급할 필요가 전혀 없다. 따라서 우리는 냉소와 믿음을 동시에 동등한 무게로 드러낸다.
    실재 속의 타자와 관련한 흥미로운 사례로 예수의 '진실한' 삶에 대한 관심의 증가를 들 수 있다. 실제로 이런 주제를 다룬 책이 베스트셀러가 되고 있다. 이런 관심은 그동안 교회에서 암묵적으로 감춰왔던 예수와 막달라 마리아의 결혼이나, 십자가에 못 박힌 구체적인 방법, 예수의 무덤 같은 예수의 '실재적' 특질에 모아진다.
    지젝에 따르면, 이런 서사들이 시도하는 바는, (예수의 부활이 약속하는 소급적인 은총을 믿는) 신도들의 영적 공동체인 성령의 상징적 효력이 점점 약해지는 상황에서, 이를 예수 혹은 그 자손의 육체적 실재로 대체하는 것이다. 이 예수상이 전하는 진짜 메시지는 실재 예수를 주창하는 자들에게는 실제로는 일어난 적 없는 그의 부활이 아니라, 실재 예수가 몸소 보여준 자기발전의 영적 편력이다.

탈근대적 주체들이 자신의 개성(자기발전의 영적 편력)을 표현하는 방법 중 하나가 문신·피어싱·신체 훼손 등 지젝이 '신체 절단'이라고 부른 것인데, 그에 따르면 이런 절단 역시 상징계에서 실재계로의 이동을 보여주는 징표이다. 지젝은 신체 절단의 네 가지 역사를 들어 이를 설명한다.

이교도적 문화에서 신체 절단이나 각인은 그 사람이 해당 문화의 사회적·상징적 질서 속에 편입되어 그 문화권의 일원이 되었음을 의미한다. 유대교 사회에서는 할례 때 딱 한 번 절단을 도입하는데, 이는 이교도 문화에서 행해지는 다수의 절단과 동일하게 기능하는 동시에 그것들

포스트모더니즘, 실재에 대한 과도한 접근 지젝은 탈근대를 이해하는 하나의 방식으로 실재에 대한 과도한 접근에 주목한다. 지젝은 탈근대 예술(혹은 포스트모더니즘) 속에서 '간극 채우기' 기법 같은 실재에 대한 과도한 접근을 발견한다. 이에 대한 지젝의 견해는 소설 「재능 있는 리플리 씨」*The Talented Mr Ripley*와 그것의 영화판을 비교분석한 데서 잘 드러난다.

퍼트리샤 하이스미스Patricia Highsmith가 쓴 소설에서는 주인공 리플리의 동성애가 간접적으로 암시만 되지만, 앤서니 밍겔라Anthony Minghella가 만든 영화에서는 리플리가 명시적으로 게이다. 소설에서 억압된 내용, 즉 소설의 중심에 있는 부재가 영화에서 채워진 것이다. 지젝에 의하면, 이런 식으로 공백을 가림으로써 우리가 잃어버리는 것은 정확히 주체의 공백이다.

"간극 메우기'와 '드러내놓고 말하기'의 방식으로 우리가 물러서며 회피하

에 대한 금지를 표시하는 예외적 가치를 지닌다. 예수 탄생 이후에는 이런 예외적 절단조차 내면화되었다.

이 사례들에서는 신체 절단이 실재(육체)에서 상징계(사회의 구성)로의 이동을 나타내는 반면, 이교도적인 다수의 신체 절단으로의 탈근대적 회귀는 상징계에서 실재로의 이동을 의미한다. 이런 절단은 사회적 소속의 표식이 아니라, 지젝이 "살의 반항"(TTS : 372)이라고 부르는 것, 개인들이 자신의 개별성을 드러내고 대타자에 대한 종속에 맞서는 수단을 나타낸다.

행위, 주체의 재탄생

요약하면, 상징적 효력의 소멸은 나르시시즘적인 자기서훈敍勳의 상태 속에 있던 탈근대적 주체로 하여금 절망적으로 실재 속에 있는 타자의 타자를 찾게 만든다. 이는 라캉이 "상징적 효력이 중지될 때 상상계

> 는 것은 공백 자체, 궁극적으로 주체(라캉의 '빗금 처진 주체')의 공백이다. 밍겔라가 성취한 것은 주체의 공백에서 인격의 내적 풍부함으로의 이동이다."(TFRT: 148)

하이스미스의 소설에서 리플리의 성적 위상은 모호했다. 이를 통해 이 책은 대타자의 눈에 '순진하게' 남아 있었다. 왜냐하면 대타자의 규범 중 하나를 명시적으로 위반하지 않았기 때문이다. 우리는 분명 소설에서 리플리의 동성애를 강하게 암시받지만, 그렇게 해석할 필요는 없었다. 반면 영화는 '드러내놓고 말한다.' 여기서 리플리는 객관적으로 동성애자이다. 독자가 리플리의 동성애 여부를 주관적으로 결정할 수 있었던 소설과 달리 영화는 관객으로 하여금 어떤 여지도 없이 밍겔라의 해석을 받아들이게 한다.

탈근대의 '실재에 대한 과도한 접근'의 한 사례로 제시된 영화 〈재능 있는 리플리 씨〉
영화의 원작인 동명 소설에서는 리플리의 동성애가 간접적으로 암시되지만, 밍겔라 감독의 영화에서 리플리는 게이로 묘사된다. 소설에서 억압된 부재를 영화가 채운 것이다. 지젝은 이런 식으로 공백을 가려버리면, 우리는 주체의 공백을 잃게 된다고 지적한다.

는 실재계로 전락한다."(TTS : 374)고 공식화한 것의 현실적 모습이다. 제임스 레드필드James Redfield의 베스트셀러 『천상의 예언The Celestine Prophecy』은 이런 곤경의 정확한 사례를 제공한다.

'영적 진리'를 향한 모험을 표방한 이 책은, 모든 우연적인 만남들 (즉, 실재와의 대면들)은 은밀하게 (상징적 효력이 아니라) 동시발생하는 법에 종속되며, 언제나 우리에게 메시지를 전달한다고 말한다. 이와 함께 지금까지 대타자 속에서 찾으려 했던 것을 이제부터는 우리 자신 속에서 찾으라고 요구한다. 지젝은 이를 라캉 용어로, 대타자가 타자로 축소된 것을 의미한다고 이해했다. 여기서 타자란 그 자체로는 그/그녀의 주체가 못 되는 상상적 사본, 사실상 그/그녀를 향한 메시지로 자기충족적인 자아(타아)의 한 측면이다. 지젝에 의하면, 이런 영적 지혜는 자기충족적인 소비자에게 던져진 대타자/타자 메시지 속에서 똑같이 발견되는 상품화된 사회의 이데올로기다.

그렇다면 우리는 어떻게 이 딜레마를 해소할 수 있는가? 지젝이 제시하는 유일한 방법은 행위를 통한 해소이다. 행위는 주체의 재탄생이라 할 수 있다. 그것은 현존하는 상징적 질서, 즉 주체에게 부여된 상징적 위임 내지 역할의 완전한 거부를 포함한다. 지젝이 주장한 것처럼, 행위 속에서 주체는 문자 그대로 사라진다.

행위는 능동적인 개입(행동)과 달리 그 담지자(행위자)를 극단적으로 변형시킨다. 행위는 내가 '달성하는' 어떤 것이 아니다. 행위 이후에 나는 문자 그대로 '이전과 같지 않다.' 이런 의미에서 주체는 행위를 '달성하는' 것이 아니라 행위를 '겪는다'('그것을 통과한다')고 말할 수 있다. 행위 속에서 주체는 사라지고, 그런 뒤 (아닐 수도 있지만) 다시 태어난다. 즉 행위는 주체의 일

시적인 사라짐, 즉 소거를 포함한다.(EYS : 44)

주체가 행위 속에서 소거되는 것은 엄격히 헤겔이 말한 '세계의 밤'과 상관적이다.(2장 참고) '세계의 밤'이 주체성을 세우는 제스처인 것처럼, 행위는 그런 제스처로 회귀하는 것, 주체 탄생 과정의 반복이다. 그것은 회귀의 가능성뿐만 아니라 근본적으로 되돌아가야 할 것까지 걸고서 세계로부터 제 자신을 철회시키는 광기의 행위다.

따라서 행위는 자기 자신을 가격하는 방법, 즉 상징적 자살의 한 형식이다. 가령 영화 〈유주얼 서스펙트The Usual Suspects〉에서 카이저 소제의 신화를 형성하는 핵심 장면은, 그가 집으로 돌아가 라이벌 조직의 인질로 잡힌 자기 가족을 발견하는 장면이다. 소제는 항복하는 대신 자신에게 가장 소중한 가족을 쏴 죽이는 미친 행위를 함으로써 라이벌 조직과 그들의 가족을 쓸어버릴 수 있었다. 지젝이 말한 것처럼, "이 행위는 자기 자신을 향한 무력한 공격이 아니라 주체가 자신을 발견하는 상황 좌표의 변화를 의미한다."(TFA : 150)

이와 유사하게 미국 소설가 토니 모리슨Toni Morrison의 소설 『소중한 사람Beloved』에서 주인공 세드는 자기 딸을 노예로 만들지 않기 위해 차라리 죽여버린다. 세드가 기존의 상징적 질서(노예제) 속에서 딸의 존엄성을 수호할 수 있는 유일한 방법은, 그 상징계의 명령을 거부하고 자신에게 가장 소중한 존재를 살해하는 것이다.

행위와 관련하여 가장 탁월한 사례는 기독교의 정초적定礎的 제스처, 즉 십자가 고난이다. 최근 지젝이 이 주제에 그토록 많은 비판적 노동을 투여한 이유도 여기에 있다. 신은 새로운 주체, 성령이 출현하는 신기원을 열기 위해 그에게 가장 소중한 존재를 희생시킨다. 기독교 복음에서

영화 〈유주얼 서스펙트〉의 마지막 장면
이 장면에서 유혈 참사의 유일한 생존자인 절름발이 버벌(케빈 스페이시 분)이 이 모든 사건을 주도한 악한 카이저 소제였음이 드러난다. 버벌, 즉 카이저 소제는 자기에게 가장 소중한 가족을 쏴 죽임으로써 라이벌 조직을 쓸어버릴 수 있었다. 지젝이 말한 바, 이 행위는 "자기 자신을 향한 무력한 공격이 아니라, 주체가 자신을 발견하는 상황 좌표의 변화를 의미한다."

탈근대적 주체가 재탄생할 수 있는 방법은 행위를 통해서이다. 이 행위는 카이저 소제의 행위처럼 현존하는 상징적 질서, 주체에게 부여된 상징적 역할을 완전히 거부하는 상징적 자살의 형식을 띤다.

가장 극단적인 점은 우리가 모두 다시 태어날 수 있다는 것이다. 우리에게 진정한 자기 잠재성을 재발견하고 실현하라고 요구하는 뉴에이지 또는 영지靈知주의적Gnostic 지혜와 달리, 기독교는 우리가 새로운 자기를 창조·창안할 수 있다고 주장한다.

지젝이 주목하는 점은 이 재창조의 가능성을 여는 부정否定, 행위의 측면이다. 그것은 지젝이 탈근대에서 심각하게 결여됐다고 보는 정치적 참여 모델을 제공한다. 지젝이 보기에 탈근대적 정치 담론은 자유주의-자본주의의 지평 안에서 발생한다. 우리는 그 지평 내의 서로 다른 부분들, 가령 어떻게 의료 서비스에 필요한 자금을 모을지, 그중에서 세금의 비중은 얼마큼 할지 등에 대해서는 주장을 펴지만, 자본주의 자체는 결코 진지하게 문제 삼지 않는다. 자본주의는 이런 논의들이 의미를 갖게 되는 틀거리이기 때문이다. 좀 오래된 유비類比로 말하면, 그것은 현대 정치의 문법이다.

지젝에 따르면, 탈근대적 주체의 곤경을 해결하려면 탈근대의 가능 조건 자체를 거부해야 한다. 이런 곤경들이 의미를 갖는 지평 혹은 상징계를 바꿔야만 한다. 그런 정치적 행위는 곧 혁명이다. 물론 행위의 속성상 혁명 이후에 어떤 세상이 나타날지는 말할 수 없다. 일부 비판가들이 지젝의 사유가 모호하다고 비판하는 이유가 바로 여기에 있다. 현 시점에서 지젝이 말할 수 있는 것은, 자신은 오직 좀더 나은 세계, 자신의 향락에 점령당하고 오직 노예 상태 속에서만 쾌락을 발견하는 편집증적 나르시시스트들의 세계가 아닌 다른 세계가 열리리라는 희망 속에서, 우리가 사는 세계(자본주의)를 거부한다는 것이다.

탈근대성의 끔찍함 막는 길은 행위뿐!

지젝이 보기에, 현대 사회 혹은 탈근대성은 대타자大他者의 권위 붕괴에 기반한다. 지젝은 그 권위의 자리에 대신 들어앉아 개별적인 선택의 자유 혹은 재귀성reflexivity을 주장하는 위험사회 이론가들을 비판하며, 이들 이론가들이 주체 한가운데 있는 재귀성에 대해 무지하다고 주장한다.

지젝에 따르면, 대타자의 금기가 결여된 상황에서 주체에 고유한 재귀성은 노예적 복종, 편집증, 나르시시즘과 같은 것에 대한 집착으로 나타난다. 지젝은 이런 병리적 상황을 바꾸기 위해 정치적 행위, 더 나아가 혁명의 필요성을 제기한다. 그 속에서 탈근대성의 가능 조건(지젝에 따르면 자본주의)은 바뀔 것이고, 새로운 주체가 존재할 수 있는 새로운 상징적 질서가 탄생할 것이다.

04

이데올로기에서 현실을 구분해내는 법

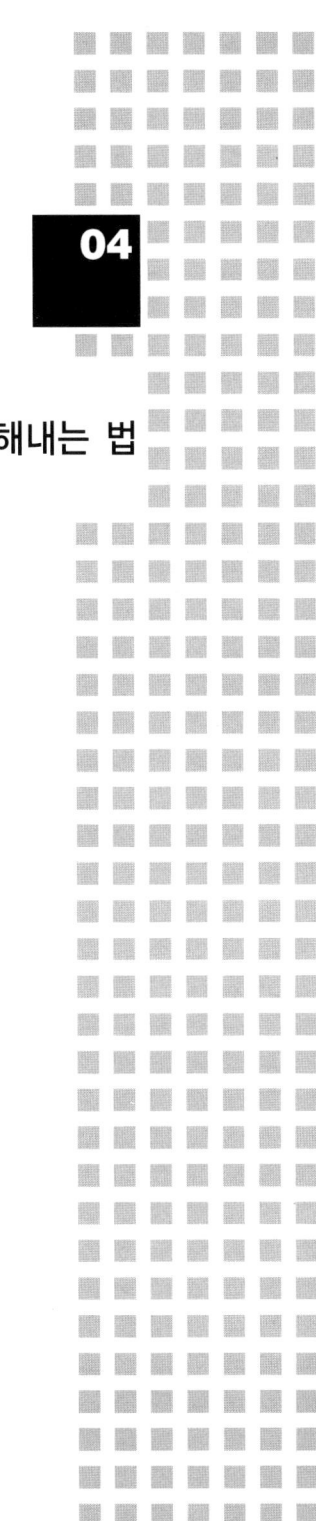

"세계 변화보다 종말이 더 쉬운" 이데올로기의 농간

지금은 좀 가물가물해졌지만, 불과 20년 전까지만 해도 대부분의 사람들이 인류의 자연 착취는 어쨌든 부정할 수 없는 명백한 사실이라는 데 동의했다. 그리하여 이런 착취가 조직되는 방식에 대해 공산주의, 자본주의, 심지어 파시즘까지 나서서 치열한 논쟁을 벌였다. 그러나 지젝이 지적하듯, 오늘날 상황은 완전히 바뀌었다.

냉전(1945년부터 1991년까지 자본주의와 공산주의의 이데올로기 투쟁이 절정에 달했던 시기)이 종식된 이후, 사람들은 한편으로 자연 착취가 불러올 대참사를 심각하게 염려하면서도 자본주의 이외의 다른 생산양식은 전혀 생각하지 않게 되었다. 지젝이 주장하는 바, "이런 변화의 결과, '세계의 종말'을 상상하는 것이 생산양식의 온건한 변화를 상상하는 것보다 훨씬 쉬워 보인다. 마치 자본주의는 생태학적 파국 속에서도 어쨌든 살아남을 '실재'인 것처럼 말이다."(TZR : 55)

지젝에게 이런 역설, 세계의 변화보다 세계의 종말을 상상하는 게 더 쉬운 현재의 상황은, 그 자체로 이데올로기의 작동을 증명한다. 그러면 도대체 이데올로기란 무엇이란 말인가?

지젝에 따르면, "그들은 자기가 하고 있는 것을 알지 못하면서 그렇게 한다."(SOI : 28)라는 이데올로기에 대한 가장 기본적인 정의는 마르크스가 이미 제시하였다. 여기에 걸려 있는 문제는 우리가 살고 있는

'현실'에 대한 순진한 무지다. 한편에는 현실이 있고, 다른 편에는 일정한 방식으로 왜곡된 '잘못된' 현실 인식이 있다. 이런 의미에서 이데올로기는 인식론, 즉 지식의 문제이다.

가령 우리는 매일 떼지어 대학에 들어가면서도 (노동자로서, 관리자로서, 기업가로서) 자기가 자본주의 체제를 재생산하고 있다는 사실을 알지 못한다. 우리가 매일 행복하게 똑같은 일을 반복하는 것은 그 때문이다. 또한 우리는 투표를 하는 순간, 이미 현재 상태를 승인하고 있음을 알지 못하다. 그래서 투표가 중요하다는 헛된 믿음 속에서 계속 투표를 한다. 마찬가지로 우리의 종교적 믿음이 실제로는 우리를 유순한 시민으로 만드는 것임을 알지 못하기에, 일요일마다 교회에 간다.

이런 이데올로기 모델에 따라, 마르크스(사실은 프리드리히 엥겔스 Friedrich Engels(1820~1895)이지만)가 '왜곡된 의식'을 가리키는 말로 '이데올로기'란 단어를 사용한 이래 전개된 이데올로기 비판의 절차는 매우 간단하다. 어리석은 주체를 일깨우기 위해선 그들의 현실 인식이 얼마나 잘못되었는지를 보여주어야 한다. 이렇게 이데올로기가 이데올로기로, 즉 진리에 대한 왜곡으로 인식되면 이데올로기는 사라진다.

그러나 지젝이 지적했듯, 오늘날 우리는 자신이 현실에 대한 왜곡된 상을 갖고 있다는 사실을 이미 알고 있다. 가령 대학에 들어가면서 자신이 이 사회 체제를 지탱하는 구성원으로 훈련되고 있음을 이미 알고 있다. 투표장에서는 나의 투표가 실질적으로 정치체제를 바꾸지 못하리란 걸 알고 있다. 교회에 가는 것이 나를 온순한 시민으로 만드는 데 기여하는 걸 알고 있다. 독일의 이론가 페터 슬로터다익 Peter Sloterdijk(1947~)의 말처럼, 우리는 냉소주의적 주체인 것이다.

"자기가 하는 것을 잘 아는" 냉소적 주체의 등장

냉소주의적 주체로서 우리는 우리의 현실 인식이 왜곡되어 있다는 걸 잘 안다. 그럼에도 불구하고 우리는 그런 왜곡을 과감히 거부하지 못하고 오히려 거기에 집착한다. 그래서 마르크스의 이데올로기 공식("그들은 자기가 하는 것을 알지 못하면서 그렇게 한다.") 대신, 슬로터다익은 "그들은 자기가 하고 있는 것을 잘 알지만, 여전히 그렇게 행동한다."(SOI : 29)는 냉소적인 공식을 제안한다. 지젝은 냉소주의Cynicism와 슬로터다익이 말한 '냉소Kynicism'를 구분해야 한다고 말한다. 냉소는 권위에 대한 풍자적이고 반어적인 반응의 하나로, 지배질서의 위선을 우스꽝스럽게 만드는 것이다. 그것은 정치인들의 경건한 말을 사적인 탐욕과 출세를 위한 협잡으로 폭로한다. 달리 말해, 냉소는 정치인들이나 정치제도에 대한 대다수 인민들의 태도를 대변한다.

슬로터다익과 지젝이 주장하는 바는 이런 냉소가 이미 공식문화로 받아들여지고 있다는 것이다. 냉소주의는 냉소를 받아들이는 방법이다. 냉소주의적 주체는 현실에 대한 공식적인 전망이 이미 왜곡되어 있다는 것, 그런 왜곡된 전망을 피할 수 없다는 사실을 수용한 주체이기 때문이다. "그렇다면 어떻게 이데올로기적 비판이 가능하겠는가?"라고 지젝은 묻는다. 우리는 이데올로기 속 주체들에게 그들이 속고 있다고 말해줄 수가 없다. 왜냐하면 그들은 이미 알고 있기 때문이다. 그렇다면 이는 우리가 탈이데올로기적 세계에 살고 있음, 이데올로기와 현실의 구분이 더 이상 문제가 되지 않는 세계에 살고 있음을 의미할까? 지젝은 아니라고 답한다.

이를 위해 지젝은 왜곡된 의식(그들은 자기가 하는 것을 알지 못하면서, 그렇게 하고 있다.)이라는 마르크스주의의 고전적 정의로 되돌아간다. 그

'냉소적 주체'를 말한 독일 이론가 페터 슬로터다익
"그들은 자기가 하는 것을 알지 못하면서 그렇게 한다."는 마르크스의 이데올로기 공식은 슬로터다익의 "그들은 자기기 하고 있는 것을 잘 알지만, 여전히 그렇게 행동한다."로 바뀌었다. 여기서 '냉소'란 권위에 대한 풍자적, 반어적 반응이다. 냉소적 주체란 투표장에서 내가 한 투표가 실질적으로 정치체제를 바꾸지 못하리란 걸 아는, 현실에 대한 공식적 전망이 이미 왜곡되어 있고 그런 전망을 피할 수 없다는 사실을 수용한 주체이다.
지젝은 그렇다고 해서 이것이 우리가 이데올로기와 현실의 구분이 더 이상 문제 되지 않는 '탈이데올로기적 세계'에 살고 있음을 의미하지는 않는다고 말한다.

러고 나서 이 정의 어느 구석에 이데올로기적 신비화가 숨어 있는지 탐색한다. '아는 것'에 있는가, 아니면 '하는 것'에 있는가? 이 물음은 이데올로기가 사람들이 아는 쪽에 있는지, 아니면 모르는 쪽, 즉 사람들이 자기가 하고 있는 것을 알지 못한다 쪽에 있는지의 문제처럼 보인다. 사람들은 그들의 실제 상황을 잘못 인식하고 있다. 이에 대한 예로, 지젝은 상품 물신주의에 대한 마르크스의 분석을 인용한다.

> 화폐는 실제로는 단지 사회적 관계의 구현, 응축, 물화일 뿐이다. 즉, 화폐가 모든 상품의 보편적 등가물로 기능하는 것은 사회적 관계망 속에서 그것이 차지하는 위치 때문이다. 그러나 개인들에게 이와 같은 화폐의 기능ㅡ물질적 부의 구현ㅡ은 '돈'이라는 사물의 직접적, 자연적 속성으로 나타난다.
> (SOI : 31)

달리 말해, 화폐는 부富의 직접적인 표현으로 나타난다. 당신이 10달러를 갖고 있고 나는 5달러를 갖고 있다면, 당신이 나보다 더 부자이다. 하지만 화폐 자체는 실제로 아무런 가치가 없다. 그것은 서로 다른 상품 가치의 간접적 표현으로, 상품화된 인간 노동의 관계적 산물이기 때문이다.

마르크스에게 자본주의적 부 개념은 근본적으로 불평등의 표현이다. 그것은 상품 생산에 필요한 노동의 가치와 상품 가치 사이의 차이를 나타낸다. 후자는 당연히 화폐 단위로 표현된 전자보다 더 크며, 이는 노동자들이 노동에 대한 대가를 완전하게 지불받지 못하고 있음을 의미한다. 이런 측면에서 부는 지불되지 않은 노동이다.

그래서 상품, 궁극적으로 화폐는 착취당하면서 다른 사람들을 위해 상품을 생산하는 사람들 간의 관계를 표현하는 대신 사물들 간의 관계, 서로 다른 양의 돈과 상품들 간의 관계를 표현하는 것처럼 보인다. 그로 인해 사회의 실제 메커니즘이 모호해지는데, 노동의 사회적 구성이 상품 순환과 상품 구매를 위해 지불된 화폐 뒤에 감춰지기 때문이다. 따라서 화폐를 본래 가치 있는 것으로 여기는 개인들은 화폐의 진정한 가치를 잘못 알고 있다. 화폐의 진정한 가치는 상품을 생산하는 이들과 그들의 노동으로 이득을 얻는 사람들 간의 관계 속에 있다. 한 마디로, 화폐를 그 자체로 가치 있는 것으로 취급하는 사람들은 자신들이 잘못 생각하고 있음을 알지 못하는 것이다.

지젝은 이러한 마르크스의 해석이 매우 설득력이 있음에도, 개인들은 이미 화폐가 그 자체로는 아무 가치가 없음을 알고 있다는 사실을 놓치고 있다고 본다. 개인들은 날마다 화폐를 사용하면서 그것이 단지 간접적인 부의 표현임을, 화폐의 가치는 복잡한 사회 관계 속에서 결정됨을 잘 알고 있다. 최근 벌어지고 있는 제3세계의 '노동착취 공장sweatshop'에 반대하는 캠페인이 이를 잘 보여준다. 그럼에도 사람들은 마치 화폐 자체가 본래 가치 있는 것인 양 행동한다.

지젝에 따르면, 이데올로기적 환영을 구성하는 것은, 자신의 잘못을 알고 있음에도 불구하고 계속되는 이런 행동이다. 달리 말해, 이데올로기는 근본적으로 '앎'이 아니라 '행함'의 차원에 속한다. 현실에 대한 왜곡된 인식, 즉 환영은 상황 자체 속에 기입된다. 나는 하루 종일 페미니스트의 저작을 소리내어 읽으며 집 주변을 산책할 수 있다. 하지만 그러는 동안에 차를 가져다주지 않았다고, 제시간에 셔츠를 다려놓지 않았다고 아내를 야단친다면 나는 페미니스트가 아니다. 왜냐하면 나의 앎이 아니라 나의 행동이 나를 골수 쇼비니스트[광신적 애국주의자에서 유래

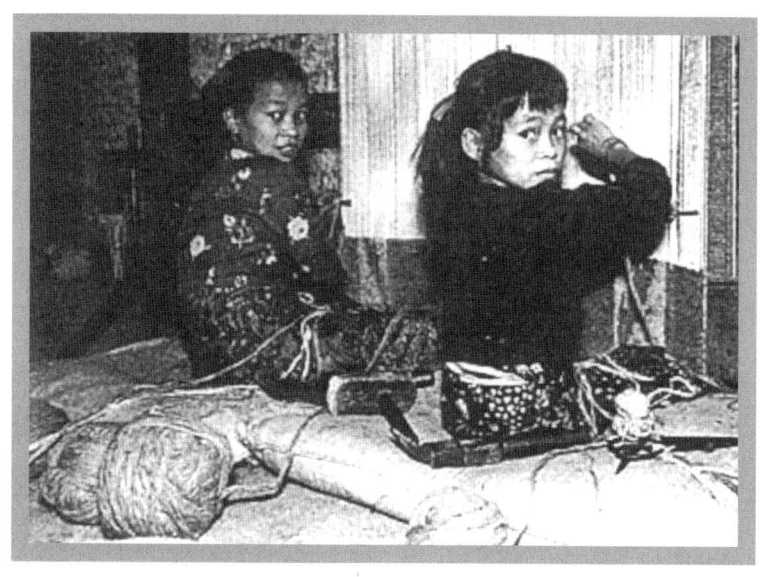

주로 어린아이와 여자들의 값싼 노동력을 이용해 상품을 생산하는 제3세계의 노동착취 공장
우리는 돈이 그 자체로는 아무 가치가 없음을 안다. 그것은 단지 간접적인 부의 표현이고, 그 가치는 사회 관계 속에서 결정된다. 제3세계의 노동착취 공장에 반대하는 것도 이 때문이다. 그런데도 사람들은 마치 돈 그 자체가 가치가 있는 것인 양 행동한다. 지젝은 이처럼 자기 잘못을 알고 있으면서도 변함없이 계속되는 행동이 '이데올로기적 환영'을 구성한다고 말한다. 문제는, 이데올로기는 '앎'이 아니라 '행함'의 차원이다. 다시 말해, 우리는 나이키 신발이 제3세계 노동착취 공장에서 생산됐다는 것을 알지만, 그럼에도 나이키 신발을 사 신고 있는 것이다.

된 말로 여기서는 맹목적 남성우월주의자)로 규정하기 때문이다.

지젝에 따르면, 내가 여기서 놓치고 있는 것은 상황의 현실성이 아니라 그것을 구성하는 환영이다. 나는 여성이 남성과 평등하다는 것을 잘 안다. 그럼에도 나는 그렇지 않은 것처럼 행동한다. 이와 마찬가지로, 나는 나치즘을 진지하게 생각하지 않을지 모르지만, 뉘른베르크〔나치의 상징으로 여겨지는 독일 남부 도시〕집회에 참석하거나 히틀러에게 경례를 함으로써 내가 그렇게 생각하고 있음을 드러낸다. 나는 모든 사람을 위한 공공 의료제도를 열렬히 지지할지 모르지만, 만약 내가 정부 시스템에 부담을 주지 않기 위해(그런 판단으로) 개인병원에 예약을 한다면 나는 내가 한 모든 말과 상관없이 명백히 시장 의료체제를 지지함을 드러내는 것이다.

그래서 지젝은 우리가 여전히 이데올로기적 사회를 살고 있다고 말한다. 우리는 아무것도 진지하게 믿지 않는다는 냉소주의로 우리 자신을 속인다. 그런 냉소주의 속에서도 우리의 행동은 신실한 믿음을 실행하는 것처럼 보이기 때문이다. 이데올로기적 환영은 우리가 행하는 것의

'소파 고정점'으로 이데올로기 고정시키기 이데올로기에 대한 지젝의 질문 중 하나는, 무엇이 이데올로기적 의미 장을 일관되게 지속시키는가이다. 1장에서 살펴본 대로, 기표들은 유동적이고 그 의미는 쉽게 미끄러진다. 그렇다면 어떻게 이데올로기는 자기 일관성을 유지하는가?

지젝에 따르면, 모든 이데올로기적 장은 '소파 고정점 point de capiton'에 의해 '꿰매진다.' 소파 고정 단추가 덮개 속의 솜 따위를 돌아다니지 못하게 고정시키듯, 소파 고정점은 이데올로기적 덮개 속에 있는 의미가 미끄러지지 않게 고정시키는 기표이다. 다시 말해서, 소파 고정점은 이데올로기적 장을 통합하여 단일한 동일성을 부여한다.

현실 속에 있지, 우리가 생각하는 것에 있지 않다. 그래서 슬로터다익의 공식("그들은 자기가 하는 일을 잘 알고 있다. 그럼에도 그들은 여전히 그렇게 행동한다.")은 "그들은 그들의 행동 속에서 자신들이 환영을 따르고 있다는 걸 잘 안다. 그럼에도 그들은 그렇게 행동한다."로 다시 쓸 수 있다. 우리는 이론이 아니라 실천 속에서 이데올로그ideologue들이다.

믿음의 물질화, 자동화된 신념

지젝의 공식 중 가장 이상한 것은, 우리의 믿음이나 신념이 우리가 생각하거나 느끼는 것이 아니라 우리가 행동하는 것이라는 공식이다. 지젝에 따르면, 우리의 가장 내면적이고 은밀한 감정 역시 우리의 사회적 행위 속에 물질화된 것일 뿐이다. 이는 티벳의 '회전식 기도통'이 작동하는 방식과 유사하다.

이 기도통을 돌리며 기도하는 사람은, 생각 없이 회전하는 원통 속의 돌돌 말린 종잇조각에 기입된다. 기도 통의 회전은 내가 그것을 매개로

가령 '자유' 라는 단어는 사용되는 맥락에 따라 그 의미가 미끄러지고, 여러 가지로 해석될 수 있다. 우파는 이 단어를 시장 투자 상황에 사용할 수 있고, 좌파는 시장 불평등성으로부터의 자유라는 의미로 사용할 수 있다. 자유라는 단어는 모든 가능 세계 속에서 똑같은 것을 의미하지 않는다. 그것의 의미를 고정시키는 것은 '우파' 나 '좌파' 같은 소파 고정점이다.
이데올로기 투쟁에서 이슈가 되는 것이 이 소파 고정점이다. 즉, 어떤 기표 (가령 '코뮤니즘' '파시즘' '자본주의' 등)가 이데올로기적 장(가령 '자유' '민주주의' '인권' 등)을 꿰맬 권리를 가질 것인가를 둘러싼 투쟁 말이다.

기도하는 게 아니라, 나를 위해 그 통이 기도하고 있음을 의미한다. 지젝이 지적한 것처럼, 기도통을 돌릴 때 내가 명상을 하는지 어떤지는 중요하지 않다. 왜냐하면 객관적으로 나는 여전히 기도를 하고 있기 때문이다. 다시 말해, 기도의 진실성은 (통을 돌리는) 내 행위 속에 있지, 내가 생각하는 것 속에 있지 않다.

믿음의 물질화와 관련하여 지젝이 이론적으로 주로 참조하는 인물은 프랑스 철학자 파스칼Blaise Pascal(1623~1662)이다. 파스칼은 소위 '신에 대한 내기'로 유명하다. 그는 신을 믿는 것이 더 현명하며 신을 믿지 않으면 영원히 지옥에 떨어질 가능성이 있다고 말한다. 물론 그럴 확률은 낮다. 하지만 만약 그게 진짜라면, 그것은 다른 모든 고려 사항을 압도한다.

> 신이 존재한다는 쪽에 내기를 걸 때의 손익을 따져보자. 두 가지 경우의 수가 있다. 만약 당신이 이기면 당신은 모든 것을 얻게 된다. 당신이 져도 당신은 아무것도 잃을 게 없다. 그러니 망설일 것이 없다. 신이 존재한다는 쪽에 걸어라.(Pascal 1966 : 151)

지젝도 언급했듯, 이 내기는 계산과 논리에 따른 것이기 때문에, 그에 따라 신을 믿는 것은 진정한 믿음이 아니라 단지 사리에 맞는 것에 불과하다고 할 수 있다. 이에 대해 파스칼은 진실한 믿음은 오직 의례에서만 발생할 수 있다고 대응한다. 파스칼은 신을 믿지 않던 사람들이 "마치 신을 믿는 것처럼 성수를 받고 미사를 드릴 때" 그들은 "아주 자연스럽게 믿게" 된다고 말한다.(Pascal 1966 : 152) 그래서 파스칼과 지젝에게 기도, 세례, 미사와 같은 교회(이 경우 가톨릭교회)의 의례는 내적인 신념이나 이미 존재하는 믿음의 표현이 아니라, 그런 믿음을 위한 선차적인 전제조건이다. 즉, 이런 의례들이 내적 신념을 발생시키는 것이다.

파스칼의 이론을 해석하며 지젝은 조심스럽게 이 이론과 "내적 믿음의 외적 행위에 대한 의존성의 환원주의적 단언"이라 부른 것을 구분한다.(MI : 12) 지젝에 의하면, 파스칼은 단순히 믿음의 형성이 행위 양식의 영향을 받는다는 차원을 넘어, 교회의 의례에 참석함으로써 자신도 모르는 사이에 믿게 된다고 주장한다. 우리의 믿음은 그런 의례들 속에서 표명된다. 다시 말해, 우리가 그 사실을 인식하기 전에 그것은 미리 상연된다. 우리가 최종적으로 교회에 귀의할 때, 내가 믿고 있음을 실제로 믿게 될 때, 우리가 하는 거라곤 단지 우리의 믿음이 이미 결정되어 있었으며, 그 믿음에 대한 우리의 인식보다 미리 존재했다는 사실을 인정하는 것뿐이다. 우리의 믿음은 처음부터 객관적으로 의례 속에 있었다. 이를 깨닫게 될 때 우리는, 우리가 의례에 복종하기 시작했을 때 그것이 우리의 믿음 때문이었다고 믿게 된다. 다시 말해서, 믿음의 의례는 소급적으로 의례에 대한 믿음을 생산한다. 지젝이 말한 바, 파스칼의 이론은 "믿음 이전의 믿음이 갖는 역설적 위상을 설명한다."(SOI : 40)

이런 '믿음 이전의 믿음'은 티벳의 회전식 기도통처럼 자동화된 신념이다. 파스칼이 묘사한 대로, 그것은 기계처럼 우리에게 알려지지 않은 채 무의식 속에서 째깍거리며 작동한다. 지젝은 이런 기계의 탁월한 사례로 프랑스의 마르크스주의자 루이 알튀세Louis Althusser(1918~1990)가 말한 '이데올로기적 국가장치', 즉 교육 시스템, 교회, 가족과 같은 제도들을 든다.

그러나 알튀세의 이데올로기적 국가장치는, 이런 제도들이 주체를 이데올로기 속에 기입하는 방법에 문제가 있다. 알튀세는 이를 '요청' 혹

'이데올로기적 국가장치' 개념을 제시한 프랑스 마르크스주의자 루이 알튀세

알튀세는 교육 시스템이나 교회, 가족 같은 제도들을 이데올로기적 국가장치라고 불렀는데, 이 국가장치는 우리의 무의식 속에서 작동하는 '믿음 이전의 믿음', 자동화된 신념이다. 지젝은 여기서 더 나아가 우리가 믿음을 표현하기 위해 교회 의례에 참석하는 것이 아니라, 반대로 의례에 참석하는 행위가 우리의 믿음을 만들어낸다고 말한다. 믿음은 의례 속에 이미 있었고, 믿음의 의례는 소급적으로 의례에 대한 믿음을 생산한다. 즉, 우리의 가장 은밀한 감정 역시 우리의 사회적 행위 속에 물질화된 것일 뿐이라는 주장이다.

지젝은 알튀세의 국가장치가 주체를 이데올로기 속에 기입하는 방법('호명')이 지닌 문제점은, 국가장치를 파스칼적 '이데올로기 기계장치'로 보면 해결된다고 말한다.

은 '호명' 모델로 설명했다. 그에 따르면, 호명은 지극히 일상적인 상황에서 경찰이 누군가를 "여보, 거기 당신!"이라고 부르는 것으로 묘사할 수 있다."(MI : 131 인용) 만약 내가 이런 상황에 놓인다면 나는 틀림없이 호명된 사람이 바로 나 자신이라고 생각할 것이다.

한데 지젝은 이런 호명 모델이 이데올로기적 국가장치가 어떻게 이데올로기에 대한 믿음을 창출하는지 설명하지 못한다고 본다. 어떻게 단순히 호명되는 것만으로 이데올로기를 믿게 되는가? 이 문제는 이데올로기적 국가장치를 파스칼적 의미의 이데올로기 기계로 보면 해결된다. 즉, 이데올로기적 국가장치는 특정한 체계에 대한 믿음을 발생시키는 메커니즘으로, 우리가 미처 깨닫기 전에 그 체계의 올바름에 대한 신념을 창조한다. 이런 장치들은 무의식적으로 우리의 믿음을 선취하며, 그로써 우리를 거기에 적응시킨다.

이데올로기의 세 가지 양태

지젝의 알튀세 독법이 보여주듯이 만약 우리가 이데올로기적 믿음의 메커니즘을 규명할 수 있다면, 이것이 현실과 이데올로기를 구분할 수 있다는 뜻일까? 이데올로기에서 한 발 물러나서 비이데올로기적 영역으로 들어설 수 있다는 의미일까? 이 질문에 답하기 위해 지젝은 이데올로기를 세 부분으로 나눈다. 교리doctrine, 믿음, 의례가 그것이다. 이데올로기의 이 세 측면은 종교(마르크스에 의하면, 가장 탁월한 이데올로기의 사례)에 대한 헤겔의 삼원론적 분석과 대응한다.

- 교리−이데올로기적 교리는 이데올로기의 사상, 이론, 믿음과 연관

돼 있다. 가령 자유주의 교리는 기원상 (부분적으로) 영국 철학자 존 로크John Locke(1632~1704)의 사상에서 발전했다.
- 믿음-이데올로기적 믿음이란 그 교리의 물질적, 외적 표출과 기제들을 가리킨다. 가령 자유주의 교리는 언론 독립, 민주 선거, 자유 시장으로 물질화된다.
- 의례-이데올로기적 의례는 교리가 내면화, 혹은 자발적이고 자연적인 것으로 경험되는 방식을 가리킨다. 자유주의에서 주체들은 자발적이고 자연스럽게 자신들을 자유로운 개인으로 경험한다.

이데올로기의 이 세 측면은 일종의 서사를 형성한다. 우선 첫째 이데올로기적 교리의 국면에서 우리는 이데올로기의 가장 '순수한' 모습을 발견한다. 이 단계의 이데올로기는 진리라고 주장된 명제나 현실에서의 기득권을 은폐하는 논증의 형식을 취한다. 가령, 정치 형태에 관한 로크

알튀세의 이데올로기적 국가장치 '이데올로기적 국가장치'란 용어는 알튀세가 「이데올로기와 이데올로기적 국가장치Ideology and Ideological State Apparatuses」란 유명한 논문에서 사용한 개념이다. 알튀세는 이 논문 첫머리에서 사회가 어떻게 스스로 재생산되는지 묻는다. 더 구체적으로는 왜 자본주의 사회가 무정부 상태와 봉건제로 붕괴하지 않고 여전히 자본주의로 남아 있는지 검토한다. 한 마디로 무엇이 우리로 하여금 마음 내키는 대로가 아니라, 매일 아침 눈을 뜨면 일을 하러 가게 하는 것일까?
알튀세의 첫째 대답은 국가는 어떤 모반도 물리적으로 제압할 수 있을 만큼의 군대와 경찰, 감옥을 마련해놓고 있다는 것이다. 이런 물리적 준비는 그가 '억압적 국가장치'라고 부른 것에 속한다. 그 명칭이 의미하듯, 억압적 국가장치는 국가가 힘으로 국민을 통제할 수 있는 수단들로 구성된다. 앞 장에서 살펴본 것처럼, 법의 지배는 처음에 억압적 국가장치(물리적 강제와

의 논증은 대영제국의 식민주의가 아니라 혁명적인 미국인들의 이익에 복무한다. 둘째 단계로, 성공적인 이데올로기는 그것에 대한 믿음을 생산하는 물질적 형태를 갖는데, 그중에서 가장 강력한 것은 앞에서 살펴본 이데올로기적 국가장치다. 셋째, 이데올로기는 마치 자생적인 것처럼, 즉 외형적인 논증의 집합이나 제도로서 나타나는 게 아니라 거의 자연적인 것처럼 받아들여진다. 지젝이 제시한 이 자생성의 대표적인 사례는 상품 물신주의 관념이다.

지젝은 이데올로기적 서사를 이루는 이 각각의 세 측면에서 이데올로기와 현실을 구분하는 것이 쉽지 않다고 말한다. 가령 교리의 경우, 우리가 어떤 명제나 논증의 진리치를 중립적이고 객관적인 입장에서 비판할 수 있다는 생각은, 그 자체로 가장 근본적인 이데올로기적 주장이다. 이런 모델은 진리와 허위를 구분하는 인식론적 상식에 기반한다. 그런데 어떤 믿음을 이데올로기적 비판의 도마 위에 올려놓는 것은, 비판자

> 폭력)를 통해 공고해진다.
> 이렇게 법의 초석이 마련되고 난 다음에는? 국가는 권위를 지탱하기 위해 작게는 사소한 범죄에서부터 크게는 혁명에 이르기까지 언제나 억압적 국가장치를 요청할 수 있다. 그러나 국가는 매일 아침 무장을 하고 침대에서 뛰쳐나오는 국민이 아니라, 상징적 질서 속에서 다양한 역할에 맞게 훈련된 국민을 필요로 한다. 알튀세에 따르면, 이데올로기적 국가장치가 작동하는 지점이 바로 여기다.
> 이데올로기적 국가장치는 자본주의 속에서 자기 역할을 충실히 수행하는 주체를 공급함으로써 자본주의 재생산에 기여하는 제도들이다. 알튀세는 이데올로기적 국가장치가 교회, 교육 시스템, 가족 단위, 법체계, 정치 시스템, 무역 통합, 커뮤니케이션 매체, 문화 등으로 되어 있다고 말한다. 이 모든 제도들은 물리적 힘이 아닌 이데올로기를 통해 작동한다.

자신은 진리 또는 현실의 자리에 위치하고, 비판당하는 믿음은 허위 또는 이데올로기 자리에 위치한다고 전제하는 것이다. 이 장의 앞머리에서 언급했듯, '우리는 지금 탈이데올로기 시대를 살고 있다.'는 명제보다 이런 오류를 더 잘 드러내는 예는 없다. 더 이상 공산주의와 비교될 필요가 없는, 오직 자본주의 관점에서만 바라본다면 그렇겠지만, 공산주의적 관점에서 보면 이 시대는 자본주의가 지배하는 철저하게 이데올로기적인 시대이다. 지젝이 지적한 것처럼, 순수한 사실에 호소하는 경우라 할지라도 그런 사실이 놓여 있는 이데올로기적 지평을 외부에서 설명할 수는 없다.

    어느 인종주의자 영국인이 '이 거리에는 파키스탄인들이 너무 많아!'라고 말할 때 그는 어떻게 —어떤 위치에서— 이것을 '아는가?' 다시 말해, 어떻게 그의 상징적 우주는 런던 거리를 어슬렁거리는 파키스탄인들을 혼란스러운 과잉으로 지각하도록 구조화된 것일까?(TZR : 64-65)

이 질문에 대한 답은, 우리와 마찬가지로 이 인종주의자가 특정한 상징적 질서의 관점으로 사실을 본다는 것이다. 실재계에는 어떠한 과잉이나 결여도 없다. 파키스탄인들의 과잉이 현실로 존재할 수 있는 건 오직 실재의 상징화를 통해서, 우리가 '인지한' 실재에서뿐이다. 따라서 우리는 사실에 입각하여 인종주의적 이데올로기를 지닌 사람을 설득할 수 없다. 왜냐하면 그 설득 역시 상징적 질서 속의 이데올로기적 지평을 벗어나지 못할 것이기 때문이다.
    이처럼 우리가 파악한 모든 것이 이데올로기라면 우리는 현실을 포기해야 하는가? 만약 우리에게 현실은 없고 오직 이데올로기적 관념만 있다면, 이데올로기 개념이 모든 것에 적용된다면, 이제 이 개념은 분석도구로서 아무런 효력도 없는 것일까? 지젝은 "그렇지 않다."고 대답한다.

왜냐하면 그런 몸짓이야말로 탁월한 이데올로기적 제스처이기 때문이다. 만약 우리가 이데올로기를 비판하는 위치를 포기한다면, 우리는 결국 이데올로기의 불가피함에 굴복하고 말 것이다. 지젝은 이데올로기와 비이데올로기를 구분할 수 있는, 그러나 비어 있는 장소(그래서 그것은 내용 없는 형식이다.)가 존재한다고 주장한다. 이 수수께끼 같은 공식의 의미는 현실의 유령적 보충물을 분석해보면 알 수 있다.

현실에 들러붙은 이데올로기 '유령'

지금까지 우리는 이데올로기 비판 문제를 순전히 이원론적인 방식으로, 즉 어떤 관점이 이데올로기에 속하고 현실에 속하는지, 진실을 이해한 것이고 왜곡된 이해에 사로잡힌 것인지의 문제로 살펴보았다. 지젝은 이런 이원체계가 사실상의 삼원체계를 왜곡한다고 본다. 그의 출발점은 셸링의 저작이다.

셸링에 의하면, 모든 유기적 총체는 안/밖·삶/죽음·육체/정신 등 상보적 부분만이 아니라, 이 두 항에 더하여 유기적 총체를 교란하는 배가적 보충물로 구성되어 있다. 가령 육체/정신에는 동물적 자성磁性 같은 육체의 정신적 측면이 존재하며, 유령의 물질화 같은 정신의 육체적 측면도 존재한다. 이와 마찬가지로, 지젝은 삶/죽음의 이항 대립은 상징계 바깥에 사는 이들의 살아 있는 죽음, 실재계의 광기 속에서만 존속하는 신체들로 보충된다고 주장한다. 또한 그것은 실제로는 그렇지 않음에도 "마치 생명을 가진 것처럼 움직이는"(TPOF : 89) 상징적 기계 자체의 죽어 있는 생명으로 보충된다.

  셸링의 논의는 얼핏 이데올로기 분석과 무관한 듯 보이지만, 상품 물신주의와 이데올로기적 국가장치 속에서 이런 잉여의 효과를 목격할 수 있다. 상품 물신주의와 관련하여, 상품의 '신체'는 그것의 가치가 언제나 다른 곳에, 다른 상품들 속, 궁극적으로는 그것을 생산한 노동력 속에 있다는 점에서 '정신화되어' 있다. 또한 이데올로기적 국가장치는 이데올로기적 교리에 물질적 실체를 부여함으로써 이데올로기의 '정신'에 '육체'를 부여한다.

  지젝은 이 유사물질성, 유령 같은 보충물이 모든 이데올로기의 토대를 구성하며, 더 나아가 현실 자체가 이 보충물에 의존해 있다고 말한다. 이런 생각은 현실과 실재의 구분을 전제로 한다. 우리는 결코 실재에 도달할 수 없다. 우리의 세계는 언제나 상징계에 매개되어 있기 때문이다. 따라서 우리가 알고 있는 현실은 언제나 상징계이다. 그러나 1장에서 살펴본 것처럼 실재의 상징화는 완전하지도, 완전할 수도 없다. 상징계는 실재를 완전히 봉합하지 못한다. 그래서 상징화되지 않은 실재의 조각이 남아 있게 마련이다. 상징계에 통합될 수 없는 이것이 '근원적인 적대antagonism'를 생산한다. 바로 이 실재의 조각이 유령 같은 보충물로 돌아와 현실에 들러붙는 것이다. 다음 그림을 보라.

| 이데올로기의 구조 |

상징계 내부의 틈을 은폐하는
이데올로기의 유령

현실(상징계)   현실(상징계)

실재계(적대)

이 유령은 현실이 (상징계의 모습으로) 존재하기 위해 버려져야 하는 실재의 조각을 은폐한다. 지젝에 따르면, 바로 여기, 유령 같은 보충물에 모든 이데올로기의 근거 또는 중핵이 있다. 이는 현실과 이데올로기가 상호함축적 관계라는 의미다. 어느 한 쪽이 없이는 나머지 한 쪽도 존재할 수 없다.

　매우 추상적으로 들리는 이 이론의 작동 방식을 지젝은 계급투쟁과 관련하여 구체적으로 보여준다. 지젝에게 계급투쟁은 실재계에 속한다. 그런데 우리는 상징화를 통하지 않고서는 계급투쟁을 접할 수 없다. 계급투쟁이 실재적이라는 것은, 그것이 상징계 안에 장애를 형성함으로써 그것을 상징화하려는, 곧 현실로 회복시키려는 다양한 시도들로 표출된다는 뜻이다. 이런 시도들은 계급투쟁이 지닌 적대성을 드러낸다.

　지젝은 이 계급투쟁이 사회를 형성하는 '구성적 분열'이라고 본다. 계급투쟁은 사회를 결합시키는 우리의 상호결속인 동시에, 사회를 유기적 총체가 되지 못하게 방해하는 것, 우리를 이간질하는 것이기도 하다. 지젝에 의하면, 오늘날 가시적인 계급투쟁의 부재는 (일시적으로) 이 투쟁에서 어느 한쪽이 승리했음을 뜻하는 증거이다. 계급투쟁은 객관적으로 존재하는 게 아니다. 우리는 단지 특수한, 주관적인, 이데올로기적인 관점으로 그것을 보거나 보지 않을 뿐이다.

　그래서 지젝은 이데올로기라는 유령이, 실재적 계급투쟁의 적대성이 상징화되는 데 실패했음을 은폐한다고 말한다. 달리 말해, 이데올로기는 적대의 심연을 메우고, 현실(상징적 질서) 내부의 구멍을 메운다. 즉, 이데올로기는 의미가 없는 것에 의미를 부여한다. 가령, 지젝은 사회에 내재한 적대성이 상호보완적인 대립항으로 해석됨으로써 의미를 부여받는다고 주장하는데, 이런 절차의 전형적인 예는 세계를 음과 양, 남성과 여성 같은 '우주적' 쌍으로 이해하는 뉴에이지에서 찾을 수 있다. 여기서 적대는 불균형의 결과로 이해된다. 이런 이해방식은 세계가 구성적으로 이미 불균형적이라는 사실을 은폐한다.

여기서 우리는 이 장의 첫머리에서 던졌던 질문으로 돌아가지 않을 수 없다. 어떻게 우리는 현실을 이데올로기와 구분할 수 있는가? 지젝은 어떤 위치에서 세계에 대한 뉴에이지의 해석이 이데올로기적 기만이라고 비판하는가? 그것은 현실의 위치가 아니다. 왜냐하면 앞에서 살펴본 대로(그래서 전혀 놀랄 일이 아닌데) 현실은 상징계로 구성되어 있으며, 상징계는 허구가 진리의 모습으로 나타나는 곳이기 때문이다. 유일하게 비이데올로기적이라고 할 수 있는 것은 실재, 적대의 실재이다.

그런데 이미 살펴보았듯, 우리는 절대로 실재의 위치에 설 수 없다. 따라서 "우리로 하여금 어떤 직접적인 경험 내용을 '이데올로기적'이라고 비판하게 하는 것은, 가외加外 이데올로기적 참조점이다."(MI : 25) 달리 말해, 실재의 적대는 사회적 현실(상징적 질서)의 존재론적 상수常數이다. 이 적대는 실재에 속하기 때문에 이데올로기적 신비화에 종속되지 않으며, 오히려 그것의 효과가 이데올로기적 신비화 속에서 가시화된다. 따라서 우리가 특정한 이데올로기적 분석에 동의하느냐 마느냐에 상관없이 존재한다고 전제되어야 하는 것은 이데올로기의 형식 자체이다.

이는 지젝에게 현실과 이데올로기의 구분이 이론적 전제임을 뜻한다. 그는 자신이 사물의 '객관적' 진리를 파악할 수 있다고 주장하지 않지만, 만약 우리가 현실이 구성적 적대에 의해 구조화되어 있다는 걸 인정한다면 이데올로기는 반드시 존재하는 것으로 여겨야 한다고 주장한다. 만약 이데올로기가 존재한다면, 우리는 그것을 비판의 도마 위에 올려놓을 수 있다. 궁극적으로 지젝의 이데올로기론이 지향하는 목표가 바

상징적 죽음과 실재적 죽음 지젝이 보기에, 삶과 죽음이라는 외관상 모든 것을 포함하는 총체가 '산 죽음'과 '죽은 생명'으로 보충된다는 사실은, 우리가 한 번만 죽는 게 아니라 두 번 죽을 수도 있음을 의미한다.

명백히 우리는 생물학적으로 죽는다. 그럼으로써 우리의 생명은 끝나고 육체는 영원히 분해된다. 이것은 실재계의 죽음으로, 물질적 자기의 소멸을 함축한다. 그러나 우리는 상징적 죽음을 겪기도 한다. 이것은 현실적인 육체의 소멸을 포함하지는 않지만 대신 상징적 우주의 파괴와 주체적 위치의 절멸을 수반한다. 이럴 때 우리는 상징계에서 배제되는 산 죽음을 겪게 되며, 그로 인해 더 이상 타자를 위해 존재하지 않게 된다. 이러한 상징적 죽음은 미치거나 극악한 범죄를 저질러서 사회가 우리를 부인할 때 일어난다. 그때 우리는 실재계 속에서는 여전히 존재하지만, 상징계 속에서는 그렇지 않다. 또 다른 경우, 우리는 죽은 생명 또는 죽고 난 이후의 삶을 지속할 수도 있다. 우리의 육체가 죽고 난 이후에도 사람들이 우리의 이름과 행위를 기억하고 있는 경우가 이에 해당한다. 이때 우리는 실재계 속에서는 죽었지만 상징계 속에서는 계속 존재한다.

지젝은 두 죽음, 곧 실재적 죽음과 상징적 죽음 사이의 간극은 괴물이나 아름다운 것의 출현으로 채워질 수 있다고 보았다. 가령 영국의 극작가 윌리엄 셰익스피어Wiliam Shakespeare(1564~1616)의 『햄릿Hamlet』에서 햄릿의 아버지는 실재계에서는 죽었지만, 괴물같이 끔찍한 유령으로 계속 살아 있다. 왜냐하면 그는 살해당했고, 그로 인해 자신의 상징적 빚을 갚을 기회를 도둑맞았기 때문이다. 그래서 그는 그 빚이 청산된 후, 즉 아들 햄릿이 자신을 살해한 자를 죽임과 동시에 '완전하게' 죽는다.

이와 유사하게 그리스의 극작가 소포클레스Sophocles(기원전 496~406경)가 지은 『안티고네Antigone』에서 안티고네는 실제로 죽기 전에, 반역죄로 죽은 동생의 매장을 고집하다 공동체에서 배제되었을 때 이미 상징적으로 죽었다. 안티고네의 사회적 정체성의 소멸은 아이러니하게도 그녀의 성격에 숭고한 아름다움을 부여한다. 안티고네는 "정확히, 동생의 두 번째 죽음을 막기 위해"(TTS:170), 즉 영속을 보장할 정당한 장례식을 치르기 위해 두 죽음 사이의 영역으로 들어간다. 즉, 그녀는 정당한 매장을 거절당한 동생이 상징적 죽음까지 겪지 않게 하려고 본인의 상징적 죽음을 감내한 것이다.

아버지의 유령을 만나 삼촌인 클로디어스의 음모를 전해 듣는 햄릿
햄릿의 아버지는 실재계에서는 죽었지만, 살해를 당해 상징적 죽음을 도둑맞았기 때문에 유령이 되어 나타난다. 햄릿이 클로디어스를 죽인 뒤에야 햄릿의 아버지 덴마크 왕은 '완전하게' 죽는다.

이처럼 우리는 한 번만 죽는 게 아니라, 두 번 죽을 수 있다고 지젝은 말한다. 생물학적 죽음은 실재계의 죽음이고, 육체의 소멸이 아닌 상징적 우주의 파괴와 주체적 위치의 절멸을 수반하는 것이 상징적 죽음이다. 지젝에 따르면, 삶과 죽음의 이항 대립은 상징계 바깥에 사는 이들의 살아 있는 죽음, 실재계의 광기 속에서만 존속하는 신체들로 보충된다. 두 죽음 사이의 간극은 괴물이나 아름다운 것의 출현으로 채워질 수 있다.

로 이것이다. 이데올로기는 이미 한물 갔다고 얘기되는 오늘날에도 이데올로기 비판의 기획을 살아 있는 것으로 유지시키려는 시도 말이다.

누누이 강조했듯이, 현대 정치의 문제는 그것이 비정치적이라는 것, 현존하는 자본주의 사회 체제를 자연적인 것으로 받아들인다는 점이다. 이 구조를 바꾸기 위한 첫 단계는 그 '자연성'이 이데올로기적 형성물임을 폭로하는 것이며, 그런 비판을 위한 첫걸음은 그것의 실행가능성을 수립하는 것이다. 그것이 지젝의 모델이 지향하는 목표이다.

냉소주의라는 우리 시대의 '이데올로기'

지젝에 따르면, 우리는 탈이데올로기 시대를 살고 있는 게 아니라, 냉소주의라는 이데올로기에 지배된 세계를 살고 있다. 마르크스와 슬로터다익의 공식화에 따라, 지젝은 냉소주의적 태도를 "그들은 자신의 행위 속에서 자신이 환영을 따르고 있음을 잘 안다. 그럼에도 그들은 여전히 그렇게 한다."로 요약한다. 이런 의미에서 이데올로기는 우리가 알고 있는 것이 아니라, 우리가 행하는 것 속에 위치한다. 따라서 이데올로기에 대한 우리의 믿음은, 우리가 알튀세의 '이데올로기적 국가장치' 같은 '믿음기계'에 대한 믿음을 자각하기도 전에 이미 작동한다.

또한 지젝은 이데올로기적 서사 속의 세 국면을 구분한다. 이 세 국면은 교리의 형식과 그것이 믿음의 형태로 실현된 것, 그리고 유사 자발적 의례의 형태로 표현된 것으로 구체화된다. 지젝은 우리가 어떤 이데올로기의 허위를 비난할 수 있는 진리의 위치에 있다고 생각하는 순간, 우리는 또다시 이데올로기 속에 던져진 자신을 발견하게 된다고 주장한다. 그것은 이데올로기에 대한 우리의 이해 방식이 현실과 이데올로기를 대립시키는 이원체계에 근거하기 때문이다.

이런 문제를 해결하기 위해 지젝은 삼원체계, 혹은 삼항 구조에 입각하여 이데올로기를 분석한다. 이 삼항 구조 속에서 이데올로기는 유령 같은 현실에 대한 보충물 형식을 취하며, 실재에 대한 현실(상징계)의 상징화 실패에서 생겨난 틈을 은폐한다. 이러한 현실 구조 모델은 객관적인 관점을 취할 수 있는 위치를 제공하지는 않지만, 이데올로기의 존재를 전제로 이데올로기 비판의 정당성을 제공한다.

같은 행성에서 온 남성과 여성, 그 사랑의 이데올로기

라캉의 성차 공식, 정말 여성혐오인가?

　라캉 정신분석학에서 가장 논란이 되는 것은 '성차 공식formulae of sexuation'이다. 이 공식은 다음과 같은 별 도움이 안 되는 몇 가지 슬로건으로 압축된다. '여성은 존재하지 않는다.' '여자는 남자의 증상이다.' '성 관계는 존재하지 않는다.'

　이 슬로건들은 (집합들 간의 관계를 탐구하는 데 사용되는 논리 형식인) 술어 계산을 사용하여 주체의 성차 구조를 밝히고 있다. 어떤 부분은 꼭 맞게 번역하기도 불가능한('the Woman'으로 번역되는 'la femme'는 '여성'의 보편 개념을 의미한다.) 이 슬로건들은, 여자는 남자들에 비해 근원적으로 열등한 존재라고, 즉 남성적인(진정한) 인간성에 완전히 도달하지 못한 부차적인 존재라고 주장하는 듯 보인다. 라캉은 오늘날 우리가 중요시하는 정치적 올바름을 검토하는 데 아무런 관심도 보이지 않았으며, 또한 자신의 이론을 가급적 투명하게 설명하여 그에 대한 사람들의 오해를 불식시키는 데도 신경쓰지 않았기 때문에, 성차 공식 역시 끊임없는 비판과 상반된 해석을 불러일으켰다.

　지젝의 '교리적인' 라캉주의를 고려한다면, 지젝이 이 성차 공식을 젠더화된 주체에 대한 가장 발전된 이론이라고 주장하는 페미니스트의 한 명으로 자기 자신을 꼽는 것도 전혀 놀랄 일은 아니다. 지젝은 이 문제에서도 라캉의 다른 개념들에 대해 갖는 확신과 똑같은 확신을 가지고 주장한다. 즉, 이 공식들이 어떻게 작동하는지 설명하고 실제로 공식을 사용하지만, 그렇다고 옹호하지도 않는다. 달리 말해, 지젝은 이 공식의 난폭한 수용에 언제나 경의를 표하지는 않는다.

라캉의 악명 높은 무심함과 크게 다르지 않은 이런 태도의 어느 지점에서, 지젝이 고지식한 사람들을 통렬히 공박하는 데 실패했는지는 때로 명확하지 않다. 오히려 그가 여성성에 대한 상식적인 관념을 아무런 비판 없이 받아들이는 듯 보일 때, 그 고지식함에는 어떤 의미가 있는 것처럼 보인다. 이론이 모호한 사유를 명확히 하는 것보다 독실한 신임을 얻는 데 더 많은 시간을 소비하는 이 시대에, 이런 전략은 확실히 참신한 우상파괴처럼 느껴진다. 이런 점에서 지젝의 성차 공식 논의보다 이런 우상파괴적인 태도가 더 잘 느껴지는 곳은 없다. 지젝이 독일 철학자 오토 바이닝거Otto Weininger(1880~1903)가 쓴, 지독히 반여성적이고 반유대적인 『성과 성격Sex and Character』을 자주 논의의 출발점으로 삼기 때문이다.

바이닝거에서 찾은 페미니즘, '아무것도 아닌' 주체

바이닝거가 초고 형태로 프로이트에게 보였다가 심하게 비난받은 바 있는 『성과 성격』은, 남성과 여성의 관계와 차이를 설명한 책이다. 지젝은 외관상 여성에 대한 라캉의 성차 공식과 유사한 주장을 담고 있는 이 책을, 라캉의 공식을 여성 혐오로 독해하는 것의 오류를 보여주는 공명판으로 사용한다.

지젝의 바이닝거 독해에서 성적 차이는 주체와 대상의 대립과 유사한 것으로 설명된다. 바이닝거의 책에서 남성은 능동적이고 고귀한 영혼의 소유자(주체)로 여성은 수동적이고 비천한 물질(대상)로 간주된다. 수동

지젝이 라캉의 '성차 공식'을 논할 때 출발점으로 삼는 철학자 오토 바이닝거
외관상 여성에 대한 라캉의 성차 공식과 유사한 주장을 담고 있는 『성과 성격』은, 바이닝거가 대학 졸업 논문을 발전시켜 쓴 것으로, 플라톤·칸트 등의 사상을 배경으로 심리학적인 측면에서 여성 문제를 주로 다루고 있다. 바이닝거는 이 책에서 여성은 수동적이고 비천한 물질이고, 남성은 능동적이고 고귀한 영혼의 소유자라는, 노골적인 여성비하를 주장한다.
그런데 지젝은 바이닝거의 책이 "그 솔직함 혹은 과격함으로" 라캉적 페미니즘의 근거를 제공한다고 말한다. 지젝에 따르면, 바이닝거는 여성을 남성적 이성의 비밀스런 한계나 신비로 보는 전통적 관점을 탈피했지만, 다만 그것을 끝까지 밀고 나가지는 못했다.

적 물질로서의 여성은 성욕에 지배된다. 바이닝거에 따르면, "여성들은 성적으로 민감하며, 모든 것에 쉽게 침투당한다."(TMOE : 137) 이런 점에서, 성교는 '여성'을 규정하는 성욕의 일반적 경험을 보여주는 두드러진 사례이다. 그래서 여성의 개인적 성욕은 보편적이고 비개인적인 본능, 자신의 전체 행동을 지배하는 본능의 한 사례일 뿐이다. 여성은 진리를 말할 때조차도 진리를 위해서가 아니라 잠재적인 파트너를 유혹하기 위해 말한다.

반면 남성은 자신의 감각과 영혼, 성욕과 사랑으로 분열된 존재이다. 이는 '만약 여성에게 영혼이 결여되어 있다면, 남성은 어떻게 여성과 영적인 관계를 맺을 수 있을까?' 하는 문제를 낳는다. 이 수수께끼에 대해 바이닝거는 여성의 영적 아름다움(그녀를 남자가 사랑할 만한 대상으로 만드는 것)은 무엇보다 그와 같은 사랑의 산물이라고 답한다. 달리 말해, 남성의 사랑은 수행문遂行文·performative처럼 기능한다. 남자는 여성이 결코 가질 수 없는 이상을 여성에게 투사한다. 결국 남성은 여성과의 사랑 속에서 실제로는 자기 자신을 사랑하는 것이다.

사실 남성은 오염된 성적 감각이 아니라, 자기 속에 있는 더 나은 부분, 이상적인 것, 영적인 측면을 사랑한다. 그렇게 함으로써 남성은 자기 자신을 속일 뿐 아니라(자기 스스로 영적 잠재력을 실현하지 못하기 때문에), 여성도 속인다(여성을 상상적 이상에 종속시켜 여성의 실질적 현존을 무시하기 때문에). 그래서 바이닝거에게 "사랑은 살인이다."(TMOE : 140)

그렇다면 이런 재난에도 불구하고 왜 남성은 계속해서 여성을 사랑의 대상으로 선택하고, 그리하여 자신의 영적 이상을 잘못 발견하는가? 이 질문에 대한 바이닝거의 대답은, 남성은 성욕으로 타락함으로써 여성을 창조한다는 것이다. 바이닝거는 여자가 인류의 원죄를 초래하였다는 성서의 이야기를 뒤집어 "여성은 남성의 죄"(TMOE : 141)라고 주장한다.

여성은 남성에 의해 창조되었다. 즉 여성은 남성이 자신의 영혼을 대가로 성욕을 포용하는 한에서만 존재한다. 그래서 여성의 목표가 남성의 성욕을 영속화하는 것임은 전혀 놀랄 일이 아니다. 그렇게 하지 않으면 여성은 존재하지 않을 것이기 때문이다. 여성은 단지 효과effect일 뿐 그 자체로는 "여성은 존재하지 않는다."(TMOE : 141)

이는 왜 남성이 여성을 특권적인 사랑의 대상으로 선택하는지 설명해준다. 애초에 여성이 존재하는 것은 남성의 '과실' 때문으로, 이로 인해 고통받는 남성은 여성을 사랑함으로써 자신의 죄의식을 달래려고 애쓴다. 그럼에도 불구하고 많은 남성들이 여성을 사랑하고, 또 여성은 남성의 영적 가치를 내면화하려고 애쓰지만, 결코 여성의 본성에서 벗어나지 못한다. 바이닝거가 보기에 여성은 본래부터 자유롭지 못하다. 여성은 남근(혹은 부성적父性的 법)에 종속되어 있다. 만약 이 사실을 억압하는 여성이 있다면, 그 여성은 자연적 본성이 되돌아올 때 히스테리에 걸린다.

이런 대략의 내용이 보여주듯, 바이닝거의 이론은 지금까지 나온 것 가운데 가장 노골적인 여성 비하에 속한다. 그러나 지젝은 『성과 성격』이 뜻밖에 라캉적 페미니즘의 근거를 제공한다고 말한다. 그것은 바로 바이닝거의 그 솔직함 혹은 과격함 때문이다. 무엇보다 바이닝거는 여성을 '수수께끼'로 보는, 여성성을 이성의 빛이 닿지 않는 '어두운 비밀'로 보는 관점을 갖고 있지 않다. 오히려 여성의 본성을 면밀히 탐구했지만, 거기에는 아무것도 없다는 점만 발견했을 뿐이다. 여성의 비밀은 그녀가 존재하지 않는다는 것이다. 지젝에 따르면, 바이닝거는 여성을 남성적 이성의 비밀스런 한계나 신비로 보는 전통적·가부장적 관점을 탈피했지만, 그것을 끝까지 밀고 나가지는 못했다. 즉, 바이닝거는 여성 속에서 발견한 '아무것도 아님' 속에 주체성 자체의 근거가 있다는 사실을 깨닫지 못한 것이다.

1장에서 살펴봤듯, 주체는 상징적 질서 내부에 그것이 기입되기 이전의 공백 또는 무無이다. 지젝은 바이닝거가 두려워한 것은 여성이 아니라 주체 자체의 공백, 주체를 형성하는 '세계의 밤', 절대적 부정성이라

일부인 동시에 전부인 '수행문'   지젝은 '수행문'이라는 개념을 논의에 자주 끌어들이는데, 이 용어는 영국의 철학자 오스틴 J. L. Austin (1911~1960)의 발화행위 이론에서 나온 것이다. 발화행위 이론은 언어를 '수행문'과 '술정문述定文·constative'으로 나눈다.

술정문은 어떤 것을 묘사하는 진술로, 진위 여부가 명확히 판별될 수 있는 문장, 예를 들어, '그 집은 붉은색이다.' 같은 것이다. 이에 반해 수행문은 '이로써 나는 당신들을 부부로 선포합니다.' 처럼 말을 하는 가운데 뭔가를 하거나 타인에게 자기 주장을 납득시킬 때처럼, 말을 함으로써 어떤 효과를 생산하는 문장이다. 이런 맥락에서, 특정 행위에 상징적 효력을 부여하고 우리에게 일정한 역할, 혈통 등을 제공하는 상징적 질서는 일종의 거대한 수행문이라고 할 수 있다.

지젝은 "'회의는 끝났습니다.'는 발화를 통해 그 사실이 대타자의 지식이 될 때, 회의는 끝난다."(EYS: 98)고 했다. 지젝이 지적했듯, 오스틴의 놀라운 점은 모든 언어가 궁극적으로는 수행문이라고 결론짓는 데 있다. '이 집은 붉은색이다.' 처럼 명백히 술정문의 형태를 지닌 진술조차 특정하게 현실을 조직하거나 통제하는 방식이다.

오스틴은 수행문이 발화행위의 일부분인 동시에 궁극적으로 모든 발화행위라고 주장함으로써 철학자의 영역으로 진입한다. 지젝은 체계의 일부분이 나머지 전체의 토대, 혹은 의미 지평으로 특권화될 때 그것이 철학이 된다고 말한다. 지젝은 헤겔의 용어를 빌려 이를 "유類는 언제나 그 자신의 종種들 가운데 하나이다."(TMOE: 97)라고 요약한다. 달리 말해, 어떤 것의 보

고 봤다. 달리 말해, 여성은 그 자체로 탁월하게 주체이다. 바이닝거가 수수께끼 뒤에서, 여성적 가면 뒤에서 어떤 것, 어떤 불분명한 신비도 발견하지 못했다는 것, 오히려 무를 발견했다는 것은 그가 의도하지는 않았지만 주체에 관한 보편적 진실을 발견했음을 의미한다.

이는 라캉이 언어학에서 빌려온 언표행위의 주체와 언표된 주체의 구분으로 설명할 수 있다. 주체의 심연 혹은 공백은 언표행위의 주체이

> 편 개념(가령 발화행위)은 언제나 그 개념의 특수한 사례(이 경우 수행문)에 의해 규정된다.
> 이 문제를 보는 또 다른 방법은, 어떤 것의 총체(모든 발화행위)는 잉여에 의한 불균형이 초래됨으로써만 (모든 발화행위는 비록 그중 일부는 술정문이지만, 궁극적으로는 수행문이라고 진술함으로써) 실현된다고 생각하는 것이다. 철학자들의 저서에 붙은 '그리고and'라는 단어를 지젝이 빈번하게 논한 이유도 여기에 있다. 책의 제목이나 진술에 쓰인 '그리고'라는 단어는 전체에 속한 원소 하나가 나머지 전부의 토대를 형성하는 관계를 가리킨다. 예를 들어 마르크스가 '자유, 평등, 사유재산의 배타적 영역과 벤담'(Marx 1976: 280)을 논할 때 마지막 항(벤담)은 다른 항들이 읽히는 의미 지평이다. 지젝의 주장처럼, "이 보충적인 '벤담'은 자유와 평등에 대한 감상적인 문장에 구체적인 내용을 제공하는 사회적 환경 — 상품 교환, 시장 거래, 공리주의적 이기심 — 을 대표한다."(TIR: 104) 그래서 마르크스의 진술에서 '벤담'은 나머지 단어들을 문장 속에 고정시키는 소파 고정점으로 기능한다.
> 이와 유사하게 지젝의 저작 전체는 라캉 정신분석학, 헤겔 철학, 마르크스의 정치경제학에 입각해 있지만, 이 전체는 그중 일부인 마르크스의 정치경제학 속에서 자기의 의미 지평(소파 고정점)을 발견한다고 말할 수 있다. 달리 말해, 마르크스의 정치경제학은 전체(지젝의 저작) 중 다른 모든 원소들의 초과 또는 잉여 원소이다.

며, 언표된 주체는 상징적 주체, 사회적 네트워크의 주체이다. 따라서 바이닝거의 '여성은 존재하지 않는다.'는 주장은, 여성이 언표된 주체의 차원에서는 존재하지 않는다는 것, 바이닝거의 가부장적 상징계에서 배제되어 있다는 것, 여성은 오직 언표행위의 차원에서만, 주체의 공백으로서만 존재함을 의미한다.

라캉의 반전, "여자는 남자의 증상이다"

우리는 어떻게 지젝이 바이닝거의 이론적 논리를 극단까지 밀고 나가서, 여성은 절대적 부정의 양태 속에 있는 주체이기 때문에 '여성은 존재하지 않는다.'고 주장했는지 이제 알 수 있다. 그렇다면 지젝은 어떻게 자기 자신도 인정한 '남자가 여자를 창조했다.'는 바이닝거의 주장과 '여자는 남자의 증상이다.'라는 라캉의 명제 사이의 명백한 유사성을 해결할까?

언표행위의 주체와 언표된 주체. "나는 내가 아닌 곳에서 생각한다" 언표행위 énonciation 의 주체는 말하는 '나', 발화를 하고 있는 개인이다. 이에 반해 언표된énoncé 주체(일부 비평가들은 '진술statement의 주체'라고도 부른다.)는 구문 속의 '나', 모든 개인들에게 적용되는 문법적 지시사 또는 대명사이다. 우리는 그것을 통합된 것으로 경험할 수 있을지 몰라도, 이 '나'는 순전히 상상적 환영이다. 추상적인 대명사 '나'는 실제로는 주체의 '나'를 대체하는 대리표상이기 때문이다. 그것은 나만의 특이성을 표현하지 않는다. 그것은 다른 모든 사람과 공유하는 일반적 용어이다. 이 대명사를 다른 사람들과 공유하기 위해 나의 경험적 현실은 어떤 의미에서 소멸된다.

라캉의 드라마틱한 주장처럼, "상징은 무엇보다 사물의 살인 속에서 나타난다."(Lacan 1977: 104) 달리 말해 주체는 실재를 부정함으로써, 살과 피로 지젝은 우선 지금 논의하고 있는 라캉의 명제가 그의 후기 저작에 속한다는 점을 지적한다. 이 연대기적 위치는 매우 중요하다. 라캉이 증상 개념을 처음 얘기한 1950년대와, 1970년대의 재공식화 사이에는 근본적인 변화가 있기 때문이다. 초기 이론에서 증상은 주체의 욕망, 배반당한 욕망에 관한 진실을 주체에게 되돌려주는 메시지나 암호 같은 것이었다.

만약 이런 의미에서 여성이 증상이라면, 여성은 남성의 배반당한 욕망이 물질적으로 구현된 것, 즉 남성이 "자신의 욕망에 양보했음."(EYS : 154)의 물질적 증거이다. 이런 관념은 남성이 자신의 영적 잠재력(그의 진정한 욕망)을 성취하지 못했을 때, 이런 실패가 (증상으로서) 여성의 창조로 나타난다는 바이닝거의 생각과 거의 차이가 없다. 남성이 이런 실패를 자각하고 영적인 존재가 되고자 하는 자기 욕망의 진실로 되돌아갈 때 여성은 사라지게 된다. 여성은 단지 남성 내부의 비윤리적 분열이 낳은 결과일 뿐 그 자체로는 어떤 존재성도 없다.

> 이뤄진 자기의 현실을 단어로 표현된 자기 개념(가령 이름이나 대명사)으로 대체 혹은 '살해' 함으로써, 언어 속으로 진입할 수 있다. 따라서 라캉과 지젝에게, 모든 단어는 그것이 대리하는 사물의 부재 혹은 죽음을 표시하는 묘비다.
> 라캉이 감히 데카르트의 '나는 생각한다. 따라서 존재한다.'를 "나는 내가 아닌 곳에서 생각한다. 따라서 나는 내가 생각하지 않는 곳에 존재한다."(Lacan 1977: 166)로 바꾼 것도 부분적으로 이런 이유에서이다. 여기서 '나는 생각한다.'는 발화된 주체(상징적 주체)인 반면, '나는 존재한다.'는 발화 행위의 주체(실재 주체)이다. 데카르트의 코기토를 이렇게 바꿈으로써 라캉이 드러내고자 했던 것은, 주체는 언어에 의해 되돌릴 수 없이 분열되어 있다는 것이다.

독일의 작곡가 바그너Richard Wagner(1813~1883)의 오페라를 두고, 지젝은 바이닝거와 동일한 종류의 논리로 작동하는 '바그너적 수행문'이 존재한다고 주장한다. 여기서 바그너의 오페라에 등장하는 영웅은 수행문을 통해 자신의 상징적 역할을 수행하는데, 이런 행위는 "여성의 존재와는 양립 불가능하다."(EYS : 155) 예를 들어, 바그너가 1843년 무대에 올린 오페라 〈방황하는 네덜란드 사람The Flying Dutchman〉에서 선장은 마지막에 자신이 "유령선 선장"이라고 선포하는데, 이때 여주인공 센타는 자살한다.

지젝은 이와 유사한 패턴이 하드보일드 탐정소설이나 필름 누아르에서도 발견된다고 지적한다. 누아르의 세계에서 여성은 탐정이 진실을 찾고자 하는 자신의 윤리적 욕망을 포기했음을 물질적으로 구현한다. 그가 (팜므 파탈의 형상을 한) 여성으로 인해 탈선했다기보다는 여성이 그의 탈선을 체현한다. 탐정이 자신의 욕망으로 귀환할 때, 자기 자신에게 진실해질 때, 여성은 반드시 사라지거나 죽는다. 미국 작가 레이먼드 챈들러Raymond Chandler(1888~1959)의 『안녕 내 사랑Farewell, My Lovely』의 벨마/그레일은 주인공 말로가 진실을 대면시키자 사라져 죽는다.

이런 이론과 해석과 비교해볼 때, '남성의 증상으로서의 여성'은 증상에 관한 후기 라캉의 생각을 보여준다. 이 개념과 초기 증상 개념의 차이를 변별하기 위해서 라캉과 지젝은 '증환症幻·sinthome'이라는 신조어를 사용한다. 이때 증상 혹은 증환은 개별 주체가 향유 혹은 향락과의 관계를 조직하는 의미적 구성물이다.

향유 혹은 향락은 쾌락과 구별되어야 한다. 그것은 쾌락 자체를 넘어선 쾌락, 쾌락이 고통으로 바뀌는 지점을 지시하는, 성적 흥분의 충만을 내포한 쾌락이다. 그것은 이를테면 자신의 곪은 상처를 쿡쿡 찌르면서

샬럿 램플링과 로버트 미첨 주연의 1975년작 〈안녕 내 사랑〉
레이먼드 챈들러의 동명 소설을 영화화한 이 작품에서 여주인공 벨마/그레일은 주인공 말로가 진실을 대면시키자 사라져 죽는다. 지젝은 누아르의 세계에서 여성은 탐정이 진실을 찾고자 하는 자신의 윤리적 욕망을 포기했음을 물질적으로 구현한다고 말한다. 탐정이 여성으로 인해 탈선했다기보다는 여성이 탐정의 탈선을 체현하는 것이다. 탐정이 자신에게 진실해져서 자기 욕망으로 귀환할 때, 여성은 이 영화 속 벨마/그레일처럼 반드시 사라지거나 죽는다.
이런 예를 통해 지젝은 '남자가 여자를 창조했다.'는 바이닝거의 주장과 '여자는 남자의 증상이다.'라는 라캉의 공식이 같지 않다고 주장한다. 라캉의 공식에서 '증상'이란 주체 속에 있는, 주체에게 일관성을 부여하는 상처이다. 따라서 '여자는 남자의 증상'이란 말은 여성이 남성에게 일관성을 부여하는 한에서만 남성이 존재한다는 의미다. 그렇다면 지젝의 관점은 여성 혐오의 반대인 '남성 혐오'가 아닌가?

느끼는 만족과 같은 것으로, 지젝은 그런 상처가 증상 개념을 명료하게 상징한다고 말한다. 증상이란 이렇게 주체 속에 있는 상처, 주체에게 일관성을 부여하는 상처이다. 지젝은 증환을 이렇게 설명한다.

특수하게 '병리적인' 의미 형성물, 향락의 결박, 소통과 해석에 저항하는 불활성 얼룩, 담론의 회로나 사회적 결속의 네트워크 속에 포함될 수 없는 동시에 그것의 실정적 조건이 되는 얼룩이다. (SOI : 75)

이런 얼룩의 예로 지젝은 영화 〈에일리언〉의 외계 생명체를 든다. 그것은 표류하는 우주선 승무원들에 덧붙여진 보충물이지만, 집단에 위협을 가해 집단의 통합을 가져온다. 우리가 우리 자신의 증상과 맺는 모호한 관계, 즉 우리가 자신의 고통을 즐기고 향락을 감내하는 관계는, 〈에일리언〉 시리즈가 전개될수록 리플리(시고니 위버 분)가 점차 에일리언과 동일화되는 모습으로 제시된다.

이제 지젝이 '여자는 남자의 증상이다.' 라는 공식을 통해 말하고자 한 것이, 바이닝거가 여성은 자신의 존재를 위해 남성에게 의존할 수밖에 없다는 주장과 같지 않음이 분명해졌다. 증상이 주체의 일관성을 유지하는 것이라면, 증상의 분해는 일관성과 주체를 사라지게 만들 것이다. 따라서 '여자는 남자의 증상이다.' 라는 명제는 여성이 남성에게 일관성을 부여하는 한에서만 남성이 존재함을 가리킨다. 달리 말해, 남성은 자신의 존재를 여성에게 의존하고 있다. 남성의 존재는 그 자신에 대해 외부적이다. 남성은 '문자 그대로 탈존脫存 · ex-sists' 한다. "그의 전 존재는 '저기 바깥에', 여성 속에 있다"(EYS : 155) 그래서 라캉의 명제 '여자는 남자의 증상이다.' 와 바이닝거식 주장(지젝은 이를 라캉의 명제에 대한 가장 나쁜 독해 방식이라고 말한다.)은 외관상 유사성에도 불구하고 그 의미는 완전히 대립한다.

상징 질서에 대한 여성적 저항, "무엇을 원하는가?"

하지만 이 지점에서 우리에게 남겨진 것은 기껏해야 여성 혐오의 반대(남성의 가치가 훼손되는) 남성 혐오적 관념이 아닌가? 아니면 더 나쁘게, 지젝은 여성을 남성에게 있는 본질적 존재의 수동적 수용기 또는 운반자로 간주하는 가장 고전적인 방식으로 여성을 수동적 대상으로 격하시키는 바이닝거의 이론을 다시 강화하지 않았는가?

이런 의문을 해소하기 위해서는 지젝이 사용하는 '남성' '여성'이란 단어를 본질주의적 관점으로 이해해서는 안 된다는 점을 확인해야 한다. 다시 말해 '남성man'이란 단어는 반드시 음경을 가진 사람을 지시하지 않으며, '여성woman'이란 단어 역시 질을 가진 사람을 가리키지 않는다.

많은 사람들은 이런 주장 자체를 받아들일 수 없다고 생각할 것이고, 또 어떤 사람들은 이것이 두 개의 '우주적' 극極(남성적인 것과 여성적인 것)을 가리키며 그 둘은 남성과 여성이 갖고 있는 공통적인 특질이라는 식으로 받아들일지도 모른다. 그렇게 남성 속에서 '여성적 측면을 발견'함으로써, 혹은 여성 속에서 남성적인 측면을 발견함으로써 우리는 이 개념에 친숙해진다. 이 양성의 동등성이란 개념은 일종의 균형 원리에 기반해 있다. 그래서 우리는 각기 다른 상황에서 우리 속에 있는 다른 측면들을 발견할 수 있으며, 어떤 한 가지 성도 우리의 행동을 독점적으로 결정하지 못한다는 것을 알게 된다.

그러나 지젝이 '남성'과 '여성' 논의에서 말하고자 한 것은 이런 것이 아니다. 또한 미국 작가 존 그레이John Gray(1951~)가 『화성에서 온 남자, 금성에서 온 여자*Men are From Mars, Women are From Venus*』에서 묘사한 것처럼, 남성과 여성은 (은유적으로) 서로 다른 행성에서 서로 다른 (그래서 오해될 수밖에 없는) 심적 경제를 가지고 왔다는 식의 얘기를 하는 것도 아니다. 오히려 지젝이 말하고자 하는 바는 이 둘이 "같은 행성에서 왔다는, 따라서 내부로부터 분열되어 있다."(TTS : 272)는 점이다.

이를 이해하기 위해서는 라캉의 성차 공식의 핵심을 이루는 슬로건인 '성 관계sexual relationship는 존재하지 않는다.'를 검토해야 한다. 라캉이 제시한 수학 공식을 정리해보면 다음과 같다.

| 라캉의 성차 공식 |

남성	여성
〈공식 1〉 남근 기능에 대해 '아니오'라고 말하는, 말하는 존재가 있다.	〈공식 A〉 남근 기능에 대해 '아니오'라고 말하는, 말하는 존재는 없다.
〈공식 2〉 모든 말하는 존재는 남근 기능에 종속된다.	〈공식 B〉 모든 말하는 존재가 남근 기능에 종속된 것은 아니다.

이 공식을 보고 가질 법한 첫 번째 의문은 하나의 공식(가령 '모든 말하는 존재는 남근 기능에 종속된다.')이 다른 공식('모든 말하는 존재가 남근 기능에 종속되는 것은 아니다.')과 양립 불가능하지 않느냐 하는 점이다. 여기 제시된 네 가지 위치 사이의 조화를 수립하는 방법은 없다는 의미에서, 이런 불가능성 자체가 '성 관계는 존재하지 않는다.'는 명제를 해석하는 한 가지 방법이다.

이 공식에 대한 이런 순진한 독해를 넘어서기 위해서는 '남근 기능의 의미를 이해해야 한다. 기본적인 수준에서 남근 기능은 (역설적이게도) 거세 작용을 가리킨다. 여기서 분명히 해야 할 것은 라캉과 지젝이 실제 음경 절단을 말하는 건 아니라는 점이다. 그들이 말하는 것은 현실의 음경과는 아무 상관이 없다. '남근phallus'이라는 단어가 암시하듯, 그들이 논하는 것은 상징이다. '거세'란 우리가 상징적 질서에 들어가는 과정, 우리가 실제 사물을 그에 대한 상징으로 대체하는 과정에 붙여진 이름일 뿐이다. 이런 의미에서, 거세란 상징화 과정에서 발생한 상실을 가리킨다.

라캉이 데카르트의 코기토를 '나는 내가 존재하지 않는 곳에서 생각한다. 따라서 나는 내가 생각하지 않는 곳에 존재한다.'로 고쳐 쓴 것처럼, 우리가 사고 쪽을 선택할 때 우리는 존재를 상실하며, 언어 쪽을 선택할 때에는 그 말이 재현하는 사물을 살해한다. 이와 마찬가지로 거세의 출현과 함께 우리가 상실하는 것은 향락jouissance이다. 이 향락은 상징적 금기, 남근으로 의미화된 금기에 종속된다.

여기서 남근 기능에 대한 다양한 관계들 사이의 성적 차이로 되돌아가면, 우리는 (〈공식 2〉에서) 모든 남성은 상징적 거세에 복종해야 한다는 사실로 정의됨을 알 수 있다. 지젝 특유의 전도와 역설에 따르면, 이런 보편 법칙을 수립하는 이는, 그것에서 제외된 예외자(자신의 향락을 희생할 필요가 없는 남자〈공식 1〉)이다. 지젝에 의하면, 이 예외자는 『토템과 터부 Totem and Taboo』의 프로이트 신화에서 "모든 여자를 소유하며 완전한 만족을 성취할 수 있었던 시원적 아버지"(FTKN : 123)이다.

이 남성의 신화적 위상은 중요한데, 왜냐하면 남성 일반이 상징계 속에 존재하기 위해서는 이 남성이 죽거나 살육당해야 하기 때문이다. 이 아버지 신화는, 충만한 향락이 또다시 가능하리라는 상징계에 필수적인 환영을 지탱한다.

총체성을 떠받치는 이런 예외자의 위상을 생각해보면, "유類는 언제나 자신의 종種들 가운데 하나이다."라는 명제가 떠오른다. 모든 남성에 더하여, 그들을 지탱하는 대문자 남성Man이 존재한다. 이것은 고대 그리스에서 우주를 구성하는 네 원소 혹은 네 본질(흙, 물, 공기, 불)에 더하여 그것들 속에 잠재된 제5원소가 존재하는 것과 비슷하다. 이런 의미에서 완전한 향락을 소유한 남성은 거세된 남성들의 보편성에 대한 제5원소이다.

이와 대조해서(이 때문에 이 공식들을 연속적으로 분류하지 않은 건데), 여성의 논리는 '전부는 아님not-all'에 속한다. 앞에서 살펴본 것처럼 남성의 총체, 모든 남자들의 집합이 그 집합에서 제외된 예외자를 통해서만 규정된다면(〈공식 1〉), 이와 반대로 '여성'을 지정하는 데 남근에 대한 예외가 없다(곧 '남근 기능에 대해 '아니오!'라고 말하는 존재가 없다'〈공식 A〉)는 공식은, 여성은 총체 혹은 전부가 아니라는 것이다. 달리 말해, 여성은 전부가 아니다.

지젝이 남성 공식에서『토템과 터부』의 시원적 아버지와 동일시한 예외자는 전체로서의 남성을 규정하는 한계 또는 경계로 기능한다. 그러나 여성에게는 이것이 적용되지 않는다. 여성에게는 어떤 경계나 한계도 없다. 그래서 시원적 아버지가 대문자 남성의 개념(한 명 한 명이 모인 모든 남자들이 아니라 대문자 '남성Man')을 구현하는 반면, 대문자 여성Woman에게는 그에 상당하는 보편 개념이 존재하지 않는다. 이것이 '여성은 존재하지 않는다.', 곧 '대문자 여성은 존재하지 않는다.'가 의미하는 바이다.

이것은 또한 "상징적 질서에 대한 여성적 저항"(TWTN : 57)이 존재함을 의미한다. 지젝은 이런 저항이 취하는 형식을 히스테리로 규정한다. 적어도 정신분석학에서 히스테리는 의문을 던지는 태도, 특히 대타자에게 의문을 갖는 태도라고 말할 수 있다. 이런 의문은 지젝의 저작에서 "무엇을 원하는가Che vuoi?"로 압축적으로 표현된다. 다시 말해 '대타자가 나에게 무엇을 원하는가?' 이런 의문을 던지는 것 자체가 질문자와 대타자, 즉 상징적 질서와의 거리를 창출한다. 그래서 이 질문은 상징적 질서의 실패를 암시하면서, 동시에 주체성의 순간을 가리키기도 한다.

상징화가 불가능한 성적 차이, "성 관계는 존재하지 않는다"

만약 우리가 상징적 질서 속에서 우리가 차지하는 위치를 받아들이고 주어진 역할을 100퍼센트 수용한다면, 우리의 어떤 부분이 실제로 주체적일까? 그에 대한 답은 우리의 어떤 부분도 그렇지 않다는 것, 우리는 완벽하게 상징계에 종속되었다는 것, 완전하게 객관적이라는 것이다. 주체로서, 주체적 존재로서 우리의 지위는, 상징계로의 온전한 통합의 실패에서 발생한다. 따라서 상징화의 실패는 엄밀히 주체성의 창조와 상관이 있다. 주체는 정확히 상징계에 대한 히스테리적 의문 '무엇을 원하는가?'로 대타자에게서 스스로를 분리시키는 우리 자신의 일부분이다.

이 이론에서 우리는 두 가지를 추론할 수 있다. 먼저, 주체의 위상은 히스테리에서 비롯된다는 것, 둘째 히스테리적 존재로서의 여성은 진정한 주체라는 것이다. 지젝이 바이닝거의 『성과 성격』의 가치를 위치시키는 지점이 바로 여기다. 『성과 성격』은 19세기 후반에 시작된 경향의 정점을 나타낸다. 즉, "(바그너, 카프카, 뭉크 등의 작품에서) 갑작스러운 히스테리적 여성 형상의 출현은 오늘날까지 남아 있는 성 관계의 붕괴

를 표시한다."(GAV : 2)

바그너의 오페라, 카프카의 소설, 뭉크의 그림에서 표현된 여성의 히스테리는 (애초에) 주체의 핵심에는 아무것도 없었다는, 정확히 상징화의 실패라고 할 '아무것도 없었다.'는 발견의 공포이다. 성차 공식에서 남성은 이 '아무것도 없음'을 메우는 것이고, 여성은 남성이 그에 맞서 제 자신을 규정하는 심연의 한계이다. 따라서 '남성'과 '여성'이라는 명칭은 상징화 실패의 두 가지 양태를 가리키는 것이다. '여성'과 '남성'은 생물학적으로 주어진 것이 아니며, 우리가 수용한 주체 위치나 역할도 아니다. 오히려 이 둘은 상징화 실패가 취하는 두 가지 형식이다.

바로 이것이 '성 관계는 존재하지 않는다.'는 말의 의미이다. 현실에서 섹스나 성교 같은 것이 없다는 뜻이 아닌 것이다. 더 근본적인 곤경으로서 그것은 성적 차이는 실재적이라는 것, 그래서 상징화가 불가능하다는 것을 의미한다. 계급투쟁이 실재적 적대의 표현인 것처럼, '남성'과 '여성'은 성적 차이의 실재를 상징적 대립으로 바꿔놓으려는 실패한 시도들이다. 따라서 두 성 사이의 차이는 단순히 서로 다른 두 상징적 위임들을 받아들이는 문제가 아니다. 이런 위임들은 그 자체로 역할(그중 어느 한쪽의 성취에 실패할 때 실재계로 내쫓기게 되는)이 아니기 때문이다. 오히려 '남성'과 '여성'이라는 지칭은 성적 차이의 실재에 대한 두 가지 실패한 상징화 방식이다.

미국의 페미니스트 주디스 버틀러Judith Butler(1956~) 역시 이 이론에 관심을 갖고 그것이 "페미니즘은 끝났다."(CHU : 6)는 의미인지 묻는다. 만약 성적 차이가 실재적이라면, 그것은 어떤 의미에서 선험적이거나 '자연적으로 주어진 것'이 아닐까? 그리고 성적 차이가 '자연적으로 주어진 것'이라면, 현재적 조건을 개선하려는 여성의 어떤 시도가 그런

노르웨이 화가 뭉크의 그림 〈절규〉
성별을 알기 어려운 사람이 정면을 향해 머리를 붙잡고 입을 벌리고 있는 이 그림에서 지젝은 "갑작스러운 히스테리적 여성 형상의 출현"을 보았고, 이것이 오늘날까지 남아 있는 성 관계의 붕괴를 표시한다고 분석했다. 그리고 이 그림에서 논란 많은 라캉의 또 다른 성차 공식 '성 관계는 존재하지 않는다.'를 풀어낼 실마리를 발견한다. 이 '여성'의 히스테리가 애초에 주체의 핵심에는 아무것도 없었다는, 정확히 상징화의 실패라고 할 '아무것도 없었다.'는 발견의 공포를 나타내고 있다는 것이다. 성적 차이는 실재적이라서 상징화가 불가능하다는 것, 바로 이것이 '성 관계는 존재하지 않는다.'는 말의 진짜 의미라는 것이다.

'사물의 원래 존재 방식'에 입각해서 성취될 수 있을까?

지젝은 이 두 질문에 대해 모두 '아니다.'라고 답한다. 이런 의문은 실재가 단지 상징계에 앞선 존재라는 식의 시간적 착각에 근거한 것이기 때문이다. 실재는 이와 반대로 상징계의 실패로 인해 생산된다. 실재는 상징화 이후에 남은 것으로, 상징화는 역사를 통해 변하기 때문에 페미니즘은 변할 수 없는 것을 변화시키고자 하는 무의미한 실천이 아니다. 지젝은 우리가 사람들을 판단할 수 있는 규준들은 미리 주어지지 않는다고 말한다. 규준은 그 자체로 존재하는 것이 아니다.

우리는 자기 규준을 강요하는 성적 차이의 실패의 증거로서, 성적 차이에 대한 현실적 규준에도 불구하고 동성애, 페티스트, 기타 도착증자들을 갖게 되는 게 아니다. 다시 말해, 성적 차이는 성욕의 우연적인 표류를 고정시키는 궁극적 참조점이 아니다. 이와 반대로, 우리가 성욕에 대한 다양한 '도착적' 형식을 갖게 되는 것은 성적 차이의 실재와 이성애적인 상징적 규범이라는 규정된 형식들 사이에 존재하는 영속적 간극 때문이다.(TTS : 273)

그래서 우리의 성욕은 성적 차이의 불가능성이라는 상징적 곤경이 접목되는 "동물적 짝짓기"(EYS : 154) — 본능과 자연 리듬의 규제를 받는 생물학적인 짝짓기 — 라는 이종 결합이다. 동물적 짝짓기와 상징화 실패, 이 둘은 성욕의 차원과의 우연한 대면을 제외하고는 결코 결합되지 않는다. 달리 말해, 우리의 성욕은 상징적 질서에 살아 있는 신체가 뒤엉킨 결과이다. 이 둘 사이에는 어떠한 완벽한 '일치'도 없다. 만약 그런 일치가 존재한다면, 상징적 질서는 현실적으로 존재하지 않을 것이다. 상징적 질서는 자기 자신의 불충분함, 완전하게 자신을 완성시킬 수 없음, 사물의 세계와 언어 세계 사이의 완벽한 일치 불가능성 자체를 통해 규정된다. '성 관계는 존재하지 않는다.'는 명제가 지시하는 것도 바로 이 상징계의 불충분함이다.

마지막으로 지젝은 '성 관계는 존재하지 않는다.'는 명제는 정확히 왜 우리가 사랑에 빠지는지를 설명해준다고 말한다. 지젝에 의하면, "사랑은 미끼나 신기루 같은 것으로, 그것의 기능은 성 관계의 구성적이고 해소 불가능한 '어긋남'을 모호하게 만드는 것이다."(GAV : 2) 이런 의미에서, 사랑은 이데올로기와 비슷하다. 그것은 '성적 차이의 이데올로기'라고 말할 수도 있을 것이다. 이데올로기의 유령이 실재 계급투쟁의 상징화 실패를 은폐하듯, 사랑은 성적 차이의 실패한 상징화를 은폐한다. 그래서 사랑은 팜므 파탈에 빠진 탐정의 사랑처럼, 최종적인 완성을 방해하는 장애물들을 제시함으로써 자신의 기만성을 드러낸다. 이런 장애물들은, 이 장애물들이 방해하는 듯 보이는 사랑의 성취가 실제로는 불가능하다는 사실, 궁극적으로 '남성'과 '여성'의 화해는 불가능하다는 사실을 모호하게 만든다.

라캉 성차 공식에 대한 극단적 오해

남성과 여성의 차이에 관한 지젝의 논의 중 상당수는 오토 바이닝거의 『성과 성격』을 참조하고 있다. 이 책에서 바이닝거는 여자는 남자가 자신의 영적인 잠재성을 실현하는 데 실패함으로써 창조된다고 말한다. 이 이론은 라캉의 성차 공식, 즉 '여성은 남자의 증상이다.' '여성은 없다.' 같은 명제와 매우 흡사하게 들린다. 하지만 바이닝거의 이론은 라캉의 공식에 대한 극단적인 오해를 대표한다.

지젝에 의하면, 라캉의 명제가 의미하는 바는 여성은 남성의 일관성을 지탱해주며, 여성의 비존재성은 실제로는 모든 주체들을 구성하는 극단적 부정성을 대리표상한다는 것이다. '남성'과 '여성'이라는 용어는 생물학적 구분이나 젠더 역할이 아니라, 두 가지 상징화 실패의 양태를 가리킨다. '성 관계는 없다.'는 명제가 의미하는 것이 바로 이 실패이다.

06

인종주의는 왜 항상 환상인가?

"너는 나에게 무엇을 원하는가?"……라는 환상

지젝은 인종주의가 '무엇을 원하는가Che vuoi?' 라는 질문에서 출발한다고 말한다. 5장에서 살펴보았듯, '무엇을 원하는가?' 는 '너는 나에게 무엇을 원하는가?' 의 줄임말이다. 이 질문은 상징적 질서 속에서 우리가 맡는 역할들이 지닌 자의적인 성격에서 생겨난다. 그런데 이 역할들의 자의성은 그것들이 현실적·실재적 특질들의 직접적 결과가 아니라는 점에서 비롯된다.

가령 내가 왕이라면 나에게는 어떠한 '왕다움' 도 본래부터 존재하지 않는다. 나는 타고난 '왕다움' 의 고유한 속성을 갖고 있지 않다. '왕다움' 의 특질들은 내가 왕가에서 태어났을 때, 내가 차지하고 있는 상징적 위치가 부여해준 것이다. 따라서 우리는 각자 자기 역할들에 일정한 거리를 두고 있는데, 왜냐하면 우리는 우리가 맡은 역할들에 완벽히 부합할 수 있다고 느끼지 않기 때문이다. 이 거리는 '무엇을 원하는가?', 즉 '왜 나는 당신이 나라고 말하는 것인가?' 라는 대타자를 향한 질문으로 표현된다. 오늘날에는 왕보다 유명인들이 이런 질문을 더 많이 던진다. 당신(팬)은 나의 명성(상징적 질서 속에서의 역할) 때문에 나를 사랑하는가, 아니면 실제의 나 그 자체를 사랑하는가?

이것이 인종주의와 무슨 상관이 있을까? 지젝에 따르면, '무엇을 원하는가?' 혹은 '당신은 내게서 실제로 무엇을 원하는가?' 라는 질문은

"가장 순수하게 증류된 형태의 인종주의인 반유대주의 안에서 가장 폭력적으로 분출한다. 반유대주의적인 관점에서 유대인은 정확히 '그가 실제로 무엇을 원하는지' 불분명한 사람이다."(SOI : 114)

지젝이 보기에 유대인은 가장 전형적인 인종주의의 희생자이다. 미국의 흑인이나 일본인 역시 이런 인종주의의 희생자일 수 있지만, 유럽에서 인종주의의 희생자라면 유대인을 가리킨다. 유대인이 의심을 받는 것은 그들이 원하는 게 무엇인지, 그들의 의도와 욕망이 무엇인지 알 수 없기 때문이다. 그래서 유대인에게 던진 '무엇을 원하는가?'라는 질문 속에 함축된 몰이해의 느낌을 일소하기 위해, 우리는 어떤 감춰진 음모에 의거하여 그들의 행위를 설명하는 시나리오를 창조한다. '그들이 실제로 원하는 것은 이것(우리의 돈을 전부 갖는 것, 세계를 장악하는 것)이다!'

'무엇을 원하는가?'에 대한 대답인 이 시나리오는 환상이다. 환상은 가시적인 답을 제공함으로써 '너는 내게서 무엇을 원하는가?'라는 질문의 공백을 채우려는 시도로 기능한다. 그것은 타자가 우리에게 무엇을 원하는지 모르는 데서 오는 혼란을 막아준다.

이 점을 분명히 하기 위해, 지젝은 유대인들이 인종주의의 대표적인 희생양이 된 이유가 유대의 신이 지닌 특수한 성격에 있다고 지적한다. 유대의 신은 불가지不可知한 존재이다. 지젝에 의하면, 신의 형상을 만들지 말라는 유대의 금기는 유대의 신이 '무엇을 원하는가?'—우리는 결코 신이 우리에게 원하는 것을 알 수 없다.—의 구현으로만 존속함을 의미한다.

가령 아브라함에게 아들을 희생시키라는 것처럼, 비록 알아들을 수 있는 명령을 내린다 할지라도 신이 실제로 원하는 것이 무엇인지는 불

16세기 영국인들의 반유대주의가 잘 드러나는 셰익스피어의 〈베니스의 상인〉
주인공인 '베니스의 상인' 안토니오는 친구의 부탁으로 고리대금업자에게 돈을 빌리는데, 이 고리대금업자가 유대인 샤일록이다. 샤일록은 돈을 못 갚으면 안토니오의 살 1파운드를 잘라 갖겠다는 조건을 내걸었다가 패소하여 재산을 몰수당하고 기독교로 강제 개종당한다.

지젝은 반유대주의가 "가장 순수하게 증류된 형태의 인종주의"라고 말한다. 지젝이 보기에 유대인은 가장 전형적인 인종주의의 희생자이다. 유대인이 의심을 받는 것은 그들이 '무엇을 원하는지' 알 수 없기 때문이다. 그래서 유대인은 '돈을 원한다.'는 시나리오를 만들어낸 것이다.

분명하다. 신의 의도는 그 명령 너머에 있다. 여기서 아브라함의 위치는 유대 전체의 위치를 대표한다. 왜 그들은 신에게 '선택된 민족'으로 지목되었을까? 그들 자체는 아무런 특별한 게 없다. 그러나 그들이 자신의 상징적 위임, 즉 신이 그들에게 부여한 역할을 받아들일 때 그들은 '선택된 민족'이 된다. 그래서 유대교를 믿는 사람의 출발점은 '무엇을 원하는가?' '신은 우리에게 무엇을 원하는가?'의 혼란스러움이다.

이런 유대교의 불안과 대조적으로 기독교는 '무엇을 원하는가?'의 불안을 진정시키는 데서 출발한다. 예수의 십자가 수난 이미지는 타자의 욕망에 대한 질문의 공백을 채우는 일종의 환상 스크린이다. 자기 아들을 희생시킴으로써 신은 예수를 믿는 자들에게 신은 그들을 사랑한다는 것, 신의 욕망은 명확하다는 것을 재확인시킨다.

내가 무엇을 욕망할지 아는 것은 환상이다

여기서 분명히 해야 할 점은 정신분석적 범주로서의 환상이란 우리의 욕망이 충족된 상상의 시나리오로 축소될 수 없다는 것이다. 욕망 자체는 충족될 수 없다. 지젝은 로버트 쉬클리Robert Scheckley(1928~)의 「세계들의 상점Store of the Worlds」을 예로 든다.

소설의 주인공 웨인은 특수한 약을 써서 사람들의 욕망을 충족시켜준다는 늙은 은둔자를 찾아간다. 약을 주기 전에 노인은 웨인에게 집에 돌아가서 어떻게 할지 잘 생각해보라고 충고한다. 웨인은 아내와 자식들 곁으로 돌아와 매일 매일의 일상생활에 몰두한다. 그는 언젠가 노인을 찾아가 자신의 내밀한 욕망을 실현하리라 다짐하지만 거의 1년이 지나고 나서야 가겠다는 결심을 한다. 바로 그때 그는 잠에서 깨어나 지금

만족스럽냐고 물어보는 노인 앞에 있음을 깨닫는다. 웨인은 그렇다고 대답하고는 핵전쟁으로 황폐해진 풍경 속으로 총총히 달려간다.

지젝에 의하면, 이 이야기의 트릭은 "우리는 이미 '사물 자체'인 것을 '사물 자체'의 지연으로 착각한다는 것, 우리는 이미 욕망의 실현인 것을 욕망의 추구로, 욕망 고유의 우유부단함으로 착각한다."(LA : 7)는 것이다. 달리 말해, 환상 속에서 실현된 욕망은 오직 충족의 지연에 의해서만, 욕망의 영속화를 통해서만 '만족된다.' 욕망이 만족되자마자 욕망은 완수되었기 때문에 사라진다.

지젝이 환상의 두 번째 특질로 지적하는 것은, 욕망의 대상은 미리 주어진 어떤 것이 아니라는 점이다. 오히려 환상이 우리에게 무엇을 욕망할지 가르쳐준다. 환상은 일차적으로 우리의 욕망을 구성한다.

> 환상은 내가 딸기 케이크를 원하지만 현실에서는 얻을 수 없을 때 그것을 먹는 것을 상상한다는 의미가 아니다. 오히려 문제는 어떻게 나는 다른 무엇보다 딸기 케이크를 원하는지 알게 되었는가? 하는 것이다. 환상은 바로 이것을 말해준다.(TPOF : 7)

딸기 케이크를 욕망하는 환상은 나 자신만의 개별적인 관심이다. 이 수준에서 환상은 지극히 특수한 나만의 것이다. 하지만 그와 동시에 이 환상에서 실현되는 욕망은 엄격히 나의 욕망이 아니다. 오히려 그것은 타자의 욕망, '무엇을 원하는가?' 라는 수수께끼를 던지는 욕망이다. 따라서 욕망의 문제는 직접적으로 내가 원하는 것의 문제가 아니라, 타자가 나에게 무엇을 원하는지, 다른 사람들에게 나는 무엇인가 하는 문제이다.

지젝은 프로이트가 딸기 케이크를 먹는 자기 딸의 환상에 대해 언급한 것을 예로 든다. 딸의 환상은 단지 딸기 케이크를 먹고 싶으며, 이를 만족시키기 위해 딸기 케이크를 먹는 장면을 꿈으로 꾸게 되었다는 소망의 충족 사례가 아니다. 여기서 상연되고 있는 욕망은 이 아이의 욕망이 아니라 타자의 욕망, 이 경우는 아이의 욕망에 스며 있는 부모의 욕망이다.

프로이트의 딸은 예전에 자신이 딸기 케이크를 맛있게 먹는 모습을 보고 부모가 매우 기뻐한 것을 본 것이다. 그래서 아이는 부모가 자기에게 원하는 게 무엇인지(부모는 자신이 딸기 케이크를 맛있게 먹는 것을 원한다.) 분명히 알게 된다. 따라서 딸기 케이크를 먹는 아이의 환상은 '무엇을 원하는가?' '부모님은 나에게 무엇을 원하는가?' 라는 의문에 답하는 방식이다. 딸기 케이크의 환상은 비록 아이의 환상이지만, 그 속에 실현

히스테리, 강박신경증, 도착증 우리는 앞 장에서 '무엇을 원하는가?' 라는 질문이 히스테리의 위치를 규정한다고 했다. 히스테리는 타자가 무엇을 원하는지 명확히 알지 못하기 때문에 자기회의의 병균에 감염되어 끊임없는 질문을 던진다.

가장 순수한 히스테리의 주체는 타자가 그/그녀에게 원하는 것은 사랑이라고 믿는다. 히스테리의 하위 범주인 강박신경증의 주체는 타자가 원하는 것은 일이라고 믿는다. 그래서 강박증자는 열광적인 활동에 몰두한다.

지젝은 종종 이런 히스테리적 반응을 도착증과 대조한다. '도착' 이란 단어는 일상적으로 접하는 성적 일탈을 연상시키지만, 라캉 정신분석학에서는 타자가 원하는 것을 주체가 명확히 알고 있다는 확실성을 가리키는 기술적 용어이다. 그래서 도착은 질문의 결여로 정의된다. 그/그녀는 타자의 욕망의 의미를 확신한다.

된 욕망은 실제로는 아이 부모의 욕망인 것이다. 더 정확히 말해, 이 아이의 욕망은 타자의 욕망을 위한(부모가 자기에게 무엇을 원하는가? 하는 의문에 답하기 위한) 욕망이라고 할 수 있다.

그래서 환상은 상호주관적이다. 즉, 환상은 주체들 간의 상호작용으로 생산된다. 환상이 아무리 개인마다 특수하다고 할지라도, 환상은 그 자체로 언제나 상호주관적 상황의 산물이다. 이는 '무엇을 원하는가?'와 환상, 그리고 욕망의 관계를 도식화해보면 더 정확해진다.

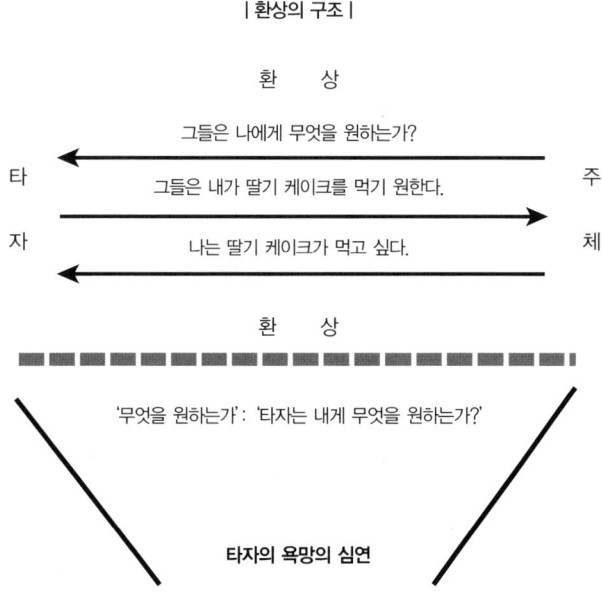

| 환상의 구조 |

이 그림에서 볼 수 있듯이, 주체는 타자의 욕망의 심연에 직면한다. 타자는 나에게 무엇을 원하는가? 이 욕망을 '만족시키기' 위해, 그리고 그 심연을 은폐하기 위해 주체는 환상을 만든다. 따라서 환상은 타자의

욕망을 실현한다. 나는 타자가 무엇을 원하는지 모른다. 하지만 부모는 내가 딸기 케이크를 먹는 걸 좋아하는 것처럼 보인다. 그래서 나는 그들의 욕망을 만족시키기 위해 딸기 케이크를 먹을 것이다.

인종주의와 관련하여 환상의 상호주관성이 의미하는 바는, 역설적으로 인종주의자는 그들에게 희생되는 자의 욕망을 상연한다는 것이다. 유대인의 욕망의 심연에 직면하여 인종주의자들은 유대인이 세계를 지배하려는 사악한 음모를 꾸미고 있다는 환상을 구성함으로써 이 심연에 의미를 부여한다. 이처럼 유대인 거주지를 없애고자 하는 인종주의자의 욕망은 실제로는 유대인의 욕망이 야기한 불안을 은폐하기 위한 수단이다.

환상, 대타자의 비일관성을 가리는 가면 지젝은 자주 환상을 상징적 질서의 비일관성을 은폐하는 것으로 보며, 대타자와 환상의 관계를 다르게 조명한다. 이를 이해하기 위해서는 왜 대타자가 비일관적인지, 왜 틈을 중심으로 구조화되는지 살펴봐야 한다.

지젝에 따르면, 신체는 의미화의 장 혹은 대타자의 영역으로 진입하면 거세된다. 이를 통해 지젝이 말하고자 한 것은, 언어라는 보편적 매체에 진입하기 위해 우리는 충만한 신체로서의 자기를 상실해야 한다는 것이다. 대타자에 복속되면, 우리는 신체에 직접적으로 접근하는 것은 포기하고 대신 언어를 매개로 한 간접적인 관계만 맺게 된다. 그래서 언어로 진입하기 전까지는 '병리적인pathological' 주체(S로 표기되는 주체)인 반면, 언어 속으로 들어가면 '빗금 쳐진' 주체($\$$로 표기되는 텅 빈 주체)가 된다. '빗금 쳐진 주체'에서 빗금 쳐지는 것은 정확히 향락의 물질적 구현으로서의 신체이다. 물질적 향락은 기표의 비물질적 질서와 양립할 수 없을 만큼 이질적이기 때문이다.

그래서 주체가 상징적 질서 속으로 들어가기 위해서는 향유 혹은 향락 jouissance 의 실재가 주체에서 비워져야 한다. 앞 장에서 살펴본 것처럼, 상징

모든 관점에는 욕망이 스며 있다!

지젝은 환상을 우리가 그것을 통해 현실을 바라보는 프레임 같은 것으로 자주 설명한다. 이 프레임은 현실에 특정한, 주관적 관점을 부여한다. 이 관점에는 욕망이 스며 있다. 다시 말해, 욕망은 언제나 '관심' 혹은 특정한 관점을 내포한다. 이를 통해 지젝이 말하고자 하는 바를 이해하려면 '왜상歪象·anamorphosis'이란 개념을 참조해야 한다.

왜상은 특정한 각도로만 지각되는 뒤틀린 이미지다. 지젝이 말한 바, 그것은 "똑바로 쳐다볼 때에는 무의미한 얼룩일 뿐이지만, 우리가 그것을 비스듬히 보는 순간 돌연 친숙한 윤곽을 드러내는 그림 속의 요소"(LA : 91)이다. 가장 자주 언급되는 왜상의 사례는 독일의 화가 한스 홀

계의 출현은 '사물의 죽음'을 수반한다. 이런 의미화 과정을 통해 모든 향락이 완전하게 비워지는, 즉 모든 향락이 의미화 과정에 의해 비워지는 것은 아니지만(그중 일부는 성감대라 불리는 곳에 존속한다.), 대부분의 향락은 상징화되지 않는다. 이것은 상징적 질서는 향락을 완전하게 점령할 수 없다는, 향락은 대타자에게서 빠져나온 것임을 의미한다.

따라서 대타자는 비일관적이다. 다시 말해 대타자는 결여, 즉 향락의 결여를 중심으로 구조화되어 있다. 이렇게 말할 수 있다면, 주체가 대타자를 받아들임으로써 거세되는 것과 마찬가지로, 대타자는 주체가 주체를 수용함으로써 거세되고 불완전해진다.

환상이 하는 일은 이 결여 혹은 불완전성을 은폐하는 것이다. 앞 장에서 살펴보았듯 대타자 속에서 '성 관계는 존재하지 않는다.' 환상 속의 성적인 시나리오가 은폐하는 것이 바로 이 성 관계의 불가능성이다. 그것은 대타자 내부의 결여, 향락의 상실을 덮는다. 이런 측면에서 환상은 주체가 자신의 향락을 조직화하는 방식이라고 말할 수 있다. 즉, 그것은 상징화될 수 없는 외상적인 향락의 상실을 처리하고 관리하는 방식이다.

바인Hans Holbein(1496~1543)의 〈대사들The Ambassadors〉이다.

표면적으로 이 그림은 헨리 3세의 저택을 찾은 두 명의 외국 대사들이 르네상스 학문과 관련된 도구들 가운데 서 있는 장면을 담은 초상화이다. 그런데 그림 하단부에 길게 늘어진 얼룩을 비스듬히 보면 돌연 그것이 해골임이 드러난다. 이 일그러진 죽음의 잔여물이 그림의 전체 의미를 바꾼다. 즉, 모든 세속적인 지식의 성과들을 더럽히며, 그것의 공허함과 무익함을 드러낸다. 이 얼룩은 그림의 나머지 영역에 속하지 않으면서, 동시에 그 나머지 부분의 의미를 완전히 바꿔놓는다. 이와 같은 방식으로 '환상'은 "돌출하여" 나와 주어진 상징적 구조로 통합될 수 없는 요소, 하지만 정확히 바로 그런 방식으로 상징적 구조의 동일성을 구성하는 요소를 가리킨다.(EYS : 89)

우리는 이 '돌출한' 요소를 잉여 지식, 응시를 오염시키는 지식, 관찰자를 주체화하여 객관적이고 중립적인 방식으로 바라보는 것을 불가능하게 만드는 지식으로 생각할 수 있다. 더 정확히, 왜상은 단지 잉여 지식의 물질화라고 말할 수도 있다. 가령 〈대사들〉에서 해골 얼룩은 우리 인간이 아무리 지적이라도 결국 죽음을 피해갈 수는 없다는 지식에 육체를 부여한 것이다. 따라서 왜상은 서스펜스suspense의 형식이다.

왜상은 그림이나 상황의 명시적 의미를 미결 상태로 만든다. 가령, 영화의 한 장면에서 어떤 인물이 전화 메시지를 들으며 느긋하게 만찬을 준비하고 있다면, 그것은 지극히 평화롭고 일상적인 장면처럼 보인다. 그러나 만약 이 장면 이전에 손에는 칼을 들고 얼굴에는 마스크를 쓴 어떤 사람이 덤불 밑으로 포복을 하며 이 집을 향해 기어오는 장면을 보여준다면, 앞에서 묘사한 장면의 의미는 완전히 바뀐다. 이제 우리는 우리의 응시를 더럽히는 잉여 지식을 갖게 된다. 스크린 위에는 아무런

'왜상'의 사례로 자주 언급되는 독일 화가 한스 홀바인의 그림 〈대사들〉

왜상이란 특정한 각도로만 지각되는 뒤틀린 이미지다. 지젝은 환상을 우리가 그것을 통해 현실을 바라보는 '프레임'으로 설명하는데, 프레임은 현실에 주관점 관점을 부여한다고 말한다. 즉, 관점에는 언제나 욕망이 스며 있다는 것이다.

홀바인의 그림은 헨리 3세의 저택을 찾은 두 명의 외국 대사를 그린 것인데, 그림 하단부에 길게 늘어진 얼룩을 '비스듬히' 보면 돌연 해골이 나타난다. 이 일그러진 죽음의 잔여물은 그림의 전체 의미를 바꿔놓는다. 이처럼 왜상은 그림의 명시적 의미를 미결 상태로 만든다. 궁극적으로 왜상이 재현하는 것은 주체성 그 자체이다. 주체성은 중립적으로 남아 있을 수 없는 것으로, 세상을 삐딱하게 바라보게 한다.

얼룩도 없지만, 집 안의 사람이 하는 모든 행동은, 그가 집 밖에서 몰래 다가오는 사람의 위험에 노출되어 있다는 우리의 앎에 의해 그 성질이 바뀐다.

궁극적으로 왜상이 재현하는 것은 주체성 그 자체이다. 주체성이란 정확히 그런 잉여 지식이기 때문이다. 그것은 중립적이고 객관적으로 남아 있을 수 없는 것으로, 세상을 삐딱하게 특정한 관점으로 바라보는 것이다. 인종주의 역시 이런 삐딱한 시선 중 하나이다.

2001년 다국적군이 아프가니스탄에 폭격을 시작한 직후, 미국의 대통령 조지 부시George W. Bush(1946~)는 텔레비전을 통해 미국 전역에 한 참전 군인의 딸이 자신에게 보낸 편지를 읽어주었다. 그 편지에서 소녀는 아빠가 싸우지 않기를 바라지만, 아빠를 보낼 수밖에 없다고 썼다. 부시는 이것이야말로 미국의 애국주의라고 말한다.

지젝은 이를 두고 약간의 사고 실험을 해보자고 한다. 똑같은 편지를 아프가니스탄의 여덟 살짜리 여자아이가 썼다면? 우리(서구인)는 그런 행동을 냉소적이고 교활한 근본주의자들의 소행으로 비난하지 않을까? 아마 그랬을 것이다. 소녀의 편지를 애국주의의 산물로 보느냐 조작의 결과로 보느냐의 차이가 우리 인식에 작용하는 잉여 지식이다. 우리가 미국의 주체라면 우리의 응시는 미국의 역사, 관습, 전통에 오염되어 있다. 그래서 아프간 소녀의 편지에 대한 우리의 해석은, 아프간은 근본주의의 중심이자 우리나라의 적이라는 우리의 '지식'에 의해 왜상적으로 뒤틀려 있다. 인종적 '타자'에 대한 우리의 이해는 언제나 우리 자신의 혈통이라는 인종적 얼룩에 종속되어 있다.

나를 지탱하는 환상, 환상 스크린

그래서 왜상은 하나의 관점으로, 현실을 틀 짓는다. 이런 의미에서 현실에 대한 왜상적 프레임인 환상과 유사하다. 알프레드 히치콕Alfred Hitchcock의 영화, 그중에서도 지젝이 즐겨 인용하는 〈이창Rear Window〉보다 이것이 더 잘 드러나는 예는 없다. 이 영화에서 제프리스(제임스 스튜어트 분)는 다리를 다친 후 휠체어에 앉아 맞은편 아파트 주민들을 관찰하며 창문 너머의 삶을 관조할 수밖에 없는 상황이다. 제프리스의 중립적 응시는 그가 우연히 살인을 목격하고, 살인자의 눈에 띄게 되는 순간 주관화된다. 제프리스는 살인자에게 강박되며, '무엇을 원하는가?'(그가 살인을 통해 원하는 것은 무엇인가?)라는 의문에 직면하게 된다. 이때 왜 살인자는 제프리스의 욕망의 대상이 된 걸까?

지젝은 이 살인자가 제프리스 자신의 욕망을 상연한다고 본다. 제프리스의 욕망은 꼬박꼬박 그의 아파트를 찾아오는, 리사 캐럴 프레몬트(그레이스 켈리 분)와의 성관계를 회피하는 데 집중되어 있다. 제프리스가 맞은편 아파트 주민들을 관찰하는 창문은 그러니까 그의 환상 프레임인 것이다. 이 프레임을 통해 제프리스는 자신과 리사 사이에 일어날 수 있는 일을 보는 것이다. 그들은 신혼부부처럼 될 수도 있고, 그가 그녀를 포기하면 그녀는 결국 외로운 예술가처럼 될 수도 있다. 어쩌면 그는 리사와의 문제를 한 번에 해소하기 위해, 아내를 죽인 살인자처럼 그녀를 죽일 수도 있다. 그래서 살인자에 대한 제프리스의 태도는 잉여 지식, 혹은 리사와의 관계라는 왜상적 얼룩에 의해 규정된다. 제프리스의 관점은 창문이라는 환상 스크린에 구현된 그의 욕망에 의해 왜곡 또는 조작되어 있다.

따라서 살인자에 대한 제프리스의 태도는 그만의 특수한 관점이다.

지젝이 왜상과 환상을 설명할 때 즐겨 인용하는 히치콕의 영화 〈이창〉
영화에서 주인공 제프리스는 다리를 다친 후 휠체어에 앉아 맞은편 아파트 주민들을 관찰한다. 그러다가 우연히 살인을 목격하고, 살인자의 눈에 띄게 된다. 제프리스는 살인자가 살인을 통해 '무엇을 원하는가?' 라는 의문에 직면한다.

지젝은 이 살인자가 주인공의 욕망을 상연한다고 본다. 주인공이 맞은편 아파트 주민들을 관찰하는 창문은 그의 환상 프레임이다. 제프리스는 여주인공과의 성관계를 회피하는데, 그가 이 프레임을 통해 목격한 살인은 자신과 애인 사이에서도 일어날 수 있는 일이다. 이처럼 나만의 특수한 환상 없이는 현실을 냉철하게 보기는커녕 현실 자체에 접근할 수 없다고 지젝은 말한다.

즉, 그것은 그 자신의 특수한 환상에 짜맞춰져 있다. 그는 결코 중립적인 관점에서 이웃의 살인 장면을 목격하지 않는다. 지젝의 말처럼, 우리 자신의 특수한 환상이 없다면 우리는 냉철하고 객관적인 현실은커녕 현실에 대한 접근 자체를 할 수 없다.

> 현실과 상상 간의 기본적 대립에서 환상은 단순히 상상의 편에 있지 않다. 오히려 환상은 우리가 현실에 접근할 수 있게 해주는 상상의 작은 조각이다. 즉 환상은 우리의 현실 접근, 우리의 '현실감각'을 보증하는 프레임이다(우리의 근원적 환상이 붕괴될 때 우리는 '현실의 상실'을 경험한다.).(TZR : 122)

그 일상적 함의에도 불구하고 환상은 단순한 공상의 나래나 상상의 방종이 아니다. 반대로 환상은 그것을 통해 우리가 세상을 보는 전망이며, 현실을 응시할 수 있게 하는 관점이다.

지젝은 가장 근원적인 환상의 관점 혹은 편향이 객관적으로 우리를 주체이게 한다고 지적한다. 상징적 질서 속에서의 역할은 누가 맡든 상관없다. 물론 나는 마을에서 가장 뛰어난 제빵사일 수 있으며, 나 자신을 없어서는 안 될 존재로 여길 수 있다. 하지만 내가 사라지고 다른 제빵사가 내 반죽을 대신 주무르고 내 빵을 굽고 내 케이크를 얼릴 수 있다. 즉, 나의 역할을 대신할 수 있다. 그럼에도 나를 없어서는 안 되는 존재, 객관적으로 유일무이한 존재로 만드는 것은 나 자신의 환상이다. 심지어 나의 객관적인 신체를 구성하고 있는 60억 개의 유전자 코드를 완벽하게 복사할 수 있다고 하더라도 내가 복제되지 않는 것은, 나를 개별자로 만드는 환상의 중핵만큼은 재생산할 수 없기 때문이다. 그래서 또 다른 제빵사가 있을 수는 있어도, 또 다른 나는 존재할 수 없다.

환상의 특이성을 설명하기 위해, 지젝은 영국의 소설가 조지 오웰 George Orwell(1903~1950)의 『1984년』과 이 작품에 대한 미국의 철학자 리처드 로티Richard Rorty(1931~)의 독해를 자주 거론한다. 잘 알려져 있듯, 소설의 절정에서 고문을 받던 주인공 윈스턴은 희생자의 공포를 최고도로 자극하는 101호실에 도착한다. 이때까지 윈스턴은 자기가 믿고 있는 모든 것과 사람들을 털어놓았지만, 단 한 가지 줄리아에 대한 사랑만은 발설하지 않았다. 그러나 이곳, 그의 얼굴로 달려드는 쥐들 앞에서 윈스턴은 완전히 무너져 줄리아를 배반한다.

"줄리아에게 하세요. 줄리아에게, 나 말고 줄리아에게! 당신이 그녀에게 무슨 짓을 하든 나는 상관 안 해요. 그녀의 얼굴을 찢어버리든, 뼈를 발라내든 상관없어요. 나에게는 말고, 제발, 줄리아에게!"

그는 쥐들을 피해 뒤로 물러서다 거대한 수렁 속으로 떨어졌다. 그는 여전히 의자에 묶여 있었지만 바닥에서, 빌딩 벽에서, 대지에서, 대양에서, 대기에서 추락하여 별들 사이의 심연으로 떨어졌다.(Orwell 1949 : 300)

여기서 윈스턴이 배신한 것은 단지 줄리아가 아니라 그 자신, 그의 근원적 환상 속에 포함된 자기 존재의 특이성이다. 로티에 의하면, "줄리아에게 하세요."는 "그의 진심에서 나온 말이 아니라, 되물릴 수도 있는 말이다."(Rorty 1989 : 179) 지젝은 로티의 분석에 동의하면서도, 로티가 상징계의 파열로 설명한 것(상징계는 문장이나 의미구성체이기 때문에)에 대해 윈스턴이 포기한 것은 실제로는 그의 근원적 환상, 상징계에서 '돌출한' 것이라고 주장한다. 이 환상이 그의 존재를 지지하고 있었기 때문에, 그것이 없어지자 그는 '별들 사이의 심연으로' 떨어지고 만 것이다. 윈스턴이 완전히 무너진 것은 그가 더 이상 자기만의 고유한 관점, 자기만의 환상 프레임을 갖지 못하기 때문이다. 그래서 그때부터 그는 사고하지 않는 존재, 빅브라더의 자동 기계로 살아간다.

환상은 각 개인의 존재를 지탱하는 것이기 때문에 매우 소중하며, 타인의 침입에 매우 민감할 수밖에 없다. 또한 환상은 주체의 영혼에서 매우 민감한 신경이자 날것의 중추이므로 세심하게 주의하지 않으면 심각한 상처를 입는다. 이에 대한 예로 지젝은 미국의 작가 퍼트리샤 하이스미스의 단편소설 「검은 집 *Black House*」을 든다.

사건은 미국의 어느 작은 마을에 한 젊은이가 이사를 오면서 시작된다. 그는 마을 선술집에 모인 지역 주민들이 언덕 위에 있는 검은 집과 관련된 유년의 모험담을 늘어놓는 것을 듣는다. 주민들 말에 따르면, 그 오래된 건물은 마법에 걸려 있거나 살인광이 살고 있는 악마적인 장소이다. 젊은이는 이를 확인하고자 다음날 저녁 직접 검은 집을 찾아간다. 하지만 그곳은 아무런 위험도, 초자연적이거나 별다른 점도 없는 그저 버려진 집이었다. 그는 술집으로 돌아와 마을 사람들에게 자신이 본 것을 말한다. 그러자 마을 사람들은 혐오감에 치를 떨고, 그중 한 사람이 공격하여 젊은이는 죽게 된다.

지젝에 따르면, 마을 사람들이 그런 반응을 보인 것은, 검은 집이 그들에게 향수 어린 욕망을 투사할 수 있는 환상 스크린으로 기능해왔기 때문이다. 그런데 젊은이는 경험론적으로 그 집은 단지 오래된 폐가일 뿐임을 입증함으로써 부주의하게도 그 환상 공간을 침범하였다. 젊은이가 목격한 무너져가는 건물을, 술집에 모인 주민들은 자기들만의 특수한 환상의 관점으로 보았으며, 외지 젊은이로서는 헤아릴 수 없는 의미를 그곳에 부여한 것이다. 그래서 사람들의 공격은 "현실 공간과 환상 공간 사이의 차이를 없애고, 주민들에게서 그들의 욕망을 표현할 수 있는 장소를 빼앗은"(LA : 9) 자에 대한 당연한 반응이었다.

오해가 사라지면 인종적 편견도 없어질까

이 환상에 대한 논의는 인종주의 문제와는 별 상관이 없는 것처럼 보이지만, 지젝은 소위 '인종적 긴장'에서 문제되는 것이 바로 환상들 사이의 갈등이라고 본다. 인종주의에 대한 표준적인 분석에 따르면, 인종주의자들은 잘못 인도되거나 무식하거나, 자신의 희생자에 대해 무지하다. 따라서 그들이 희생자들을 객관적으로 볼 수만 있다면, 그들을 알게 되기만 한다면 인종주의적 편견은 사라질 것이다.

가령 독일의 인종주의자는 터키 이주민들이 독일 경제에 끼친 엄청난 공로를 볼 수 있을 것이고, 프랑스 인종주의자는 알제리 사람들이 프랑스의 이름으로 성취한 문화적 업적을 볼 것이며, 영국의 인종주의자는 2세 혹은 3세 인도인들이 대영제국의 안녕에 중대한 공헌을 했음을 알 수 있을 것이다. 그러나 지젝에 따르면, 설사 그럴 수 있다고 하더라도 그들은 여전히 인종주의자로 남을 것이다. 왜?

인종주의의 주체는 개인들로 이뤄진 객관적 집합이 아니라 환상적 형상이기 때문이다. 가령 1930년대 나치는, 유대인들이 아리안 족을 파멸시키려는 국제적인 음모를 꾸미고 있지 않다는 합리적 설명으로 설득될 수 없다. 지젝에 따르면, 우리는 유대인들이 실제로 그런 음모를 꾸미지 않았음을 독일인들에게 제시할 수 없다. 왜냐하면 「검은 집」의 주민들처럼 독일인들은 현실에 대한 객관적 인식을 다루고 있는 게 아니기 때문이다.

오히려 그들은 환상 프레임의 관점으로 유대인들을 보고 있다. 그런데 환상 프레임 자체가 우리의 현실을 구성하는 것이기 때문에 우리는 환상 프레임과 현실적 인식을 대조할 수 없다. 그래서 실제로는 '선량한' 유대인 이웃을 둔 나치라 하더라도, 자신의 반유대주의와 착한 유대인 이웃 사이에 어떤 모순도 경험하지 않을 것이다. 아마 그 이웃이 그토록 점잖은 듯 보이는 것이야말로 그들이 얼마나 위험한 사기꾼인지를 증명하는 것이라고 주장할 것이다. 반유대주의와 모순되는 것처럼 보이는 사실이 반유대주의를 뒷받침하는 증거로 사용되는 것이다. 왜냐하면 우리는 그런 사실들을 환상의 창문으로 보기 때문이다.

이 모든 점들이 '인종주의적 환상이란 무엇인가?'라는 질문을 던지게 한다. 지젝은 인종주의에는 두 가지 기본적인 인종주의적 환상이 존재한다고 한다. 첫째 유형의 환상은 인종적 '타자'가 우리의 향락을 욕망한다고 걱정하는 것이다. '그들'은 '우리'의 향락을 훔치려고 하며, 우리만의 고유한 환상을 강탈하려고 한다. 둘째 유형의 환상은 인종적 '타자'가 어떤 낯선 향락에 도달했다는 불쾌감에서 비롯된다. '그들'이 즐기는 방식은 너무나 이질적이고 낯설다. 이 두 환상들이 공통적으로 기대고 있는 것은 '타자'가 '우리'와는 다른 방식으로 즐긴다는 것이다.

간략히, 우리의 신경을 건드리는 것, 우리가 '타자'에 대해 짜증스러워 하는 것은 그들이 자신들의 향락을 조직하는 특이한 방식이다(그들의 음식 냄새, '요란한' 노래와 춤, 이상한 예절, 일하는 태도—인종주의자의 관점에서 '타자'는 우리의 일자리를 빼앗아 가는 일벌레 아니면, 우리의 노동에 얹혀 사는 게으름뱅이다.).
(LA : 165)

달리 말해서, 환상이 향락을 조직하는 방법이라고 할 때 인종적 긴장은 환상들 간의 갈등에서 비롯된다. 그들의 특이한 환상은 우리의 환상과 충돌한다. 가령 미국의 주류 인종주의자들은 일본인들이 일하는 것을 즐기거나, 자신들이 즐기며 놀 때 일하는 것을 눈에 '거슬려 한다.' 미국의 관습으로 보면, 일본인들은 일과 놀이를 구분할 줄 모른다. 그들이 향락과 맺는 관계는 어떤 의미에서 교란되어 있거나 '정상이 아니다.' 따라서 그들은 미국적 생활 방식에 '위협'이 된다.

지젝에 의하면, 이 '위협' 혹은 적어도 위협의 느낌은 점점 증가 일로에 있다. 지난 10여 년 간 인종적 긴장과 민족주의는 눈에 띄게 증가해 왔다. 지젝은 라캉과 마르크스를 좇아 이 인종주의의 증가를 세계화 과정으로 파악한다.

'세계화globalization'란 자본주의가 전지구적으로 확장되면서 토착 자본이 다국적 기업의 이익에 따라 재편되는 과정을 가리킨다. 이 과정의 효과는 단지 경제에만 국한되지 않는다. 정작 문제가 되는 것은 토착 산

타문화에 대한 존중에서 출발하는 탈근대적 인종주의   지젝은 오늘날의 인종주의가 탈근대적 삶의 다른 부분도 그러하듯 '재귀적reflexive'이라고 주장한다. 인종주의는 흔히 생각하듯 무지의 소산이 아니다.

과거의 인종주의가 다른 인종의 본원적 열등성을 주장했다면, 오늘날의 인종주의는 다른 문화에 대한 존중에서 출발한다. 과거의 인종주의자들이 "우리 문화는 당신들 것보다 우수하다."고 말했다면, 탈근대적(재귀적) 인종주의는 "우리 문화는 당신들 문화와 다르다."고 말한다. 이에 대한 사례로 지젝은 "남아프리카 인종분리정책의 공식적 주장이, 흑인문화의 고유함은 보존되어야 하며 서구의 용광로 속에 녹아버려서는 안 된다는 것이 아닌가?" (TFA : 6)라고 묻는다.

업에 의해 지탱되던 민족 문화와 정치체제이다. 일례로 맥도날드 같은 다국적 기업이 인도 뭄바이에 진입하는 것은 단지 경제적인 사업의 일환일 뿐 아니라, 미국적 음식과 문화, 사회 구조의 침입을 의미한다. 자본주의가 점점 확장될수록 민족적 경계의 효력은 사라지고, 지역적 전통과 가치는 세계적인 표준에 따라 파괴된다.

이 동질성의 확대를 상쇄하고, 세계적인 것에 맞선 특수성의 가치를 보존하는 유일한 방법은 우리를 인도인, 영국인, 독일인으로 만드는 관점과 민족적 환상의 특수성에 더욱더 집착하는 것이다. 하지만 이렇게 세계화의 다문화적 혼합에 맞서기 위해 우리의 향락을 조직하는 방식에 더욱 집착한다면, 우리는 어쩔 수 없이 인종주의적 편집증에 굴복하는 위험을 초래하고 만다. 우리가 아무리 향락을 조직하는 방법들 간의 평등을 수립하려고 해도 "환상들은 평화롭게 공존하지 못한다."(LA : 168)

가장 대표적인 예가 중매결혼이다. 몇몇 문화에서처럼 커플의 향락이 중매결혼으로 귀결되는 형식적 선별 과정과 제한된 만남으로 조직될

> 지젝에 따르면, 여기서 나타나는 것은 냉소주의의 물신주의적 부인 '나는 모든 인종의 문화가 평등한 가치를 가진다는 걸 알아. 그럼에도 불구하고 나는 우리 문화가 우월한 것처럼 행동할 거야'이다.
> 인종주의자들이 자신의 인종주의적 행동을 해명할 때에는 항상 이 언표된 주체('나는…잘 알아')와 언표행위의 주체('그럼에도 불구하고 나는 그렇지 않은 듯이 행동한다.')의 분열이 나타난다. 흔히 인종주의자는 가난한 아이들, 동료 집단의 곤궁, 자신의 사회·경제적 환경 등을 들먹이며 이런 여건에서는 인종주의자가 될 수밖에 없다고, 자신도 환경의 희생자라고 강변한다. 이렇게 탈근대의 인종주의자들은 무지의 소명이라는 전통적인 이미지를 탈각하고 완벽하게 자신의 행위를 합리화한다.

인종주의에 희생된 흑인 여성

지젝은 묻는다. 인종주의자들은 무식하거나 무지한가? 그들이 희생자들을 객관적으로 볼 수만 있다면, 그들을 바로 알게 된다면 인종주의적 편견은 사라질까?

지젝은 답한다. 설사 그럴 수 있다 하더라도 그들은 여전히 인종주의자로 남을 것이다. 왜? 인종주의의 주체는 개인들로 구성된 객관적 집합이 아닌, 환상적 형상이기 때문이다. 그것은 합리적 설명으로 설득할 수 있는 성질의 것이 아니다. 인종주의자들은 그 자체로 우리의 현실을 구성하는 '환상 프레임'의 관점으로 세상을 바라본다.

그렇다면 인종주의적 환상이란 무엇인가? 인종주의에는 두 가지 환상이 존재하는데, 이 환상들이 공유하는 점은 '타자'가 '우리'와는 다른 방식으로 즐긴다는 것이다. 그들의 음식 냄새, 요란한 노래와 춤, 이상한 예절, 일하는 태도······.

때, 이런 중매 절차를 자유연애에 대립된 것으로 간주하는 우리 중 한 사람이 거기에 끼어들어 중매결혼을 중단시킨다면, 그것은 커플에 대한 우리 자신의 환상을 강요하는 것이 아닌가? 이것은 그들의 '즐길 권리'의 일부인가, 아니면 서구적 가치의 이름으로 그 케케묵은 향락의 조직 방식에서 그들을 해방시키는 것인가? 지젝은 여기에 걸려 있는 두 환상 간의 절충과 타협은 불가능하다고 말한다.

환상 통과하기, "언제나 이미 사회는 분열되어 있었다"

그럼 우리는 어떻게 해야 할까? 인종적 환상들 사이의 충돌을 피하는 방법은 무엇인가?

지젝은 '환상의 윤리학'을 첫째 대안으로 제시한다. 간단히 말해서, 가급적 타자의 환상 공간, 즉 각각의 개인들이 세계를 바라보는 특이한 방식을 침해하지 말자는 것이다. 이는 우리 이웃은 우리와 유사한 존재이니까 그들을 사랑해야 한다는 의미가 아니다. 또한 그/그녀의 상징적 위임 때문에, 설사 그 위임의 범위가 인간 존재 일반으로까지 확장된다 하더라도, 그 때문에 우리 이웃을 사랑해야 한다는 말도 아니다.

우리는 '타자'와 공유하고 있는 어떤 보편적 특질 때문에 그들을 존중하는 게 아니라, 그들이 우리와 공유하지 않는 것 때문에, 즉 우리와 다른 환상을 가지고 있기 때문에 그들을 존중해야 한다. 다시 말해 퍼트리샤 하이스미스의 「검은 집」에 나오는 젊은이처럼, 다른 사람들이 신비한 의미를 부여한 집이 실은 황폐한 오두막에 불과하다고 증명하는 우를 범하지 말아야 한다.

물론 궁극적으로 모든 환상이 평화롭게 공존할 수는 없으며, 인종적 환상은 특히 더 그렇기 때문에 환상의 윤리학은 과도적인 해결책일 수밖에 없다. 최근 들어 지젝은 슬로베니아에서 자신이 겪은 경험에 기반하여 인종주의에 대한 좀더 실천적인 해법을 모색하고 있다. 혁명론자로서는 참으로 놀랍게도, 지젝은 시민사회에 맞서 정부를 지지하자고 역설한다. 여기서 지젝이 말하는 '정부state'란 통치기구이며, '시민사회'란 가장 넓은 의미에서 국민이나 비정부 단체들을 가리킨다.

지젝 역시 시민사회의 순수한 합의에 근거한 국가를 열망하지만, 시민사회의 상당 부분이 인종주의적 환상에 잠식되어 있는 오늘날의 상황에서 그것은 불가능하다고 보기 때문이다. 물론 이는 시민사회가 기본적으로 우파의 영역인 슬로베니아의 상황에 기인한 것이지만, 지젝은 미국도 마찬가지라고 말한다.

> 오클라호마 연방 건물 폭파 사건 이후, 그들은 갑자기 세상 물정 모르는 수천만의 바보가 존재한다는 것을 발견했다. 시민사회는 선량하고 사회적인 운동이 아니라, 낙태에 반대하고 학교 내 종교 교육을 주장하는 보수적이고 민족주의적인 도덕 압력집단의 네트워크이다. 아래로부터 실재의 압력이 올라오고 있다.(Lovink 1996)

지젝은 정부가 서로 다른 환상들이 벌일 수 있는 최악의 충돌을 완화시키는 일종의 완충지대로 작용할 수 있다고 본다. 만약 시민사회에 무제한적인 지배를 허용한다면, 세계의 대부분은 인종주의적 폭력에 굴복하고 말 것이다. 그런 파국을 막는 것은 정부의 힘밖에 없다.

오랫동안 지젝은 환상들끼리의 충돌을 막기 위해서는 '환상을 가로지르는' 방법을 배워야 한다고 주장했다. 환상이란 단지 타자의 비일관성과 심연을 가리는 기능을 할 뿐임을 깨달아야 한다. 환상을 '횡단' 혹은 '통과' 함으로써, "우리가 해야 할 일은 어떻게 그 '너머'에 아무것도 존재하지 않는지, 어떻게 환상이 정확히 이 '무無'를 가리고 있었는지 경험하는 것이다."(SOI : 126)

그렇다면 이 주장이 인종주의에 어떻게 적용되는지 살펴볼 차례이다. 유대인, 터키인, 알제리인, 그 누가 됐든 간에 인종주의의 희생자는 타자의 공백을 체현하는 환상적 형상이다. 모든 인종주의의 기본 주장은 '만약 그들만 없었다면 삶은 더욱 완전하고, 사회는 다시 조화로워질 것' 이라는 것이다. 하지만 이런 주장은 인종주의의 희생자는 환상의 형상일 뿐이라는 것, 오직 그 속에서만 그런 조화로운 사회가 실제로 가능하리라고 믿을 수 있다는 점을 놓치고 있다. 한 마디로, 인종주의적 환상의 형상은 사회의 총체나 유기적인 상징적 질서가 스스로 제 자신을 완성시키는 것이 불가능함을 은폐하는 방식이다.

> 사회의 완전한 자기동일화에 방해가 되는 것으로 보였던 것이 실제로는 그것의 긍정적 조건이다. 사회적 유기체에 분열과 적대를 불러 일으키는 낯선 신체의 역할을 유대인에게 전가함으로써, 조화롭고 일관된 총체로서의 사회라는 환상-이미지가 가능해지는 것이다.(EYS : 90)

다시 말해 환상 형상(그나 그녀가 맡고 있는 대상 a로서의 지위나 역할)으로서의 유대인이 존재하지 않는다면, 완벽한 사회를 만들 수 있을 거라는 환영을 유지하기 위해, 그것을 창안하기라도 해야 한다. 왜? 인종주의적 환상 형상은 조화롭고 완전한 사회의 현재적 불가능성을 체현하기 때문이다.

지젝이 주장하듯, 우리는 환상을 통과하는 방법을 배울 때 인종주의적 환상 형상에 부여된 특질들이 실은 우리 자신의 체계가 만들어낸 것에 다름 '아님nothing'을 깨닫게 된다. 즉, '그들만 사라지면 삶은 더 완전하고 사회는 다시 조화로워질 것'이라고 말하는 대신, '그들이 존재하든 존재하지 않든 간에 사회는 언제나 이미 분열되어 있다.'고 말하게 될 것이다. 이렇게 환상을 통과해야만, 인종주의적 형상이 완전한 사회 구성의 실패를 체현한다는 사실을 받아들일 수 있다.

지젝이 말한 바, "(우리를) 방해하는 장애물은 또한 타자를 방해하는 장애물이기도 하다는 사실을 (우리가) 깨닫게 될 때 우리는 다른 문화를 비방하는 대신 '공동 투쟁의 연대'에 참여하게 된다."(TTS : 220)이 '공동 투쟁'이 이끌어낼 사회가 어떤 것인가는 지젝 자신도 확실하게 모른다. 다만 희망을 버리지 않을 뿐이다.

환상들 사이의 충돌이 만들어낸 인종주의

지젝이 보기에, 인종주의는 패권을 다투는 상징계들의 충돌이 아니라 환상들 간의 충돌로 생겨난다. 환상의 몇 가지 두드러진 특질들은 다음과 같다.

- 환상은 타자가 그 비일관성 속에서 실제로 나에게 무엇을 원하는지 묻는 '무엇을 원하는가Che vuoi?'라는 질문 속에 드러난, 타자의 욕망에 대한 방어로 만들어진다.
- 환상은 우리가 현실을 바라보는 프레임을 제공한다. 환상은 세계에 대한 객관적 설명은 제공하지 않으면서 어떤 관점을 전제하는 일그러진 상이다.
- 환상은 우리 속에 있는 하나의 특이한 사물이다. 그것은 현실에 대한 주관적 관점을 제공함으로써 우리를 개별적 존재로 만든다. 그렇기 때문에 환상은 타자의 침입에 극히 민감하다.
- 환상은 우리가 향락을 처리하고 관리하는 방식이다.

그리고 인종주의와 관련하여 두 개의 기본적인 환상이 존재한다.

- 인종적 '타자'는 향락에 대한 낯설고도 특권적인 접근법을 갖고 있다.
- 인종적 '타자'는 우리의 향락을 훔치려고 한다.

각각의 경우 문제가 되는 것은, 인종주의적 환상의 특수성을 보편성 속에 통합시키고자 하는 세계화에 직면하여, 자신의 향락을 조직하는 방법으로서 환상을 고수하려는 시도이다. 지젝에 따르면, 환상에는 합리적인 논증이 통하지 않기 때문에 우리는 다음의 세 전선에서 인종주의와 싸울 수 있을 따름이다.

첫째, 어디에나 있을 수 있는 다른 개인의 환상 공간을 침범하지 말아야 한다.

둘째, 시민사회의 환상에 대한 완충지대로서 정부를 계속 이용해야 한다.

셋째, 환상의 이면을 드러내기 위해, 거기에는 아무것도 없음을 폭로하기 위해서 환상을 통과하는 실천을 감행해야 한다.

지젝 이후

다른 사람들이 싫어하는 혹은 생뚱맞은

지젝은 영어권 비판 이론계에 상대적으로 늦게 등장한 사람으로, 그가 생산해낸 엄청난 분량의 저서(지금까지 스물 다섯 권을 헤아린다.)는 대체로 10년 이내에 출판됐다. 학계는 습관적으로 지젝보다 느리게 움직이기 때문에, 그의 비판이 "우리 시대 가장 위대한 사유의 하나"(TARS : viii)로 꼽히기에는 아직 시간이 부족하다. 그럼에도 지젝의 놀라운 점은 그토록 짧은 기간에 그렇게 놀라운 충격을 불러 일으켰다는 점이다. 이 충격의 본질을 이루는 것이 명백히 지젝의 호소력에 방해가 되는 요소, 즉 그의 라캉주의라는 점을 감안한다면 그 충격은 더욱 놀랍다.

지젝의 통찰이 지닌 탁월함은 라캉적 패러다임에 기대면서도 그것을 헤겔과 마르크스에 공명시켜 녹여냈다는 점이다. 확실히 탈구조주의가 지배적인 시대에 헤겔과 마르크스에 집착하는 것은 더없이 어색한 일이기 때문에 지젝의 라캉 옹호는 솔직히 당혹스럽다. 이렇게 단언하는 게 이상하게 보이겠지만, 지젝의 라캉주의적 입장이 지닌 곤란함은 다음 두 가지 점에서 비롯된다.

먼저, 지젝에 의하면 현대 이론의 장은 라캉의 배제를 중심으로 구조화되어 있다. 라캉은 학술적 이론의 증환sinthome이라고까지 말해진다. 라캉은 그렇지 않으면 분리되어 있었을 이론가들을 한데 묶는 잉여이다. 해체주의자들은 그를 싫어한다. 푸코 지지자들도 그를 싫어한다. 페

"현대 이론의 장은 라캉의 배제를 중심으로 구조화되어 있다"
라캉은 학술적 이론의 '증환'이며, 그렇지 않았으면 분리되었을 이론가들을 한데 묶는 '잉여'이다. 해체주의자, 푸코 지지자, 페미니스트…… 어느 누구도 라캉을 좋아하지 않는다. 바로 이 점에서 그들은 의견을 같이한다. 지젝처럼 본인을 라캉주의자라고 선언한 사람의 삶이 힘겨울 수밖에 없는 이유가 여기에 있다.
그런데 지젝이 통찰이 지닌 탁월함은 라캉적 패러다임에 기대면서도, 그것을 헤겔과 마르크스에 공명시켜 녹여낸 점이다.

미니스트들도 라캉을 좋아하지 않는다. 아무도 그를 좋아하지 않는다. 그들의 내적인 차이에도 불구하고 그 이론가들은 바로 이 지점에서 의견을 같이한다. 따라서, 지젝처럼 스스로 라캉주의자라고 선언하는 사람들의 삶은 힘겹다.

학계는 그 자체로 '이데올로기적 국가장치'이며, 그 모든 지향들은 단순히 이론적 지향이 아니라는 것, 거기서 문제되는 것은 수천 개의 직급과 부문별 정치라는 것을 잊지 말자. 라캉주의자들은 거기에서 배제되어 있다. 다시 말해, 우리는 하나의 영역이 아니다. 알다시피 데리다는 그 자신의 제국을 가지고 있고, 하버마스주의자들도 그들만의 —10여 개 부문들이 결합되어 있는— 영토를 가지고 있다. 그러나 라캉주의자들은 그렇지 않다. 그들은 여기 저기에 개별적으로 존재할 뿐이며, 대부분 주변부의 위치에 있다.(Hanlon 2001 : 12-13)

데리다와 라캉이 1970년대에 서로 견해 차이를 드러냈다는 것은 유명한 사실이고, 그들을 지지하는 이들 역시 그 이후로 일정하게 긴장 관계에 있다. 지젝이 보기에, 데리다주의자와 하버마스주의자들은 이론의 영역에서 주류의 위치를 점하고 있는 데 반해, 라캉주의자들은 얼마간 주변화되어 있다. 물론 이에 동의하지 않는 사람도 있을 것이다. 어쩌면 지젝이 초반에 라캉의 이론을 드러냈다는 이유로 얼마간 고생을 했고, 그것이 그를 이 점에서 정치적으로 민감하게 만들었을 것이라고 생각할 수도 있다.

둘째, 지젝의 라캉주의적 입장이 지닌 곤란함은 라캉의 저작이 그 자체로도 그렇고 독자가 이해하기에 너무나 어렵다는 점이다. 라캉 저서

1970년대 라캉과 견해 차이를 드러낸 데리다

데리다주의자는 이론의 영역에서 주류의 위치를 점하고 있는 반면, 라캉주의자들은 얼마간 주변화되어 있다는 것이 지젝의 생각이다. 데리다의 작업이 시간의 비동일성에 대한 광범위한 분석이라면, 지젝의 작업은 자기동일성의 결여를 분석한다고 할 수 있다. 둘 다 전체의 보전을 방해하며 거기에서 돌출해 나온 요소가 존재한다.

그러나 지젝은 데리다의 해체주의와 라캉 정신분석학을 중재하려는 모든 시도는 "궁극적으로 실패한다."며 둘 사이의 화해 가능성을 부정한다. 다만 낙관적으로 "프로이트주의자답게 둘의 관계가 지닌 문제적 특성을 더 세밀하게 바라본다면" 예상치 못한 결합점들이 나타날 수도 있다고 한 발 뒤로 물러선다.

의 출판 역사는 논쟁으로 점철된 역사로, 대부분 라캉의 사위 주변에 있던 젊은 엘리트 라캉주의자들이 주도했다. 그러는 동안 별다른 의심 없이 받아들여진 것들이 나중에는 라캉 초기 이론의 일부일 뿐이라고 규정되었고, 지젝 역시 자신의 저작에서 내내 이를 비판했다. 그러면서 지젝은 대부분의 영어권 지역에서 실질적인 라캉 대리자로 기능해왔다. 지젝의 라캉 해석은 그의 애독자들에게 대체로 라캉 본인의 이론으로 받아들여졌다. 라캉이 학술적 이론의 증환이라면, 지젝은 그것에 붙여진 이름이었던 것이다.

이 부담스러운 위치에도 불구하고, 지젝을 지켜주는 한 가지 강점은 그가 자기만의 라캉 해석을 수립했다는 것이다. 이 책에서 보여준 라캉 역시 대체로 지젝의 것이다. 지젝 이전의 라캉 정신분석학은 주로 상상계를, 몇몇 경우에는 상징계를 주목해왔다. 그러나 지젝 이후 우리의 관심은 이 두 계와 실재계의 상호작용에 모아졌다. 이것은 주체의 위상을 변경시켰다는 점에서 중요하다.

더 이상 주체는 이를테면 데리다 아류들의 회전목마 위에서 자동적으로 오르락내리락하는 기표들에 매달린 탈구조주의적 상투어가 아니다. 그러면서도 우리는 순종적인 세계에 지배력을 행사하는(얼마간은 그 세계의 작용력을 빠져나가는 부분이 남지만) 형이상학적인 주체로 되돌아갈 필요도 없다. 실재계·상징계·상상계 사이의 상호작용은 언어 안에서, 그리고 언어 너머에서 구성되는 주체, 상징계에 포획되는 동시에 거기에서 독립된 주체를 허용한다.

지젝은 지극히 정교하게 우리의 주체 관념으로 되돌아간다. 우리는 이데올로기 안에 있는 동시에 밖에 있으며, 성차性差·gender의 운명을 타고났지만 동시에 그것을 바꿀 수 있고, 인종주의적 환상에 사로잡혀 있는 동시에 그것을 통과할 수 있다. 우리는 그 자체로 체계의 일부이지만 동시에 체계 그 이상이다.

데리다와 라캉을 중재하려는 시도는 실패한다!

지젝의 실재계 해석은 그의 독창적인 헤겔 독해와 밀접히 연결되어 있다. 다시 말하면, 이 책에서 설명된 헤겔은 상당 부분 지젝의 헤겔이다. 이것이 의심스러우면 지젝, 에르네스토 라클라우, 주디스 버틀러의 최근 저작 『우연성, 헤게모니, 보편성Contingency, Hegemony, Universality』을 읽어보라. 이 책은 부분적으로 헤겔의 유산을 논하고 있다. 대다수 비평가들에게 헤겔은 변증법적 종합의 철학자, 전체가 그것을 구성하는 부분보다 우선하는 전체주의적 논리의 정통 형이상학자이다. 개별적인 가치를 무시한 것의 반대 급부로 보편적인 예외의 성취 가능성조차 부정하고 오직 특수한 것만을 평가하는 오늘날, 헤겔은 분명 구시대 철학자로 보인다. 지젝은 그런 주장들에 존재하는 전체성(전체에 대한 개념)과 전체주의(전체의 무제한적 지배) 사이의 혼돈을 혐오한다. 그의 헤겔은 관습적으로 묘사된 헤겔보다 훨씬 더 섬세하다.

특히 지젝은 헤겔의 '구체적 보편성concrete universality' 개념을 발전시킨다. 5장에서 설명한 것처럼, 이 개념은 '언제나 자신의 종種들 가운데 하나인 유類'라는 문구로 요약된다. 이것이 의미하는 바는, 특수한 위치의 확정은 언제나 보편적 위치의 확정을 수반한다는 것이다. 가령 종교를 말할 때 우리는 종교의 보편 개념 혹은 종교의 유가 존재하며, 그 속에 기독교·유대교·이슬람 같은 다양한 종교의 종들 혹은 특수한 이형태들이 존재한다고 생각한다. 하지만 지젝은 종교의 각 종들은 유

혹은 보편 개념으로서의 종교에 대한 일반적 정의를 미리 전제한다고 말한다.

기독교는 단순히 유대교나 이슬람과 다른 것이 아니다. 기독교의 지평 속에는 그것과 다른 두 '성서의 종교들'을 구별시켜주는 차이 자체가 다른 두 종교에서는 받아들여질 수 없는 것으로 나타난다. 달리 말해, 기독교인이 이슬람인과 논쟁할 때 기독교인들은 단순히 이슬람교도들에 동의하지 않는 게 아니다. 그들은 그들의 동의하지 않음 자체, 종교들 간의 차이를 만드는 것 자체에 동의하지 않는다.(CHU : 315)

지젝은 정치적 좌파와 우파의 차이도 비슷하게 말한다. 그들은 단지 특정한 정치적 쟁점이 아니라, 정치의 장 전체에 대해 의견 차이를 보인다. 이 점 때문에 지젝은 토니 블레어와 빌 클린턴 같은 정치적 좌파 지도자들이 주창해온 '중도' 혹은 '제3의 길'이 실제로는 정치의 종말을 나타낸다고 주장한다. '제3의 길'은 우파의 제1원리인 자본주의의 필요성을 좌파가 수락한 것과 다름없다. 그것은 좌파와 우파를 중재하는 중립적인 정치 형태가 아니라, 지젝이 말한 바 오로지 우파의 정치학이다.

헤겔의 구체적 보편성 개념에서 얻을 수 있는 정치학은, 각각의 특수한 입장은 정치에 대한 자기 자신의 보편적 형식을 전제하기 때문에, 다양한 입장들을 중재하는 중립적인 중도란 존재할 수 없다는 것이다. 또한 철학적 차원에서 지젝의 헤겔은 그의 비판자들이 주장하듯 전체주의적 논리의 주창자가 아니다. 지젝의 헤겔에 따르면, 전체성은 언제나 자기 내부에서 갈라지고 분열되기 때문이다. 전체성의 각 부분 또는 각각의 특수성은 보편성을 변형시키며 전체성의 성격 자체를 바꾼다.

보편자에 대한 헤겔식 개념의 고유한 역설에 의하면, 보편은 다수의 특수한 내용들의 중립적 프레임이 아니라, 원래부터 특수한 자기 내용들의 분열 혹은 분할이다. 보편은 언제나 다른 모든 내용들을 단순한 특수자로 배제하면서 직접적으로 보편을 체현하는 어떤 특수한 내용의 형태로 자기 자신을 확정한다.(TTS : 101)

따라서 전체성은 항상 잔여를 남긴다. 언제나 '돌출한' 어떤 요소, 보편성을 규정하지만 자기 역시 보편의 일부인 특수자가 존재한다. 종교로 놓고 보면, 만약 본인이 기독교인이라면 기독교가 돌출하여 나온 요소이며, 무슬림이라면 이슬람이 종교의 전체성에서 돌출하여 나온 요소이다.

다른 비평가들에게는 도대체 헤겔과 무관할 것 같은 이런 방식의 독해가, 사상가로서 지젝이 이룬 가장 큰 성과이다. 앞에서 언급한 것처럼 이 성과는 모순어법적인 사유 스타일을 중심으로 전개된다. 지젝은 이런 사유 스타일을 자신의 모든 제재에 적용한다. 이와 관련하여 가장 주목할 만한 것은 주체 자체의 문제로, 지젝에 따르면 주체는 자기 자신에게 이질적인 한에서만 제 자신을 구성한다. 주체의 진실은 언제나 자기 외부, 즉 대상 속에 있다. 그것은 보편성에서 돌출하여 나온 요소이다. 이로써 지젝은 수세기 동안 서로 대립되어오던 주체와 대상 개념을 완전히 바꾼다. 그렇게 함으로써 그는 오늘날 비판적 사유가 직면한 가장 중요한 문제들에 대해 인상적으로 기여했다.

가령 최근 벌어진 가장 치열한 논쟁 중 하나로, 우리가 할 수 있는 것은 오직 우리 자신의 가치에 따라 과거를 재해석하는 것뿐이라고 할 때 '현재를 사는 우리는 과거를 알 수 있는가 그렇지 못한가?' 하는 문제를 보자. 여기에 지젝의 헤겔 독해를 적용하면, 우리 자신의 주체성은 불완전하기 때문에, 우리가 과거를 완전히 주체화하는 것은 불가능하다. 우리의 주체성이 객관 세계와의 관계 속에서 규정된다는 것은, 주체가 대상을 '정복'하거나 완전히 주체화할 수 없음을 의미하기 때문이다.

마찬가지로 주체는 객관적 역사의 힘에 종속되어 있다고, 다시 말해 대상이 주체를 '정복'한다고 주장하는 사람들은, 관계들 역시 다른 방식으로 작동한다는 사실을 놓친다. 대상이 대상의 지위를 갖는 것은 그것이 대상을 구별짓는 주체에 의존하는 한에서이다. 다시 말해서, 과거의 대상은 주체가 지닌 대상의 동일성에 의존하는 그만큼 주체의 동일성에 의존한다. 과거의 대상은 현재의 주체가 과거의 대상을 정복하는 꼭 그만큼 현재의 주체를 침범한다. 즉, 순수한 객관성이 존재하지 않는 만큼 순수한 주관성도 존재하지 않는다.

내가 보기에 이런 접근법은 역사에 대한 데리다의 글과 많은 점에서 일치한다. 데리다의 모든 저작은 시간의 비非자기동일성을 해명하는 데 초점이 맞춰져 있다. 데리다에 따르면, 주체의 경험은 결코 자기 자신과 동시 발생적이지 않다. 그것은 언제나 자기분열적, 혹은 자기분할적이다. 이는 주체가 자신의 경험을 제 자신에게 재현하는 방식인 언어에 관한 이론에서 가장 잘 드러난다.

라캉과 마찬가지로 데리다는 소쉬르의 작업에 기반하여 자신의 언어이론을 전개한다. 데리다에 의하면, 기표의 의미 혹은 의도는 언제나 지연된다. 다른 기표를 참조하지 않고서는 우리는 하나의 기표가 무엇을 의미하는지 알 수 없다. 그래서 기표의 전체성은 반드시 어떤 잔여(다른 기표의 잔여)를 남긴다고 말할 수 있다. 이렇게 해서 어떤 기표도 자기 자신과의 동일성을 발견할 수 없다. 기표는 결코 완전한 실체가 아니기 때문이다. 언제나 다른 기표가 원래 기표의 전체에서 '돌출하여' 그것에 의미를 부여하는 무한한 과정이 이어지는 것이다.

데리다의 작업이 시간의 비동일성에 대한 광범위한 분석으로 특징지어진다면, 지젝의 작업은 자기동일성의 결여에 대한 분석으로 규정된다. 두 사람은 균형의 결여, 혹은 전체성의 구성적 '탈구脫臼'를 다룬다. 이 둘에 따르면, 전체의 보전을 방해하며 거기에서 '돌출하여' 나온 요소가 항상 존재한다. 그러나 가장 철저한 비판적 견지에서 지젝은 데리다의 해체주의와 라캉 정신분석학을 "중재하려는 모든 시도는 궁극적으로 실패한다."(Hanlon 2001)며 둘 사이의 화해 가능성을 부정한다. 하지만 이 두 사유 학파를 좀더 낙관적으로 분석할 때에는, "우리가 큰 대립점들은 차치하고, 프로이트주의자답게 그 둘의 관계가 지닌 문제적인 특성을 더 세밀하게 살펴본다면, 일련의 예상치 못했던 결합점들이 나타날 것"(TMOE : 193)이라고 주장한다.

이 두 번째 주장에 동의하는 몇몇 이론가들이 있는데, 대표적인 인물이 앞에서도 언급한 아르헨티나 철학자 라클라우이다. 라클라우는 데리다의 해체주의와 지젝의 라캉 정신분석학을 사회에 대한 정치적('포스트 마르크스주의적') 분석이라는 프레임 속에 던져넣고, 거기서 생기는 생산적 긴장을 검토한다. 이런 협력 작업이 낳은 매력적인 결과는, 이론적 공동체가 더 이상 '자크'의 이름 때문에 분열되지 않고, 지젝의 작업이 현재보다 훨씬 더 넓은 지반을 갖게 될 날을 예고한다.

궁극적 지향점은 정치혁명의 희망

지젝이 헤겔의 변증법을 부분들이 전체와 상호작용하는 것으로 보는 우리의 관점을 바꾸었다면, 그것은 독일 관념론의 전통 전체를 재조명하려는 지젝의 더 큰 기획의 일환이다. 지젝은 칸트와 셸링을 비판 이론의 최전선에 위치시킨다. 이것은 자신의 뿌리를 재조사하는 비판 이론의 최근 경향 중 하나로, 한편으로는 그 연속성을 확인하기 위해서, 다른 한편으로는 서로 다른 지향들 간의 계통적 연관을 발견하기 위한 시도이다.

이와 관련하여 지젝의 가장 중요한 성과는, 관념론이 유물론과 마르크스주의의 토대를 제공하는 방법을 수립한 것이다. 예를 들어, 지젝은 관념론의 정수라 할 기독교 속에서 마르크스주의적 정치혁명의 모델을 찾는다. 이것(정치적 혁명의 희망)이야말로 지젝이 궁극적으로 지향하는 바이다. 지젝은 분명 자신의 관념 자체를 즐기고 있지만, 거기에는 항상 어떤 목적이 있다. 마르크스주의가 그것이다.

정신분석학과 마르크스주의는 둘 다 상대적으로 역사는 짧지만, 협력의 전통은 길다. 이 전통은 1920년대 후반부터 시작되었다. 오스트리아 출신의 미국 정신분석학자이자 오르곤 발명가인 빌헬름 라이히 Wilhelm Reich(1897~1957)는 정치적 행동을 분석하기 위해 프로이트와 마르크스를 독특하게 종합하였으며, 이런 종합은 1960년대 들어 독일계 미국 철학자 허버트 마르쿠제 Herbert Marcuse(1898~1979)의 작업으로 대중적 절정에 이르렀다.

지젝의 마르크스 라캉 융합은 프레드릭 제임슨의 작업과 함께 지금까지 나온 연구 중 가장 정교한 이론적 결합을 보여주고 있다. 제임슨에 따르면, 이전의 마르크스주의와 정신분석학의 결합은 "오늘날에는 낡은 것처럼 보이는데"(Jameson 1988a : 80) 반해, 지젝이 이 전통에 끼친 공로는 훨씬 더 지속력이 있어 보인다. 왜냐하면 지젝은 하나를 다른 것의

독일계 미국 철학자 마르쿠제가 1972년 프랑크푸르트 오퍼른 광장에서 연설하는 모습
정신분석학과 마르크스주의의 협력 전통은 1960년대 마르쿠제의 작업으로 대중적 절정에 이르렀다. 지젝의 마르크스 라캉 융합은 지금까지 나온 연구 중 가장 정교한 이론적 결합을 보여준다. 프레드릭 제임슨은 이전의 마르크스주의와 정신분석학 결합은 "낡아 보였는데", 지젝의 연구는 그렇지 않다고 했다.
지젝은 마르크스주의와 정신분석학은 둘 다 물질 세계를 변화시키는 것을 목적으로 한다고 말한다. 마르크스주의는 사회를, 정신분석학은 환자 상태를 개선시키고자 한다. 즉, 실천적 의지를 토대로 삼고 있다는 것이다.

'여분의 볼트'로 다루지 않고 두 분야를 동일한 무게로 결합하기 때문이다.

또한 지젝은 마르크스주의와 정신분석학 사이의 방법론적 유사성에 대한 이해를 증진시킨다. 지젝이 주장하듯이, 두 분야의 토대는 물질적 세계를 변화시키기 위한 이론을 공식화하려는 데 있다. 마르크스주의는 사회를 개선시키고자 하며, 정신분석학은 환자의 상태를 개선시키고자 한다. 달리 말해, 두 분야는 물리학이 대상을 취급하는 방법으로 자기 대상(사회와 무의식)을 연구하는 이론이 아니다. 마르크스주의와 정신분석학은 자기 대상을 변형시키는 것을 목적으로 한다. 두 분야의 근저에는 실천적 의지가 있다. 지젝은 다른 어떤 이론가들보다 정치적 라캉을 발굴하여 자신의 사고를 혁명적 정치학에 결합시키고자 노력한다.

이런 견지에서 지젝이 마르크스주의에 선사한 가장 두드러진 공헌은, 마르크스주의에 적절한 주체 모델을 제공하고, 그것을 전통 마르크스주의의 개념인 이데올로기·역사·전체성과 연관시킨 데 있다. 이 지점에서 특히 라캉 정신분석학의 독해가 가치를 발한다. 왜냐하면 라캉 정신분석학은 사람들의 내면의식과 감정을 다루는 심리학이 아니라, 무의식이 언제나 외부, 즉 의례와 실천들 속에 물질화되어 있다는 이론이기 때문이다. 달리 말해, 지젝의 정신분석학은 정치적인 것과 개인적인 것을 매개하는 사회를 가장 유효한 분석 대상으로 삼음으로써 마르크스주의와 동일한 출발점을 갖는다.

지젝은 또한 현대 마르크스주의에 활력을 불어넣는 데 헤겔 철학을 이용해왔다. 마르크스가 '물구나무선 헤겔'로서 헤겔의 관념론을 자신의 유물론으로 대체했던 것을 생각하면, 지젝의 헤겔주의는 퇴행적인 것처럼 보인다. 하지만 지젝이 이용하는 헤겔은, 프랑스의 사회학자 미셸 푸코Michel Foucault(1926~1984)가 제기하고 대부분의 좌파 이론가들이 호응한 정치 관념에 대비된다.

지젝에 따르면, 푸코는 국가권력을 사회에 포함될 자와 배제될 자를 선별하는 강제의 작인으로 본다. 이 모델에 따르면, 국가권력은 사회의 중심에서 작동하는 데 반해, 국가권력에 대한 저항은 고유한 사회적 정체성을 결여한 자들에 의해 사회의 주변부에서 헛되어 이뤄진다. 그래서 권력투쟁은 중심화된 국가권력과 그에 저항하는 주변인들의 전쟁으로 인식된다. 그러나 아이러니하게도 푸코는 그런 주변부의 저항은 실제로는 권력의 중심 자체에서 발생하며, 따라서 그것은 미리 조정된 것이라고 주장한다.

지젝에 의하면, 그런 정치 모델은 국가권력이 그 자체로 분열되어 있다는 사실을 망각한다. 국가 장치는 보편적이거나 등질적인 실체가 아니라, "그것들의 어두운 분신, 공식적으로는 부인된 의례들의 네트워크, 불문의 규칙·제도·실천들에 의해 보충된다."(CHU : 313) 달리 말해, 국가권력에 의해 '공식적으로' 주변화된 것은 이미 정치의 어두운 곳에서 국가권력을 지탱하는 권력의 구성 요소이다.

지젝은 영화 〈어 퓨 굿 맨A Few Good Men〉에서 그 예를 찾는다. 동료 군인을 살해한 두 미군 병사의 재판 과정을 다룬 이 영화에서 중심 이슈는 '코드 레드Code Red'의 존재 여부이다. '코드 레드'란 상급자가 병영의 '윤리적' 관습을 어긴 병사에게 행하는 불법적인 징벌을 묵인하는 공인된 위반 행위를 가리킨다. 이 '코드 레드'에서 흥미로운 점은 그것이 반드시 알려지지 말아야 한다는 것이다. 공식적으로 그것은 존재하지 않는다. 왜냐하면 그것은 공식적인 법을 위반하는 것이기 때문이다. 하지만 그와 동시에 이 불문의 법에 복종하는 것이 병영의 일원으로 인정받는 가장 확실한 방법이다.

지젝은 이것이 모든 권력의 구조라고 본다. 한편으로는 공식적인 명문법, 즉 상징계의 규칙이 있고, 다른 한편에는 외설적인 초자아의 법이 있는데, 이 초자아의 불문법은 자신의 위반적 성격을 통해 향락으로 법의 의미를 지탱한다.

> 그런 코드는 밤의 장막 속에 알려지지 않은 채 말해질 수 없는 것으로 남아 있다. ─공식적으로, 모든 사람은 그것에 대해 아무것도 모르는 체하며, 실제로도 그것의 존재를 부인한다. 그것은 개인들로 하여금 집단 정체성의 명령에 따르게끔 강력한 압박을 가함으로써 가장 순수한 형태의 공동체 '정신'을 보여준다. 하지만 그와 동시에 그것은 공동체 생활의 명시적 규칙을 위반한다.(TMOE : 54)

지젝에 의하면, 이와 같은 권력 분석은 보편성의 쐐기지만 보편성에서 제외된 예외를 확인시킨다는 점에서 헤겔적이다. 이 경우 그것은 법을 지탱하는 위반 행위다. 저항을 자기 안에 병합하는 등질적인 총체로 보는 푸코의 권력 모델과 달리, 지젝은 헤겔의 총체성 개념을 적용하여 권력이란 결코 통합되지 않는 과잉에 의해 항상 교란된다고 주장한다. 만약 그렇다면, 주변화된 집단은 어떻게 권력의 불평등한 적용에 대응할 수 있을까?

한 가지 방안은 사회가 명시적으로 주변화된 집단에게 관용을 베푸는 것이다. 오늘날 대부분의 서구 국가에서는 인종적, 성적 소수 집단의 합법화를 통해 이것을 실천하고자 한다. 그러나 지젝이 주장하듯이, 그런 접근은 너무나 구체적이라는 바로 그 점 때문에 필히 거기에서 혜택을 받은 사람들의 좌절을 초래한다. 정확한 곤경에 대한 특정한 입법은 그렇게 교정된 잘못이 보편적 불만으로 고양될 가능성 자체를 차단한다. 그래서 합법화된 주체들은 부인당했던 상징적 총체에 진입했다고 느낀다.

또 다른 해결책은 권력 기제를 떠받치는 불문의 법과 명문화된 법 사이의 분열을 이용하는 것이다. 지젝이 보기에 가장 전복적인 전략은 명문화된 법에 전적으로 복종하는 것이다. 곧이곧대로 법을 따름으로써, '코드 레드'처럼 공동체 정신을 구현하며 상징계의 권력을 지탱하는 초자아의 불법 행위에 몰두하는 것을 불가능하게 만드는 것이다. 지젝은 그 예로 체코의 소설가 하셰크 Jaroslav Hašek(1883~1923)의 『착한 병사 슈바이크 Good soldier Schweik』를 든다. "이 소설의 주인공은 상관의 명령을 지나치게 열심히, 너무나 곧이곧대로 시행함으로써 총체적인 파국을 야기한다."(TPOF : 22)

지젝은 정녕 '좌파의 가면을 쓴 우파'인가

지젝이 출간한 책의 양이나 그가 다루고 있는 주제의 범위를 고려했을 때, 그의 생각이 일정 정도 비판을 받는 것은 당연한 일이다. 여기서 주목할 점은 이런 비판의 상당 부분이 공인된 마르크스주의의 단골 구매자라고 할 수 있는 정치적 좌파에게서 나온다는 점이다. 그러나 앞서 지적했듯이 마르크스주의 전통은 동질적이지 않으며, 이데올로기의 작동 방식이나 심지어 마르크스 저작의 전반적인 가치를 둘러싸고 다양하게 분화되어왔다. 정치철학에 대한 지젝의 독특하고 중요한 해석은 이와 같은 이슈들을 포함하고 있으며, 그 때문에 다른 좌파들에게 공격을 받는 것이다.

영국 철학자 피터 듀스Peter Dews(1952~)도 그중 한 사람이다. 가장 주목할 만한 지젝 비판자 중 한 명인 듀스는 체계적으로 지젝 이론의 두 기둥, 즉 헤겔과 라캉을 무너뜨린다. 듀스에 따르면, 지젝의 작업은 정확히 헤겔의 것도 아니고 라캉의 것도 아니다. 그 두 사람을 오독하는 가운데 지젝은 좌파의 가면을 쓴 우파의 정치학에 도달한다. 듀스는 이런 오류의 결과가 지젝의 근대적 주체 분석과 그 자신의 삶에서 모두 발견된다고 주장한다.

> 그는 근대적 개인을 시민사회의 구성원으로서 갖는 보편적 지위와 인종, 국가, 전통에 대한 특수한 애착의 이분법에 사로잡혀 있는 존재로 본다. 이런 이중성은 그(지젝) 자신의 모호한 정치적 태도, 즉 국제 무대에서는 마르크스주의적 문화비평가로서, 국내에서는 신자유주의적이고 민족주의적인 정부의 일원으로서 갖는 면모 속에 반영된다.(Dews 1995 : 252)

마르크스주의 전통에서 '민족주의자'라는 말은 넓은 의미로 '우파'를 가리키는 모욕적인 언사이다. 그러나 이 책 1장에서 밝혔듯이, 지젝이 비마르크스주의적인 슬로베니아 자유주의 정당을 지지한 것은 민족주의자들이 권력을 장악하는 것을 막기 위해서였다. 당시로서는 자유민주당을 지지하는 것이 가장 전략적인 방편이었던 것이다. 따라서 듀스의 비난은 얼마간 오도된 것이다. 지젝이 밝힌 것처럼, "슬로베니아에서 민족주의자들은 내 편일 수 없다."(Hanlon 2001 : 7)

오도된 관점에 따라 비난받는 것도 불쾌한 일이지만, 더 나쁜 것은 아무것도 아닌 것이라고 판정받는 일이다. 불행히도 지젝을 헐뜯는 상당수의 사람들이 이런 평가 방식을 취하고 있다. 지젝에 대한 가장 폭넓은 비난 중 하나는 그 비판의 정확한 정체를 알 수 없다는 것이다. 좌파 페미니스트로 유명한 테레사 에버트Teresa Ebert, 프린스턴 대학 영문학 박사과정에 있는 데니스 히간테Denise Gigante 같은 좌파 이론가들은 지젝이 초월적인 위치를 점함으로써 자기만의 특징적인 관점을 제시하지 못했다고 비난한다. 그들의 주장에 따르면, 지젝의 정치학은 딱히 뭐라고 고정시키기가 불가능하다. 히간테는 이렇게 말한다.

> 어떤 개념적 내용을 가장하는 위치를 점하고 있는 다른 문학 이론가들과 지젝이 단절되는 지점, 즉 지젝을 특이하게 만드는 지점은 그는 근본적으로 아무 위치도 점하지 않는다는 것이다.(Gigante 1998 : 153)

이 비판은 지젝이 자신의 책에서 호되게 비판한 냉소주의적 태도를 지젝 자신이 취하고 있다는 의미를 담고 있다. 거칠게 말해서, 그는 자신을 둘러싼 세계가 끔찍한 상태라는 것을 알지만, 그럼에도 그 세계를 바꾸는 길로 나아가지는 못한다는 것이다. 셰필드 대학 정신치료연구센터 소속 숀 호머Sean Homer의 비판이 전형적인 예이다.

> 인종주의 · 민족주의 · 반유대주의 같은 이데올로기의 감춰진 면을 폭로할 때, 지젝의 작업은 전반적으로 이데올로기 비판의 패러다임 안에 머물러 있다. 그의 작업은 결코 두 번째 계기, 즉 우리에게 되돌아오는 이데올로기 중 어떤 것이 대항 이데올로기를 형성하고 정치 고유의 공간을 열어놓을지 성찰하는 단계로 나아가지 않는다. 나는 항상 지젝이 실제로 무엇을 주장하는지 명확히 알지 못하겠다.(Homer 1995)

지젝이 스스로를 마르크스주의자로 인정한 것이나, 슬로베니아에서 취한 정치적 선택으로 인해 겪었던 개인적인 곤란들을 생각하면, 이런 평가가 이상하고 짜증스러운 비난으로 보일 수 있다. 지젝이 밝혔듯 슬로베니아 일로 그는 대다수의 친구를 잃었고, 지적 경력에 손상을 입었으며, 외국에서는 민족주의자로 비난받는 수모를 겪었다.

다른 한편으로, 호머는 지젝이 강조한 '행위'를 '세계를 바꾸기 위한 진실한 방법'으로 확대 해석하고 있음을 알 수 있다. 행위가 우리의 인식 지평을 바꾼다고 할 때, 행위의 출현 이후 어떤 세계가 나타날지 안다는 것은 불가능하다. 그래서 지젝은 진술 불가능한 것을 말하기보다는 행위의 가능성 자체를 지속시키는 데 관심을 가진다. 지젝이 지적하듯이, "오늘날 정치적 공간이 구조화되는 방식은 점점 더 행위의 출현을 힘들게 한다."(Hanlon 2001 : 11) 그래서 지젝은 자본주의적 삶의 지평을 끊임없이 이론화함으로써 행위를 위한 장소를 규명하는 데 자신의 에너지를 집중한다.

지젝의 태도를 불명확하다고 꾸짖는 비난, 특히 에버트나 호머 같은 마르크스주의자의 비난은, 지젝이 페미니스트들에게 받는 비난, 즉 페미니즘 이슈들을 자본주의 비판의 부차적인 문제로 취급한다는 비난과 정확히 모순된다는 점에서 매우 흥미롭다. 다시 말해, 페미니스트들은 지젝이 철두철미한 마르크스주의자라는 점 때문에, 즉 사회·경제적인 조직을 바꾸는 것이 특정한 집단, 이 경우 여성 문제를 해결하는 것보다 우선한다고 생각하기 때문에 지젝을 비판한다.

자신을 희생시켜야 성공하는 '정체성 정치'

이런 비판은 지난 30년 동안 정치적 좌파 내부에서 논란이 되어온 이슈이다. 오늘날 이 이슈는 '정체성 정치 identity politics' 의 문제로 이어진다. 일반적으로 지젝 비판자들이 널리 쓰는 '정체성 정치' 란 개념은, 각각의 특수한 집단들이 투쟁 속에서 자기 정체성을 갖게 된다는 것을 인정하는 정치, 그래서 어떤 집단도 다른 집단과 똑같다고 간주되거나 특권적으로 취급되지 않는 정치를 말한다. 가령 하나의 집단으로서 여성이 가부장적 사회 속에서 특수한 불평등을 개선하고자 하는 것은, 특수한 인종 집단이 청원하는 불평등 문제와 같지 않을뿐더러 더 중요하지도 않다.

이것은 무해한 주장처럼 들리지만, 전통적인 마르크스주의 내부에 분란을 일으킨다. 왜냐하면 이런 주장은 궁극적으로, 최종 심급에서 모든 불평등을 결정하는 것은 계급이나 경제적 생산양식이라는 마르크스주의의 전제를 무너뜨리기 때문이다. 전통적인 마르크스주의도 서로 다른 집단들 간의 평등을 위한 투쟁을 지지하지만, 그것은 현재의 자본주의적 착취 관계를 바꾸어 모든 사람이 더 나은 삶을 살 수 있게 만드는 한에서만 가능하다는 단서가 붙는다.

가령 프랑스 페미니스트들이 여성의 임금을 남성과 동등한 수준으로 끌어올리자는 캠페인을 조직하여 그들의 요구대로 되었다고 하자. 페미니스트들에게는 이것이 끝이다. 하지만 마르크스주의자들에게 그것은 단지 자본주의 체제 속에서 프랑스 여성들의 임금이 인상됐고, 이로 인해 세계 다른 곳의 어린이들은 더 싼값으로 자신의 노동력을 팔아야 함을 의미한다. 다시 말해서, 마르크스주의자는 불평등의 전체 구도를 그려야 한다고 주장한다. 그래서 마르크스주의자들은 정체성 집단들이 오직 자신들만의 특수한 불평등 개선에 집중할 때 전체와의 상호관계를 놓친다고 비판하고, 반대로 정체성 집단들은 마르크스주의자들이 관계의 총체성에만 몰두한 나머지 개별 국민들의 구체적인 욕구를 간과한다고 주장한다.

지젝은 이 논쟁에 이중적으로 답한다. 먼저, 그는 정체성 정치학은 전적으로 역사적인 현상임에도 정체성 집단들이 자신들의 가능 조건을 무시한다고 주장한다. 지젝은 페미니즘 문제를 놓고 왜 한 세기 전에는 대부분의 사람들이 성적 차이를 신의 뜻으로 확신했고, 오늘날에는 그것을 사회적으로 구성된 것이라고 확신하는지 묻는다.

> 옛날 사람들은 '어리석은 본질주의자'라서 자연적인 성을 믿었고, 요즘 사람들은 성차가 수행적으로 규정된 것임을 알게 되어서가 아니다. 그렇게 보려면 본질주의에서 우연성의 인식으로의 이행을 설명해주는 메타 서사가 필요하다.(CHU : 106)

지젝은 정체성 정치의 출현이 우리가 갑자기 사태의 진실(성적 차이에 대해, 한 세기 전 사람들이라도 충분히 영리하기만 했다면 알게 되었을 진실)을 깨달았음을 의미하지 않는다고 말한다. 정체성 정치의 출현은 특정한 역사적 순간에 결부되어 있다. 다시 말해서 정체성 정치는 더 큰 틀의 일부로, 그것을 설명하기 위해서는 메타 서사나 총괄적인 이야기가 필요하다. 그런 메타 서사는 다양한 형태를 취할 수 있지만, 지젝이 선호하는 것은 마르크스주의다.

둘째, 지젝은 정체성 정치가 정치의 영역을 확장시켰지만, 바로 그 때문에 '정치적'이라는 개념 자체를 약화시켰다고 주장한다.

오늘날 다양한 주체성들에 관한 포스트모던 정치학은 충분히 정치적이지 않다. 왜냐하면 그것은 은밀하게 비주제화된, '자연화된' 경제적 관계의 틀을 가정하고 있기 때문이다. (CHU : 108)

달리 말해, 지젝에게 새로운 정체성 정치는 자기 자신을 희생하지 않고서는 성공할 수 없다. 정체성 정치는 자본주의라는 매개변수 안에서 작동하지만 자본주의에 도전하고자 하지 않으며, 그래서 정치의 실재 목표여야 할 것을 놓쳐버린다. 일례로 지젝은 미국 농장의 불법 이주민 노동자들에 대한 연구가, 인종주의적 비관용에서 경제적 착취가 비롯된다는 결론에 이르는 것을 지적한다. 이와 같은 연구나 일반적인 정체성 정치학의 결론은, 실제로는 자본주의의 특성에서 찾아져야 할 전지구적인 착취 원인을 오도한다.

지젝은 라캉으로, 우리는 지젝으로 '되돌아간다'

지금까지 살펴본 것처럼 지젝은 다방면에 걸친 문제에 개입한다. 그의 라캉주의적 제한성은 그 이론에 담긴 철학적이고 마르크스주의적인 요소로 상쇄된다. 다른 현대 철학자들과 마찬가지로 지젝의 작업은 한 분야의 경계를 넘어 폭넓은 영역을 개척한다. 그의 작업은 단일 주제의 한계를 초월하기 때문에 다른 누구보다도 다양한 독자층을 갖고 있다.

지금까지 지젝은 영화 이론에 지대한 영향을 끼쳤고(영국영화학회의 전 수석 연구자였던 콜린 매케이브Colin McCabe에 따르면 지젝의 작업은 "강렬한 이론적 열정으로 영화 연구를 갱신하고자 하는 기획의 대표적인 사례이다." (TFRT : viii)), 최근 저작들은 종교 연구의 교육 과정에 이용되기도 한다.

지젝이 영미 철학계에서 항상 우호적인 대접을 받은 건 아니지만, 오늘날 그가 문화 연구 프로그램의 중심에 있다는 사실은 누구도 부인하지 못할 것이다.

이것은 역설적인 면이 없지 않은데, 우선은 지젝 자신이 지속적으로 문화 연구를 부인하기 때문이고, 그 다음은 지젝이 자기 자신을 철학자로 여기기 때문이다. 그러나 지젝이 철학의 장에 활력을 불어넣을 수 있는 것은, 그가 대중문화의 광범위한 산물들을 다루기 때문임은 분명하다. 사실, 지젝 자신을 대중문화의 산물이라고도 할 수 있다. 지젝은 유연하면서 쉽게 이해되는 문체로 글을 쓰는데, 이는 지루하고 빡빡한 상당수 현대 철학서와 대조적이다. 또한 그는 마돈나가 싱글 앨범을 발표하는 것보다 더 정기적으로 책을 발표한다. 그는 팝 비디오가 카메라 앵글을 옮기는 것보다 더 쉽게 하나의 주제에서 다른 주제로 건너뛴다. 가히 우상파괴iconoclasm의 아이콘이라 할 만하다. 프레드릭 제임슨을 일러 'MTV 마르크스주의자'라고 했던 캐나다 평론가 클린트 번햄Clint Burnham의 표현을 빌자면, 지젝은 'MTV 철학자'라고 할 수 있다.

우리 세대 지식인들은 제임슨의 저작과 이론을 대중문화처럼 읽는다. 우리 세대란 50년대 말이나 60년대에 태어난 사람들을 가리킨다. …… 이런 환경 속에서 제임슨과 버틀러, 스피박Gayatri Spivak, 바르트는 샤바 랭크스Shabba Ranks(미국 레게 랩퍼), 피제이 하비PJ Harvey(잉글랜드 출신 여가수), 〈스타트랙 딥 스페이스 나인Deep Space Nine〉(1992년부터 7년 간 이어진 세 번째 〈스타트랙〉 TV 시리즈), 존 우John Woo(〈영웅본색〉 등을 만든 중국 영화감독)와 동일한 평면에 위치한다. 이 세대의 문화적 기표는 '비평가'일 뿐 아니라 '팬'이고, 세미나실이나 인터넷에서 논쟁을 벌이고 싶은 욕구만큼이나 '최신 유행품'(혹은 '고전', 혹은 '원

우리 시대의 'MTV 철학자' 슬라보예 지젝

비록 영미 철학계에서 항상 우호적인 대접을 받은 건 아니지만, 오늘날 그가 문화 연구 프로그램의 중심에 있다는 사실은 누구도 부인하지 못할 것이다.

지젝은 자신을 철학자로 여긴다. 지젝이 철학의 장에 활력을 불어넣을 수 있는 것은 그가 대중문화의 광범위한 산물들을 다루는, 어찌 보면 그 자신이 '대중문화의 산물'이기 때문이다. 지젝은 유연하고 쉽게 글을 쓰고, 마돈나의 싱글 앨범 발매주기보다도 더 규칙적으로 책을 발표한다. 다른 현대 철학자들처럼 지젝의 작업 역시 폭넓은 영역에 걸쳐 있다.

지젝이 비판이론에 미친 충격은 소급적으로 감지된다. 지젝이 라캉으로 '되돌아가고', 라캉이 프로이트로 '되돌아간' 것처럼 우리는 지젝에게 '되돌아간다.'

전')을 소유하거나 보거나 읽고 싶은 욕구를 느낀다.(Burnham 1995 : 244)

개인적인 생각으로는, 제임슨이나 번햄이 언급한 기타 이론가들이 '이론광들'(Burnham 1995 : 243)에 의해 문화적 상품으로 소비되었다면, 문화적 상품으로서의 지젝은 오히려 본인이 직접 그런 이론광들을 겨냥한 듯하다. 그래서 지젝의 동시대인들은 지젝보다 젊다고 말할 수 있다. 지젝은 명백히 다음 세대의 이론가들에게 호소하며, 따라서 그의 영향은 그들과 함께 성장한다고 할 수 있다.

그래서 비판이론에 지젝이 미친 충격은 소급적으로 감지된다. 우리는 지젝이 라캉으로 '되돌아가고', 라캉이 프로이트로 '되돌아간' 것과 동일한 방식으로 지젝에게 '되돌아갈' 것이다. 우리가 이것이 지젝의 의도이고, 이것이 그가 준 충격이라고 단정할 때 '지젝 이후'라고 말할 지점은 존재하지 않는다. 지젝에게 의미란 끊임없는 수정을 피할 수 없는 것이다. 이는 단지 그의 저작에 대한 상대적인 해석을 비교 검토하는 문제가 아니라, 그의 수용 지평을 완전히 바꾸어놓는 '세계의 밤' 혹은 '행위'에 의해 완전히 변형된 저작을 갖는 문제이다.

이런 의미에서 그의 저작이 갖는 의미, 충격, 영향은 외상적이다. 늑대인간에게 부모의 성관계 장면이 훗날 초보적인 성 이론이 발달한 이후 의미를 갖듯이, 지젝의 이론에 대한 우리의 이해는 소급적으로 변화한다. 한 마디로, 지젝은 존재하게 될 것이다!

지금 지젝은…
향락과 그것의 정치적 부침

정치적 범주로서 본 향락

　오늘날의 정치는 점점 더 직접적으로 향락의 정치가 되어가고 있다. 즉, 오늘날 정치는 향락을 부추기거나 통제 또는 규제하는 방식으로 나타나고 있다. 자유롭고 관용적인 서구와 이슬람 근본주의 사이의 대립은, 여성이 자기 자신을 전시/표명하여 남성을 자극/교란할 권리 곧 여성의 자유로운 섹슈얼리티를 옹호하는 입장과, 이런 위협들을 뿌리째 뽑거나 최소한 통제 아래 두려는 남성들의 필사적인 노력(여성들의 발꿈치 노출에 대한 탈레반의 우스꽝스런 금기를 떠올려보자. 여성이 자기 몸을 옷으로 완전히 감싸더라도 그 드러난 발꿈치 곡선이 여전히 남성들을 자극한다는 식이다.) 사이의 대립으로 응축되지 않는가?
　물론 양편 모두 이데올로기적·도덕적으로 자신들의 입장을 신성시한다. 서구 자유주의 쪽에서 보면, 여성이 자신을 남성들의 욕망에 자극적으로 노출시킬 권리는, 자기 신체의 자유로운 노출과 자기가 원하는 대로 즐길 권리로 정당화된다. 이에 반해 이슬람은 여성 섹슈얼리티의 통제를, 여성의 존엄성이 남성의 성적 착취의 대상으로 전락할 위험을 막기 위함이라고 정당화한다. 마찬가지로, 프랑스 정부가 교내에서 여

---

* 지젝이 이 책의 한국어판 출간을 기념하여 보내준 미발표 원고이다. 독자들이 조금은 난해한 그의 사상을 좀 더 생생하고 구체적으로 이해하고, 현재 지젝의 사유가 현실 속에서 어떻게 발현되고 있는지 엿볼 수 있는 기회를 제공할 것이다.

학생들의 차도르 착용을 금지한 것에 대해, 우리는 자기 육체를 마음대로 처분할 권리를 주장할 수도 있고, 반대로 자기 신체를 성적 유혹과 그것을 둘러싼 사회적 유통/교환에 맡기는 게임에 참여하지 않는 여성이라는, 무슬림 '근본주의' 비판으로는 참으로 외상적인 지점을 언급할 수도 있다.

이러저러한 최근의 정치적 이슈들은 모두 이것과 관련되어 있다. 동성애 결혼과 자녀 입양 권리, 이혼, 낙태 등을 떠올려보라. 각각의 이슈들을 놓고 대립하는 입장은 훈육적인 접근 방식을 공유하고 있다. '근본주의자'는 여성의 자기표현이 성적 흥분을 불러일으키지 않도록 세밀하게 규제하며, 자유주의적 페미니스트 역시 그에 못지 않게 여러 가지로 성가신 행위 규정들을 강제한다.

최근 미국의 몇몇 '과격' 집단에서 (시체와의 섹스를 욕망하는) 시체애증자의 권리를 ─왜 우리가 그 권리를 박탈당해야 하는가?─ 선포했다. 그들의 주장은 이렇다. 사후에 자신의 신체 기관을 의학 실험용으로 사용할 수 있도록 서명하는 것과 마찬가지로, 자신의 시체를 시체애증자들이 즐길 수 있도록 서명하는 것도 허용해야 한다는 것이다. 죽은 이웃 ─시체─은 일체의 성가신 방해를 피하고자 하는 '관용적인' 주체가 택할 수 있는 가장 이상적인 성적 파트너이다. 시체는 성가실 수 없으며, 그와 동시에, 죽은 신체는 즐기지 않는다. 그래서 시체와 즐기는 주체에게 과잉향락을 부과할 위험도 원천적으로 봉쇄되어 있다.

그러나 여기서 우리는 한 가지 단서를 달아야 한다. 오늘날 우리가 직면하고 있는 것은 향락의 정치라기보다는, 정확히 탈정치적post-political 성격을 갖는 향락의 규제(관리)이다. 향락은 그 자체로 무제약적이며 이름 붙일 수 없는 모호한 과잉이기 때문에, 우리의 임무는 이 과잉을 규제하는 것이다. 이와 같은 생체정치의 지배를 가장 명확히 보여주는 징후는 '스트레스'에 대한 강박적인 집착이다. 어떻게 스트레스적인 상황을 피할 수 있을까? 어떻게 그런 상황들에 '대처'할 것인가? '스트레스'는 삶의 과잉적인 영역, 조절하기에는 '너무 많음'에 붙여진 이름이다(이 때문에 과거 어느 때보다 오늘날 치료학과 정신분석학을 분리하는 간극이 극단적으로 벌어졌다. 만약 누군가가 치료학적인 개선을 원한다면 그 사람은 행동심리학적 치료와 화학적 조치(약물 처방)의 결합을 통해 가장 빠르고 효과적인 도움을 얻을 것이다.).

(마약이나 기타 환각 유도 수단을 통한) 순수하게 자폐적인 향락을 향한 충동은 정확히 정치적인 계기—1968년 해방적인 '연쇄'가 자기 잠재력을 소진했을 때—로 발생했다. 그 임계점(1970년대 중반) 이후 남은 것은 직접적이고 난폭한 행위로의 돌입passage a l'acte, 실재-로의-돌진이다. 이는 극단적인 성적 향락의 추구를 포함하여 크게 세 가지 형태로 나타났다. 두 번째 형태는 좌파 정치적 테러리즘(독일의 RAF, 이탈리아의 붉은여단 등)인데, 이들의 대의는 대다수 대중들이 자본주의 이데올로기에 마취된 시기에는 통상적인 이데올로기 비판으로 대중들을 깨울 수 없으므로 오직 폭력이라는 날것의 실재에 의존할 수밖에 없다는 것이다. 마지막 형태는 내면적 체험의 실재(동양적 신비)로 돌아가는 것이다. 이 세 형태는 구체적인 사회정치적 참여에서 실재와의 직접적 만남으로의 철회라는 공통점을 갖고 있다. 한데 이 향락에의 직접적 의존은 민주주의적 주류의 극단적 이면이 아닌가? 따라서 우리는 이 주류 자체의 외설적인 이면에 다시 초점을 맞춰야 한다.

이데올로기 이론가, 로베르트 슈만

슈만Robert Alexauder Schumann(1810~1856)의 대표 피아노 연주곡인 〈해학곡 Humoresque〉은, 그의 노래에서 점진적으로 목소리가 상실되어가는 과정을 배경으로 놓고 들어야 한다. 이 곡은 단순한 피아노 연주곡이 아니라 성악 파트가 없는, 목소리가 침묵 속으로 축소된 노래이다. 그런 까닭에 정작 우리는 피아노 반주만을 듣게 된다. 이것이 높은 음조와 낮은 음조 사이에 세 번째로 추가된 그 유명한 (악보로 기재된) '내적 목소리'를 이해하는 방법이다. 소리 없는 '내적 목소리'로 남은 성악 멜로디, 하이데거-데리다적 '말소된' 존재의 음악적 상관물 말이다. 이 곡에서 우리가 실제로 듣는 것은 (시각음악augenmusik, 즉 악보상에만 존재하는 음악) 일련의 '테마 없는 변주들', 중심 멜로디 라인이 없는 반주뿐이다.

(슈만이 바르토크Bartok의 '오케스트라를 위한 콘서트'에 대한 일종의 대위법으로서 '오케스트라 없는 콘서트'를 작곡한 것은 놀랄 일이 아니다.) 이 부재하는 멜로디는, 첫째 음조와 셋째 음조(오른쪽 피아노와 왼쪽 피아노)가 직접적으로 상호 관련되지 않는다는 것, 이 둘의 관계가 직접적인 거울 반사 관계가 아니라는 점에 기반하여 재구성되어야 한다. 이 둘의 상호 연관성을 설명하기 위해서는 셋째, 구조적인 이유로 연주될 수 없었던 '가상적인' 매개 층위(멜로디 라인)를 (재)구성해야 한다. 이 가상의 멜로디 라인은 악보의 형태로만 존재할 수 있는 불가능한-실재이다. 즉, 그것의 물리적 현존은 (프로이트의 '매 맞는 아이' 환상에서 중간의 환상 장면은 결코 의식화될 수 없으며, 오직 첫째와 셋째 장면 사이의 잃어버린 고리로서 재구성되어야 하는 것처럼) 우리가 현실에서 듣는 두 개의 멜로디 라인을 말소시킬 것이다.

이후에 슈만이 동일한 〈해학곡〉의 그 부분에서 부재하는 제3의 멜로디 라인을 전혀 포함하지 않고 실제로 연주되는 동일한 멜로디 라인을 반복할 때, 다시 말해 부재하는 멜로디 자체가 부재할 때 그는 부재하는 멜로디의 절차를 외관상 부조리한 자기-지시로 이끈다. 실제로 연주되어야 하는 것의 층위에서 이전의 악보가 정확히 반복될 때 이 악보는 어떻게 연주되어야 할까? 실제 연주되는 악보는 거기 존재하지 않는 것만을, 그것의 구성적 결여만을 상실한다. 혹은 성경을 참조하면, 그것은 결코 가진 적이 없는 것을 상실한다. 근대적 주체의 좌표를 결정하는 것이 바로 이 '구성하는 부재'('내적 목소리')의 부재와 순수한 부재 사이의 차이다. 이 주체는 부재하는 멜로디에 근거한다. 즉, 근대적 주체는 그것의 객관적 상관물(이 경우는 멜로디)이 사라질 때 출현하지만, 바로 그것의 부재 속에서 (실제적으로) 현존한다. 간략히 말해, 주체는 순수하게 '가상적'으로 존재하는 '불가능한' 대상에 상관적이다.

그래서 진정한 피아니스트는 현존하는 악보를 연주할 때 그것에 수반된 연주되지 않는 '침묵의' 가상적 악보의 메아리가 감지되도록 연주할 줄 알아야 한다. 이는 이데올로기의 작동방식과 일치하지 않는가? 명시적인 이데올로기적 텍스트(혹은 이데올로기적 실천)는 '연주되지 않는' 일련의 외설적인 초자아의 보충에 의해 지탱된다. 현실 사회주의에서 사회 민주주의라는 명시적 이데올로기는 암묵적인(말해지지 않은) 외설적인 금기 명령들에 의해 지탱된다. 거기서 주체들은 명시적 규범 중에서 어떤 것을 진지하게 받아들여서는 안 되는지, 공식화되지 않았으나 이행해야 하는 금지로는 어떤 것이 있는지를 배운다. 그래서 현실 사회주의가 붕괴하기 직전 반체제주의자들은, 불문화된 가상의 자기 그림자를 모르는 척 무시하는 지배 이데올로기에 대해 그것이 제 자신을 취급하는 것보다 훨씬 더 진지하게 문자 그대로 받아들이는 전략을 취하였다. "사회 민주주의를 실천하라고? 좋아! 자, 여기!" 이들은 그런 게 아니지 않느냐고 필사적으로 힌트를 주는 당 기관원의 제스처를 모른 척 하기만 하면 되었다.[1]

이는 모세의 십계명에도 해당된다. 십계명의 혁신성은 그 내용이 아니라 법의 외설적 보충의 이면 텍스트를 동반하지 않는 데 있다. 이것이 이데올로기 비판으로서 '하부 세계를 움직이기acheronta movebo'가 의미하는 바이다. 직접 법의 명시적 텍스트를 변화시키는 대신, 그것의 외설적인 가상의 보충으로 개입하는 것 말이다. 병영이라는 남성 공동체에서 동성애가 서로 다른 두 차원에서 작동하는 방식을 상기해보자. 명시적인 동성애는 폭력적으로 공격받는다. 게이로 판명된 자들은 쫓겨나거나 밤마다 얻어맞는다. 그러나 이런 명시적인 호모포비아homophobia는 암묵적인 동성애적 풍자, 은밀한 농담, 외설적인 동성애적 실천들을 동반한다. 따라서 병영 내 호모포비아로의 극단적인 개입은, 동성애에 대한 명시적 억압에 초점을 맞추는 것이 아니다. 오히려 그것은 '하부 세계를 움직여' 명시적인 호모포비아를 지탱하는 암묵적인 동성애적 실천을 방해할 것이다. 진정한 선택은 상징적 법의 보편성에 집착하여 거기

---

[1] 공산주의 체제에서 중요한 것은 공식적인 역사와 비밀 문서 사이의 차이다. 공개용으로 쓰여진 공식 역사는 매체나 박물관을 통해 사회주의 건설에 열광적으로 참여하는 모습을 기록한다. 이에 반해 비밀 정치 문서는 반체제자, 불만 세력, 파업, 경제적 실패에 관한 (이데올로기적으로 검열된, 그러나 실질적으로는 가장 정확한) 진실을 기록한다. 비밀 문서에 접근하는 것은 엄격히 통제된다. 그것은 당 관료nomenklarura에 속한 사람의 특권적 표식이다. 모든 사람이 그것의 존재를 알고 있지만, 그것은 매혹적인 비밀의 지위를 갖는다. 마치 내 파일에서 나는 대타자에게 실제로 어떤 존재로 기록되어 있는지 아는 것처럼. 비밀 문서는 공개적(공식 역사)이지는 않지만 그렇다고 은밀하지도 않다. 그것은 공개적/공식적 담론 자체에 대한 비밀스런/은밀한 보충물이다. 그것들은 지극히 냉철하고 객관적인 문제로 쓰인 동시에 가장 내밀한 주제들을 건드리며 인민들의 성생활까지 관찰한다.

에서 외설적인 보충물들을 제거하는 것(대강 하버마스적 선택)과 외설적 환상들의 실재에 의해 지배되는 어둠의 무대로서 이런 보편적 장 자체를 일소하는 것 사이에서 이루어지지 않는다. 진정한 행위는 이런 외설적 이면 세계로 개입해 들어가 그것을 변형시키는 것이다.

미 하위문화의 사막에 오신 걸 환영합니다!

우리는 아직도 사담의 불행한 공보장관 사에드 알 사하프Muhammed Saeed al-Sahaf가 매일 매일의 기자회견에서 너무나도 명백히 밝혀진 사실마저도 영웅적으로 부인하며 이라크의 입장을 고수한 것—미국 전차가 그의 사무실에서 불과 100야드 바깥에 와 있을 때에도 그는 계속해서 미국 TV에 비친 바그다드 시내의 미국 전차는 할리우드 특수효과에 불과하다고 주장했다.—을 기억한다. 어쩔 수 없이 낯선 진실에 충격을 받긴 했지만,—미군이 이미 바그다드의 일부를 통제하고 있다는 소식에 직면하자—그는 재빨리 정신을 차린다. "그들은 아무것도 통제하지 않는다. 그들은 심지어 자기 자신조차 통제하지 않는다." 바그다드의 아부 그라이브Abu Ghraib 감옥에서 일어난 끔찍한 사건을 다룬 뉴스가 방송되었을 때, 우리는 미국인들이 자기 자신을 통제하지 않고 있다는 사실을 감지했다.

2004년 4월 말, 미국 병사들이 이라크 군인을 고문하고 모욕하는 사진이 발표되자, 조지 부시는 예상했던 대로 미군들의 행동은 미국이 대표하고 수호하기 위해 싸우는 가치(민주주의, 자유, 개인의 존엄성)와는 거리가 먼 우발적인 범죄일 뿐이라고 강조했다. 이 사건이 미국 행정부를 수세적인 위치로 몰아넣은 공개적 추문으로 비화되었다는 사실 자체는 그것의 긍정적인 징후였다. '전체주의' 체제였다면 이 사건은 간단히 묻혀버렸을 것이다(마찬가지로, 미국 군대가 대량살상무기를 발견하지 못했다는 사실 또한 긍정적인 징후임도 잊지 말자. 진실로 '전체주의적' 권력이라면 마약을 심어놓고 범죄의 증거를 '발견하는' 방식으로 처리했을 것이다.).

그러나 여러 가지 불온한 양상들이 상황을 복잡하게 만든다. 지난 몇 달 동안 국제 적십자사가 정기적으로 이라크에서 미군이 자행한 포로 학대 문제를 제기했으나 그것은 조직적으로 무시되었다. 그렇다고 미국 정부가 일련의 사태에 아무런 반응을 보이지 않은 것은 아니다. 그들은 매체에 사건이 폭로될 때에만 (바로 그렇기 때문에) 범죄 사실을 인정했다. 그래서 미군 교도관들에게 디지털 카메라나 비디오 촬영 기능이 있는 휴대폰을 소지하지 못하도록 금지시킨 것은 전혀 놀랄 일이 아니다. 행위하는 것을 막는 것이 아니라, 그들의 행위가 매체를 통해 공개되는 것을 막기 위해서. 다음으로, 미군 당국의 즉각적인 반응은 화들짝 놀라는 최소한의 수준이었다. 자기 병사들은 전쟁 포로를 다루는 방법에 관한 제네바 협정 내용을 충분하게 교육받지 못했다는 것이다. 마치 포로를 모욕하고 고문하지 않도록 교육받았어야 했다는 듯이.

그러나 무엇보다 가장 중요한 면은 이전의 사담 체제에서 자행되던 고문의 '표준적인' 방법과 미군의 고문 방법 사이의 차이다. 이전 체제에서는 직접적으로 가혹한 고통을 가하는 데 초점을 맞추었던 반면, 미군 병사들은 심리적인 모욕에 초점을 맞춘다. 게다가 미군들은 카메라로 자신들의 학대 장면을 녹화까지 했는데, 그 속에서 가해자는 벌거벗긴 채 뒤엉킨 포로들 곁에서 멍청한 웃음을 흘리고 있다. 이 모든 과정이 사담식 고문의 비밀성과 뚜렷이 대조된다. 알몸에 검은 두건을 머리에 쓰고 팔다리는 전기선으로 묶인 채 의자 위에 올라서서 우스꽝스럽게 연극적인 포즈를 취하고 있는 유명한 죄수 사진을 보았을 때, 나는 최근 로어 맨해튼 지역에서 이루어진 행위예술 장면과 비슷하다는 느낌을 받았다. 죄수들의 자세와 복장은 마치 한 편의 연극이나 영화처럼, 우리의 마음에 미국의 행위예술 장면과 '잔혹극', 로버트 메이플소프Robert Mapplethorpe의 사진, 데이비드 린치 영화의 기괴한 장면을 떠올리게 했다.

사태의 핵심으로 이끄는 것이 바로 이 측면이다. 미국적 생활방식의 현실에 익숙한 사람이라면 누구나 그 사진에서 미국 대중문화의 외설적인 이면, 곧 폐쇄적인 공동체에 들어가기 위해 겪어야 하는 고문과 모욕의 입회 의례를 떠올릴 것이다. 우리는 미국 언론에 심심치 않게 등장하는 병영에서나 고등학교에서 발생한 스캔들 보도에서 이와 유사한 사진들을 보지 않았던가? 그러한 의례에 참여하는 병사나 학생들은 도를 넘어서 그 당사자에게 참을 수 없는 상처를 입히고, 치욕적인 포즈나 (동료들 앞에서 벌어진 항문에 맥주병을 집어넣는 것과 같은) 꼴사나운 제스처를 취하도록 하며 바늘을 살에 관통시키는 등의 고통을 가한다(덧붙여 부시 자신이 예일대 비밀 클럽인 '백골단Skull and Bones' 회원이기 때문에, 그가 겪은 의례 가운데 어떤 것이 받아들여져야 하는지 배우는 것은 흥미로울 것이다.).

물론 둘 사이에는 명백한 차이도 있다. 그런 입회식은—그 명칭이 증명하듯이— 자유의사에 따라 치러지며 자신이 무엇을 당할지 완전히 알고, 그들을 기다리는 보상의 목적(측근 집단의 일원으로 받아들여지고, 정말 중요하게는 신입회원에게 똑같은 의식을 행할 수 있다.)도 분명하다. 이에 반해 아부 그라이브에서 벌어진 의례는 '우리 중 일원'으로 승인받기 위해 치러야 하는 대가가 아니라, 반대로 우리에게서 배제되어 있음의 표식이다. 하지만 이런 의례에서 모욕을 당할지 말지 정하는 '자유 선택'은, 노동자들이 노동력을 팔 자유와 같은 것이 아닌가? 더 심하게는, 여기서 과거 미국 남부에서 일어난 끔찍한 인종주의적 흑인 테러 의식을 떠올릴 수밖에 없다. 흑인은 백인 폭력단에게 구석으로 몰린 채 공격적인 제스처를 취하도록 강요받았으며("내 얼굴에 침을 뱉어!" "나에게 멍청이라고 말하란 말야!"), 백인 폭력단은 그것을 빌미로 폭력과 린치를 가했다. 더 나아가, 아랍의 포로들에게 미국적인 입회식을 적용한 데에는 근본적인 냉소적 메시지가 담겨 있다. 우리의 일원으로 끼고 싶다고? 좋아! 우리 생활방식의 가장 핵심을 한번 맛보라고!

나치에 대한 바티칸의 행동 가운데 가장 이해할 수 없는 수수께끼는 매체에서 떠들어대는 것처럼 홀로코스트에 대한 교황의 침묵이 아니다. 물론 이는 용서할 수 없는 일이지만 어떤 특수한 상황성으로 이해할 수는 있다. 이보다 훨씬 더 이해할 수 없는 것은, 2차 세계대전 후 가톨릭 교회가 나치 전범자들이 미국 남부로 탈출하는 데 적극적으로 협조했다는 점이다. 나치 전범자들의 전형적인 탈출 경로는 이탈리아 북부로 들어가 얼마간 외딴 수도원에 숨어 사는 것(일부는 아예 바티칸에 숨어 있기도 했다.)으로 시작됐다. 거기서 그들은 스페인으로 밀입국하거나 (보통 제노바에서) 배를 타고 아르헨티나로 들어갔다.[2]

이탈리아의 '부드러운' 파시즘 체제에 협력했던 구공무원이 아니라 명백히 반기독교적 '이교도'의 이데올로기를 가진 나치를 구하기 위해 바티칸이 그토록 애쓴 이유는 무엇이었을까? 그토록 거대하고 잘 조직된 탈출 계획에 참여하도록 만든 나치와 가톨릭의 연대의식은 무엇이었

---

2) Uki Goni, *La autentica Odessa, La fuga nazi a la Argentina de Peron*, Buenos Aires: Paidos 2004에 이에 관한 풍부한 기록이 있다.

을까? 1940년대 후반 나치를 구하기 위해 그토록 인상적인 지하 조직망을 건설할 수 있었던 가톨릭교회는, 왜 1940년대 초에 최소한 로마에서라도 유대인을 구하기 위해 그와 비슷한 조직을 가동하지 않았을까? 이와 같은 모호함은 오늘날에도 지속된다. 가톨릭교회가 과거 유대인에게 행한 불의에 대해 사과의 뜻을 표명한 교황 요한 바오로 2세는, 또한 오푸스 데이Opus Dei의 창시자이자 반유대적 언행과 원파시즘에 대한 동조로 유명한 자를 신성화하였다〔2002년 10월 6일, 교황 요한 바오로 2세는 성 베드로 광장에서 오푸스 데이의 창시자 에스크리바의 시성식을 집전하였다.〕.

자신의 하급자를 살해한 두 명의 미 해군 병사에 대한 군법회의를 다룬 롭 라이너 감독의 영화 〈어 퓨 굿 맨〉을 떠올려보자. 이 두 병사를 기소한 군검사는 그들의 살인 행위를 계획적인 살인으로 규정한 반면, 변호사(톰 크루즈와 데미 무어로 구성―어떻게 이들이 실패할 수 있겠는가?)는 피고인들이 단지 '코드 레드'를 따랐을 뿐이라고 주장한다. 코드 레드란 해군의 윤리 규범을 어긴 병사들을 밤에 몰래 폭행하는 것을 정당화하는 군 내부의 불문율이다. 그것은 '불법'이지만, 동시에 집단의 통합을 공고히 하는 규칙이다. 그것은 밤의 장막 속에 남아 있어야, 알려지지 말아야, 발설되지 말아야 한다. 공식적으로 모든 이들은 그것에 대해 아무것도 모르는 척하며, 심지어 그것의 존재 자체를 완강히 부인한다(이 영화의 클라이맥스는 예상했던 대로 비공식적인 폭력을 명령한 장교 잭 니콜슨이 분노를 터뜨리는 장면이다. 물론 공개적으로 분노를 터뜨리는 순간, 그는 파멸한다.). 공동체의 명시적 규칙을 위반하는 이 규약은 개인들에게 가장 강력한 압력으로, 집단 정체성을 강요하는 '공동체정신'을 가장 순수한 형태로 보여준다. 데리다적인 용어로, 씌어진 명시적 법과 대조하여 이런 초자아의 외설적 규약은 본질적으로 말해진다. 명시적 법이 상징적 권위로서의 죽은 아버지('아버지의 이름')에 의해 지지된다면, 씌어지지 않은 규약은 아버지 이름의 유령 같은 보충물, 프로이트의 '원-아버지'의 외설적 유령에 의해 지탱된다.[3]

여기에 코폴라Francis Ford Coppola 감독의 영화 〈지옥의 묵시록 *Apocalypse Now*〉의 교훈이 있다. 커트라는 인물, 즉 프로이트의 '원-아버지' ―외설적 아버지― 속에서 향락은 어떠한 상징적 법에도 종속되지 않는다. 커트는 끔찍한 향락의 실재를 정면으로 대할 수 있는 완전한 주인이다. 그러나 그는 어떤 야만적인 과거의 유물이 아닌 근대 서양의 권력 자체가 낳은 필연적 산물로 그려진다. 커트는 완벽한 군인이다. 그는 군대의 권력 시스템에 과도하게 동화되었고, 바로 그 때문에 군 시스템이 반드시 제거해야 하는 과잉이 된다. 〈지옥의 묵시록〉의 궁극적 지평은 권력이 어떻게, 제거 대상을 모방하는 방식으로(윌라드를 파견한 장군의 말처럼, 커트를 제거하는 윌라드의 임무는 공식 문서에 기록되어서는 안 된다. "그것은 없던 일이다.") 제거되어야 하는 자기 과잉을 발생시키는가 하는 점이다. 이로써 우리는 스스로 인정하지 못하는 바를 행하는 권력의 비밀 작전 지대로 들어온 것이다. 이것은 크리스토퍼 히친스Christopher Hitchens[영국 출신 저널리스트이자 미국 대학교수]가 다음과 같은 말 속에서 놓친 지점이다.

둘 중 하나는 반드시 진실이다. 하나는 이들 폭력단이 누군가의 권위에 기대어 행동했다는 것인데, 그 경우 법과 규약에 구속되지 않은 채 질서를 유지하는 중간계급과 고위계급의 사람들이 있기 마련이다. 다른 하나는 자기 자

---

[3] 이에 관한 상세한 설명은 Slavoj Zizek, *The Metastases of Enjoyment*, London: Verso Books 1995. 3장을 참조.

신의 권위에 의거하여 행동한 경우로, 그들 역시 똑같은 탈영자이고, 항명자이며 전장의 배신자이다. 이것이 군법재판에서 그들이 빼돌려 사용한 군 비축물자는 없는지 집요하게 물어보는 이유이다.[4]

문제는 아부 그라이브 고문이 이 둘 중 어디에도 속하지 않는다는 점이다. 그것은 단순히 병사 개인의 악행으로 환원되지 않으면서도, 직접적으로 명령에 따라 행동한 것도 아니다. 그것은 외설적인 '코드 레드' 규칙의 변이형으로 정당화되었다. 이 행위를 "탈영자, 항명자이며 전장의 배신자"의 행위라고 주장하는 것은, KKK단의 폭력이 서구 기독교 문명에 대한 배신 행위이지 자신의 외설적인 이면세계의 분출이 아니라거나, 가톨릭 신부의 아동 성학대가 가톨릭에 대한 '배신' 행위라는 주장만큼이나 넌센스이다.

아부 그라이브는 단순히 제3세계 국민에 대해 미국이 품고 있는 오만함의 표현이 아니다. 모욕적인 고문을 받음으로써 이라크 포로들은 실질적으로 미국문화에 입회한 것이다. 그들은 개인의 존엄, 민주주의, 자유라는, 겉으로 표명된 미국적 가치의 필수적 보충물을 형성하는 외설적 이면을 맛본 것이다. 따라서 이라크 포로들에 대한 입회식적 모욕이 단지 일부 사례가 아니라, 광범위하게 퍼져 있는 실천의 일부라는 것이 점점 더 분명해지는 것은 놀랄 일이 아니다.

2004년 5월 6일, 도널드 럼즈펠드는 언론에 공개된 사진은 "빙산의 일각"에 불과하며 훨씬 강력한 것들, 강간과 살인까지 포함한 비디오들도 있다는 사실을 시인해야 했다. 아부 그라이브의 '과잉'의 제도적 배

---

[4] Christopher Hitchens, "Prison Mutiny", 온라인에서 볼 수 있음(2004. 5. 4일 게시).

경은, 이미 2003년 초 미국 정부가 비밀 메모를 통해 물리적·심리적 압박을 가해서라도 '테러와의 전쟁'에서 잡힌 죄수들의 '협력' 사실을 밝히라고 승인한 사실에서 찾아진다(그 메모는 놀랄 만큼 조지 오웰적이다. 강력한 빛에 오랫동안 노출시키는 것을 그들은 '시각적 자극'이라 불렀다.). 이것이 몇 달 전, 제네바협정의 규칙들은 오늘날의 교전 상황에서는 "한물 간 것"이라고 했던 럼즈펠드의 거만한 말의 현실이다.

최근 [미국 방송사] NBC에서 관타나모 죄수들의 운명에 관한 토론을 벌였는데, 이 자리에서 죄수들의 윤리적·법적 지위를 허용해야 한다는 의견 중에는 "그들은 폭격을 비껴간 사람들"이라는 지적이 있었다. 미국의 폭격 대상이었던 그들은 거기서 운 좋게 살아남은 자들이기 때문에, 또한 그 폭격은 합법적인 군사작전의 일환이었기 때문에, 그들이 전쟁 후 포로로 잡힌 이상 그들의 운명을 바꿀 수 없으며, 그 죄수들의 상황이 어떻든 죽는 것보다는 덜 잔인하고 오히려 더 낫다는 것이었다. 이 주장은 의도한 바보다 더 많은 것을 말해준다.

이 주장 속에서 죄수들은 문자 그대로 살아 있는 시체 취급을 받는다. 어떤 의미에서 그들은 이미 죽었으며(그들의 생존권은 합법적인 대량살상 폭격의 대상이 됨으로써 이미 말소되었다.), 지금의 상태는 아감벤 Giorgio Agamben[이탈리아의 미학이론가이자 철학자]이 '호모 사케르 Homo Sacer'라 부른, 법적 관점에서는 더 이상 고려 대상이 아니기 때문에 아무 거리낌 없이 살해할 수 있는 사람이 되었다(그들의 처지와 영화 〈더블 크라임 Double Jeopardy〉의 다음과 같은 법률적 상황 사이에는 모호한 유사성이 있다. 즉, 만약 내가 A의 살해범으로 판결받고 형량을 마친 후 출소했을 때 그때까지 A가 죽지 않고 살아 있다면, 나는 A를 죽여도 처벌받지 않는다. 왜냐하면 법적으로 일사부재리의 원칙이 적용되기 때문이다. 정신분석학적으로, 이 살해는 마조히즘적 도착증의 시간 구조를 명확히 보여준다. 여기서 시간의 구조는 역전된다. 나는 먼저 처벌받고 나서 범죄를 행할 권리를 얻는다.). 만약 관타나모 죄수들이 '두 죽음 사이'의 공간에 놓여 있다면, 즉 호모 사케르의 위치에서, 생물학적으로는 살아 있지만 법적으로는 이미 죽은 상태(확고한 법적 지위를 박탈당한 상황)라면, 그들을 이렇게 취급하는 미국의 권력자들 역시 호모 사케르의 대응물인 법적으로 중간적인 존재이다. 즉, 스스로 법적 권력으로 행동함으로써 그들의 행동은 더 이상 법에 의해 엄호되거나 제약받지 않는다. 다시 말해, 그들은 법의 영역 내부에 존재하는 텅 빈 공간 안에서 작전을 펼친다. 최근 아부 그라이브와 관련하여 밝혀진 바는, 관타나모 죄수들을 이 '두 죽음 사이' 공간에 위치시키는 결과를 증명할 뿐이다.

아부 그라이브에 대해 럼즈펠드가 알고 있는 것을 럼즈펠드가 알지 못하는 것

오늘날 자본주의의 전형적 경제 전략은 아웃소싱이다. 즉, '더러운' 자재 생산 공정(광고, 디자인, 회계 업무도 포함되긴 하지만)을 하청업체에 넘기는 전략 말이다. 이렇게 함으로써 생태학적 규정과 보건 규정을 쉽게 피해갈 수 있다. 실제 생산은 생태 규정과 보건 규제가 서구보다 훨씬 더 느슨한 인도네시아 같은 나라에서 하고, 상표를 소유한 서구의 글로벌 기업은 다른 회사의 위법에 대해서는 책임이 없다고 주장할 수 있다. 고문도 이와 동일한 방식으로 진행되고 있다. 고문 역시 법적 문제나 대중적 항의에 신경 쓰지 않아도 되는 미국의 제3세계 동맹국으로 떠넘겨지고 있지 않은가? 9·11 직후 《뉴스위크》지의 조너선 알터

Jonathan Alter가 드러내놓고 주장한 것이 이런 아웃소싱 아닌가?

알터는 "우리는 고문을 정당화할 수 없다. 그것은 미국의 가치에 위배된다."고 진술한 후, 그럼에도 불구하고 "우리는 몇몇 용의자들을 법률적으로 덜 까다로운 우리의 동맹국으로 보내는 문제를 생각해봐야 한다. 비록 그것은 위선적이기는 하지만, 아무도 이것이 곤란할 것이라고는 말하지 않았다."고 결론짓는다.

오늘날 제1세계의 민주주의는 점점 더 이런 방식으로 작동한다. 자기의 더러운 이면을 다른 나라에 아웃소싱하는 방식으로. 우리는 고문을 의뢰할 필요성을 놓고 벌이는 이 논쟁이 결코 학술적인 논쟁이 아님을 안다. 오늘날 미국인들조차 자기 동맹국들에 부여한 임무가 훌륭하게 수행되리라고 믿지 않는다. 즉, '덜 까다로운' 파트너는 미국 정부 자체의 부인된 일부이다.ー지난 수십 년 동안 미 CIA가 라틴아메리카와 제3세계 동맹국들에게 고문 기술을 가르쳐왔다는 사실을 상기한다면, 그것은 지극히 당연한 논리적 귀결이다. 그리고 지배적인 자유주의의 태도 역시 '아웃소싱된 믿음들' 가운데 하나인 한에서, 우리 사회의 새로운 종교적 근본주의의 발흥은 제3세계에 대한 동일한 불신의 전조가 아닌가? 그 나라들은 우리를 대신해서 우리의 고문을 해줄 수 없을 뿐만 아니라, 더 이상 우리의 믿음을 대신할 수도 없다.

2003년 3월 럼즈펠드는 알려진 것과 알려지지 않은 것의 관계에 대해 아마추어 철학자 같은 말을 했다. 먼저, "알려진 알려진 것들known knowns이 있다. 이것은 우리가 안다는 것을 알고 있는 것들이다. 다음, 알려진 알려지지 않은 것들known unknowns이 있다. 이것은 우리가 알지 못함을 알고 있는 것들이다. 알려지지 않은 알려지지 않은 것들unkown unknowns도 있다. 이는 우리가 알지 못함을 알지 못하는 것들이다." 여기에 그가 빠뜨린 네 번째 중요한 항목이 있다. '알려지지 않은 알려진 것들unknown knowns'이 그것이다. 우리가 안다는 것을 알지 못하는 것들 말이다.

라캉이 항상 말해왔듯, 이것은 정확히 '제 자신을 알지 못하는 지식'으로서 정확히 프로이트적 무의식이다. 만약 럼즈펠드가 이라크와의 대결에서 파생되는 주된 위험이 '알려지지 않은 알려진 것들', 즉 어떤 건지 짐작조차 할 수 없는 것에서 나오는 위협이라고 생각한다면, 아부 그라이브 스캔들은 주된 위험이 어디에 있는지 말해준다. 그것은 '알려지지 않은 알려진 것들', 부인된 믿음들, 그것이 우리의 공적 가치의 배경을 형성함에도 불구하고 모르는 척하는 추측과 외설적인 실천들이다. 이것이 포로에 대한 고문과 모욕은 결코 '직접적인 명령'에 의해 이루어지지 않았다고 강조하는 미군 당국의 확신이 그토록 우스꽝스러운 이유이다. 물론 그들은 명령을 받지 않았다. 군 생활에 대해 아는 사람이라면 누구나 알 듯이, 그런 식으로 일이 진행되지는 않는다. 어떠한 공식 명령도 없었다. 아무것도 씌어진 건 없다. 단지 비공식적인 압박이, 더러운 비밀을 공유하는 방식으로 은밀하게 전달된 암시와 지령만이 있었을 뿐이다.

그래서 부시는 틀렸다. TV 화면이나 신문 1면에서 모욕당하는 이라크 포로들을 볼 때 우리가 얻는 것은, 정확히 '미국적 가치들'에 대한 통찰, 미국적 생활방식을 지탱하는 외설적인 향락의 핵심에 대한 분명한 깨달음이다. 따라서 이런 사진들은 진행형인 '문명의 충돌'에 관한 새뮤얼 헌팅턴Samuel Huntington의 유명한 명제를 가장 적절한 방식으로 볼 수 있는 관점을 제공한다. 아랍 문명과 미국 문명의 충돌은 야만과 인간 존엄에 대한 존중 사이의 충돌이 아니라, 멍청하게 웃고 있는 '순진무구한 미국인' 고문자들의 배경으로 익명의 잔혹한 고문과 희생자의 신체가 제공되는 중계방송으로서의 고문 사이의 충돌이다. 그와 동시에, 우리는 여기서 모든 문명의 충돌은 근원적인 야만의 충돌이라는 발터 베냐민Walter Benjamin의 말을 확인한다.

이 외설적인 가상의 영역은 주인-기표의 공백을 지탱하는 환상적 배경의 형태로 이데올로기적 텍스트 속에 기입된다. 주인-기표는 잠재태의 기표, 잠재된 위협, 즉 제대로 작동하기 위해서는 잠재된 채 남아 있어야 하는 위협의 기표이다(동일한 방식으로, 주인-기표는 현실화되면 의미가 텅 비워지고마는 잠재적 의미의 기표이다. 가령 '우리나라'가 사물 자체, 목숨을 걸 가치가 있는 최상의 대의, 가장 고귀한 의미의 응결체라고 할 때, 그것은 구체적으로는 아무런 의미도 없는 말이다. 그것은 오직 동어반복의 형태로, '국가는 사물 자체이다.'의 형태로만 표현될 수 있다.).[5] 이 위협의 공백은 일상생활에서 "너, 기다려! 두고 봐!" 같은 협박 속에서 명확히 볼 수 있다. 무슨 일이 생길지 구체적으로 말해주지 않는 것이 협박을 더 공포스럽게 만든다. 왜냐하면 그로 인해 환상의 힘이 그 공백을 상상된 공포로 채우기 때문이다.[6]

그래서 주인-기표는 환상이 개입하는 특권적인 자리다. 기의 없는 기표의 공백을 채우는 것이 바로 환상의 기능이기 때문이다. 다시 말해,

---

[5] 주인의 발화 행위는 비가시적인 위협을 대표하는 불길한 아우라의 '심오한 사유'와 금언이 아닌가? 연속해서 나열해보자. "현명한 사람은 행운을 좇지 않는다. 그는 행운이 그를 좇게 만든다." "죽음을 연기한 것이 삶이 아니다. 무한하게 연장된 삶이 죽음 자체이다." "잃어버린 기회들에 실망하지 말라. 그것들은 모두 우주의 조화 속에 등록되어 있다." "최초의 말씀은 악마에 의해 고환을 갈취당한 바보 같은 거인의 절규가 아닌가?"
[6] Mladen Dolar, "Moc nevidnega/The Power of the Invisible", Problemi 1-2, Ljubljana 2004. 참조.

환상은 궁극적으로 주인-기표의 공백을 채우는 재료이다. 다시 국가의 예를 들면, 국가란 뭐냐 하면……으로 시작되는 신비롭고 모호한 이야기들이 그러한 환상이다. 법과 그것의 초자아적 보충물 사이의 이런 간극은 정치적 대리표상의 모호한 위상, 표상된 것에 대한 표상의 구성적 과잉과 연관되어 있다. 법의 차원에서, 국가권력은 단지 그 신민들의 이해를 대리표상할 뿐이다. 국가는 신민들에게 봉사하며, 그들을 책임져야 하며, 그들의 통제에 복종해야 한다. 그러나 초자아적 이면의 차원에서, 책임에 관한 공적 메시지는 권력의 무조건적 실행이라는 외설적인 메시지—법은 실제로 나를 묶어두지 못해. 나는 내가 원하는 건 무엇이든지 너에게 할 수 있지. 내가 결심만 하면 너를 죄인 취급할 수도 있어. 내 말 한 마디면 너는 산산조각나고 말걸.—에 의해 보충된다. 이 외설적인 과잉은 (그것의 기표가 주인-기표인) 주권이라는 개념의 필수적인 구성 요소이다. 여기에는 비대칭성이 구조화되어 있다. 즉, 법은 주체들이 그 속에서 외설적이고 무조건적인 자기 주장의 메아리를 들을 때에만 자기 권위를 유지할 수 있다. 다시 말해, 주권은 언제나 (헤겔 식으로, 바로 그것의 개념 안에서) 보편적인 것과 그것의 구성적 예외의 논리를 포함한다. 보편적인 것과 무조건적인 법의 지배는 제 자신을 위해 예외적인 상황을 선포할 수 있는 권리—법 자체를 위해 법(들)의 지배를 중단시킬 수 있는 권리—를 지닌 주권에 의해서만 유지될 수 있다. 만약 우리가 법에서 법을 지탱하는 그 과잉을 박탈한다면, 우리는 법(의 지배) 자체를 잃게 된다.

  20세기에 권력과 비가시적 위협의 결합은 어떤 의미에서 배가 혹은 자기-로-반사된다. 그것은 더 이상 존재하는 권력 체계로서 제 효력을 발휘하기 위해, 제 신민들을 지배하기 위해, 잠재적·비가시적 위협이라는 환상의 영역에 의존할 필요가 없다. 위협의 자리는 외재화된다. 즉 외부, 권력의 적으로 옮겨진다. 현존하는 권력의 항구적인 비상 상태를 정당화하는 것은 보이지 않는 (그래서 전능하고 편재하는) 적의 위협이다. (파시스트들은 유대인의 음모라는 위협을 발동하고, 스탈린주의자들은 적대 계급의 위협을 퍼뜨린다. 최근의 '테러와의 전쟁'은 두말할 나위도 없다.)

이 보이지 않는 적의 위협은 선제공격의 논리를 정당화한다. 위협은 정확히 가상적이기 때문에 그것이 현실화되기를 기다리면 너무 늦다. 너무 늦기 전에 선수를 쳐야 한다. 달리 말해 (물론 민주주의와 인권에 대한 진정한 위협들만 제기하는) 편재하는 비가시적 테러의 위협은 모든 곳에서 가시적인 방어 체제를 정당화한다. 고전적인 권력이 결코 자신을 실현시키지 않는 방식으로, 위협의 제스처로만 남는 방식으로 작동하는 위협이었다면(이런 작동 방식은 냉전 체제에서 단지 위협으로만 남아 있어야 하는 핵무기 사용 위협에서 절정에 이르렀다.), 테러와의 전쟁에서 비가시적 위협은 끊임없는 현실화―위협 자체의 현실화가 아니라 그에 맞서는 조치들의 현실화―를 유발한다. 핵 공격은 공격의 위협으로만 남아 있어야 하지만, 테러리스트들의 공격 위협은 그 잠재적 공격에 대항하는 끝없는 공격들을 촉발한다. 언제나 자신이 위협 속에 있다고 주장하는 권력, 치명적인 위험 속에서 생존하는 권력, 그래서 단순히 제 자신을 방어하기만 할 뿐인 권력이 가장 위험한 권력인 것이다.

지젝의 모든 것

● 지젝이 지은 책*

The Sublime Object of Ideology, London and New York : Verso, 1989.
(이수련 옮김, 『이데올로기라는 숭고한 대상』, 인간사랑, 2002)
영어로 씌어진 지젝의 첫 번째 주저로, 그의 책 가운데 가장 접근하기 쉽다. 여기서 지젝은 철학·정치학·정신분석학을 고급문화나 대중문화의 사례들과 혼합하면서, 자신의 분석의 토대가 되는 기본 테제(그중 하나는 '모든 동일성의 내적 조건은 모순이다.')인 헤겔 변증법에 설명적 디테일을 제공한다. 이 기획의 중심은 지젝이 끊임없이 되돌아가는 이론(주체는 공백의 주체이다.)에 대한 세부적인 검토이다. 지젝의 핵심 모티프 대부분에 대한 기본적 설명을 담고 있다는 점에서, 만약 지젝의 책 중 하나만 읽어야 한다면 이 책을 권한다.

Looking Awry : An Introduction to Jacques Lacan through Popular Culture, Cambridge, Massachusetts and London : MIT Press, 1991.
(김소연·유재희 옮김, 『삐딱하게 보기』, 시각과 언어, 1995)
흔히 지젝의 책 중 가장 쉽게 읽을 수 있다고 거론되는 책인데, 그런 평가는 텍스트 전체에 산재하는 다양한 대중문화에 대한 참조 때문일 것이다. 하지만 지젝 자신이 이 책은 『이데올로기라는 숭고한 대상』 속에 집어넣을 수 없었던 모든 것'이라고 밝히고 있는 데서 알 수 있듯, 실재나 향락 같은 (지젝이 『이데올로기라는 숭고한 대상』에서 집중적으로 조명하

---

* 이 책에서 주요하게 인용된 지젝의 저작물들은 책머리 〈일러두기〉의 '약어 표기' 부분에 따로 모아놓았다. 한국어판이 출간된 경우 괄호 안에 서지사항을 병기하였다.

는) 라캉의 개념에 대한 선이해가 없는 사람이라면, 이 책의 몇몇 분석들은 과도하게 압축된 듯 보일 것이다. 그렇지 않고 『이데올로기라는 숭고한 대상』을 미리 읽은 사람이라면 탐정소설, 포르노그라피, 민주주의, 히치콕 등에 관한 논의들을 세밀한 부분까지 파악할 수 있을 것이다.

For They Know Not What They Do : Enjoyment as a Political Factor, London and New York : Verso, 1991. (박정수 옮김, 『그들은 자기가 하는 일을 알지 못하나이다』, 인간사랑, 2004)

『이데올로기라는 숭고한 대상』 후속으로 나온 책으로, 전편에 나온 라비노비치 농담의 교훈을 뒤바꾼 역사적 변화를 검토한다. 특히 이 책은 동유럽 사회주의 국가가 붕괴되면서 전투적인 민족주의와 인종주의가 다시 출현하게 된 상황을 분석한다. 지젝은 이런 재출현의 원인을 향락의 분출에서 찾는다. 또한 이 책은 사라지는 매개자라는 개념에 대한 확장된 논의를 담고 있다.

Enjoy Your Symptom! Jacques Lacan In Hollywood and Out, London and New York : Routledge, 1992. (주은우 옮김, 『당신의 징후를 즐겨라 : 할리우드의 정신분석』, 한나래, 1997)

『그들은 자기가 하는 일을 알지 못하나이다』의 주제 중 하나인 냉소의 이데올로기('나는 잘 알고 있어. 그럼에도 불구하고……')를 집중적으로 다룬다. 총 다섯 개 장으로 구성되어 있으며, 각 장은 라캉의 기본 개념인 문자·여성·반복·남근과 아버지를 다룬다. 대중문화를 참조해서 이 개념들을 고찰하는데, 또다시 할리우드 영화가 지젝의 유혹물로 사용된다. 하지만 『삐딱하게 보기』에서처럼 사례의 친숙함이 책의 이해를 보중하지는 않는다.

Tarrying with the Negative : Kant, Hegel and the Critique of Ideology, Durham : Duke University Press, 1993.

이 책은 지젝이 '진정한' 철학의 표식이라고 말해온 극단적 부정의 제스처에 대한 가장 긴 탐구일 것이다. 여기서 지젝은 가장 극단화된 행위를 통해 당대의 상대주의적 태도를 혁파한 철학자로 플라톤과 칸트, 그리고 그들을 잇는 라캉을 꼽는다. 이러한 전체 구도 아래 그 기획의 일부로서 코기토와 헤겔 철학을 면밀히 분석한다. 다루는 주제만큼이나 매우 어려운 책이지만 그만한 노력을 투자할 가치가 있다.

The Metastases of Enjoyment : Six Essays on Woman and Causality, London and New York : Verso, 1994. (이만우 옮김, 『향락의 전이』, 인간사랑, 2001)

주체의 원인에서 초자아의 역할을 거쳐 성 관계의 불가능성에 이르기까지 지젝의 핵심 주제를 폭넓게 다루고 있어, 독자들에게 가장 읽는 성과가 높은 책이다. 여섯 개의 에세이에서 지젝은 라캉 정신분석학에 관심 있는 사람이라면 꼭 한번은 제기할 만한 기본적인 질문을 던지면서 (궁극적으로 그에 대한 답이 제시된다.) 시작한다. 이와 같은 질문의 연장선상에서 이 책의 부록에는 라캉과 자기 저작에 대한 '통상적인 지식'에 의문을 제기하는 지젝의 자기 인터뷰가 실려 있다. 그의 모든 책이 기본적으로 자기에게 질문하는 형식으로 전개된다는 의미에서 이 인터뷰는 자기 본질 속의 지젝, (헤겔 식으로) '즉자in-itself' 상태의 지젝을 재현한다.

The Indivisible Remainder : An Essay on Schelling and Related Matters, London and New York : Verso, 1996.

지젝에게 모든 철학의 토대를 이루는 독일 관념론을 재평가하는 기획의 일부. 이 작업을 통해 지젝은 셸링의 『세계 시대 *Ages of the World*』가 마르크스와 라캉의 전조임을, '유물론의 씨앗이 되는 저작' 임을 밝히고자 한다. 책 초반부에서는 『세계 시대』을 분석하고, 둘째 부분에서는 라캉을 통해 셸링의 작업과 헤겔의 작업을 비교하였는데, 이 두 부분은 매우 복잡하고 읽기 어렵다. 이에 비해 지젝의 후기 저작을 예고하는 주제인 사이버 스페이스와 양자물리학에 대해 논하는 세 번째 부분은 상대적으로 쉬운 편이다.

The Plague of Fantasies, London and New York : Verso, 1997. (김종주 옮김, 『환상의 돌림병』, 인간사랑, 2002)

정신분석의 환상 개념 설명을 확장시킨 책이다. 제목에 나오는 '돌림병 plague' 이란 우리의 삶을 지배하는 큰 추상들과 적대적 관계에 있는 유사구체적 이미지들의 범람을 가리킨다. 여기서 지젝은 사이버 스페이스가 상징적 가상의 영역을 파괴하고 있는 현실을 날카롭게 분석한다. 지젝의 인간 존재 해부에서 환상이 차지하는 핵심 역할을 고려할 때, 환상의 일곱 가지 특성을 해명하는 첫 장은 특히 가치 있는 부분이다. 바로 이 대목 때문에 이 책은 지젝의 초심자가 읽기에 가장 좋은 책 중 하나로 꼽힌다. 또 하나 매력적인 부분이 있다면 독일, 프랑스, 영국, 세 나라의 화장실 디자인에 대한 유명한 헤겔식 분석을 들 수 있다.

The Ticklish Subject : The Absent Centre of Political Ontology, London and New York : Verso, 1999.

비평가들에게 가장 중요한 저작으로 평가받는 이 책은, (이 책에서 영감을 받은 논문의 숫자가 증명하듯이) 분명 지젝의 책 중 가장 이해하기 쉬운 편에 속한다. 이 책의 중심 명제는 근대적 사유(자기확신적인, 생각하는 주체로서)를 지배해온 코기토의 '탄생 이야기'가, 사실 코기토의 구성적 계기 속에 있는 광기를 놓치고 있다는 것이다. 지젝은 이 책에서 독일 관념론, 프랑스 정치 철학, 영미의 문화 연구 영역에서 이루어진 데카르트적 주체 비판을 검토하면서 코기토에서 분리된 오늘날의 과학기술적 파국이 자본주의에서 비롯된 것임을 명확히 밝힌다. 철학적 논변 자체도 흥미롭지만, 정치·문화·사회 생활 전반에 걸쳐 매력적인 통찰 또한 얻을 수 있다. 부분적으로는 무척 어렵지만(그 때문에 지젝 초심자에게는 권해주고 싶지 않다.), 노력을 기울일 만한 가치가 있다.

The Fragile Absolute, or Why the Christian Legacy is Worth Fighting For, London and New York : Verso, 2000. (김재영 옮김, 『무너지기 쉬운 절대성』, 인간사랑, 2004)

지젝 자신이 고백하듯 반계몽적 종교적 사유가 다시 출현하고 있는 오늘날, 마르크스주의자가 기독교적 유산을 옹호하는 것은 분명 이상해 보인다. 그러나 이 압축적인 책의 광범위한 영향력 중 하나는 『자유의 심연 *The Abyss of Freedom*』의 셸링, 『코기토와 무의식 *Cogito and the Unconscious*』의 데카르트를 분석한 대목에서 그 중심에 놓인 기독교의 전복성, 혹은 '자기 심장을 쏘는' 행위(극단적 부정)를 다시 불러오려는 시도에 있다. 지젝은 현재의 사회적 현실에서 벗어나는 유일한 방법은, 우리를 그 현실에 얽어매는 환상의 보충물을 포기하는 것이라고 제안한다. 이와 관련하여 지젝은 토니 모리슨Toni Morrison의 소설 「소중한 사람Beloved」에서 딸이 노예가 되는 것을 막기 위해 죽이는 어머니, 영화 〈유주얼 서스펙트The Usual Suspects〉에서 카이저 소제의 자기 가족 학살, 그리고 그런 제스처 중 가장 숭고한 예수의 십자가 수난에 이르는 수많은 사례들을 든다. 이 책은 이전 저작에서 다루어진 '세계의 밤'에 대한 논의 가운데 유토피아적인 측면을 특화시켜 보여주는 읽을 만한 책이다.

The Art of the Ridiculous Sublime : On David Lynch's Lost Highway, Seattle : Walter Chapin Simpson Center for the Humanities, 2000.
『무너지기 쉬운 절대성』의 주제 일부를 『향락의 전이』 등 이전 저작에서 사용한 방식으로 분석한 이 작은 책(에세이)은, 제목 그대로 데이비드 린치의 영화 〈로스트 하이웨이 Lost Highway〉를 다루고 있다. 곁가지로 지젝은 〈로스트 하이웨이〉가 고전적인 팜므 파탈과 포스트모던한 팜므 파탈의 대립에 대한 메타주석의 형식으로 기능한다는 것을 홍미롭게 논증한다.

Enjoy Your Symptom! Jacques Lacan In Hollywood and Out, 2nd edition, London and New York : Routledge, 2000.
이 책은 『당신의 징후를 즐겨라』에 현실reality 개념 관련 장을 첨가시켰다. 여기서 지젝은 영화 〈매트릭스The Matrix〉를 예로 들어 상징과 현실의 관계를 검토하며, 왜 대타자는 존재하지 않는지 설명한다.

The Spectre is Still Roaming Around, Zagreb : Arkzin, 2000.

지젝이 마르크스의 『공산당선언』 150판 기념 출판 서문으로 쓴 에세이를 따로 떼어 출판한 책이다. 주로 다루는 내용은 *The Ticklish Subject* 마지막 장에 나온 것들이지만, 이 책에서는 이를 오늘날 '공산당선언'이 갖는 의미 속에 배치한다. 지젝은 '공산당선언'이 비록 혁명적 실천에서는 실패했지만 자본주의의 파괴적 결과에 대한 분석만은, 오늘날 통합된 세계시장이 국민국가의 형식 자체까지 포함하여 마르크스 당시보다 훨씬 더 폭력적으로 일체의 지역적·인종적 전통을 파괴하는 후기 자본주의 시대에 훨씬 더 잘 들어맞는다고 주장한다.

NATO as the Left Hand of God, Zagreb : Arkzin, 2000.

전작인 *The Spectre is Still Roaming Around*와 마찬가지로 원래는 한정판으로 판매된 얇은 소책자(에세이)이다. 나토의 구 유고슬라비아 폭격을 비판하는 것이 이 책의 주된 내용이다. 지젝에 따르면, 이 폭력 행위는 새로운 세계질서와 신인종주의적 민족주의의 대립이라는 허구적 이분법에 따라 자행됐다. 지젝은 이 둘이 동전의 양면과 같다고 지적한다. 새로운 세계질서는 나토라는 다국적 자본주의의 군사력에 의해 유지되는 질서로, 그것이 응징하고자 했던 슬로보단 밀로셰비치의 괴물성을 똑같이 가지고 있다.

Did Somebody Say Totalitarianism? Five Essays in the (Mis)Use of a Notion, London and New York : Verso, 2001.

이 시사적이고 논쟁적인 책에 의하면, '전체주의'란 자유민주주의적 통념의 우파적 잔혹성에 대한 좌파의 비판을 공격하고, 현실적인 정치적 사고를 어렵게 만들기 위해 자유민주주의자들이 사용해온 이데올로기적 개념이다. 이 책에서 지젝은 전체주의의 다섯 가지 특징을 검토하며, 이 개념의 문제는 처음에 그런 지칭을 가능하게 했던 바로 그것(자유민주주의적 통념)이라고 결론짓는다. 지젝은 그런 통념을 가진 사람들 중 대표적인 이들을 '보수주의적 불한당' 무리라고 부른다. 그의 최근 저작들과 마찬가지로, 지젝은 '어떤 형식으로든' 증대하는 사회화를 마치 후렴구처럼 주장하며 자신의 정치적 태도를 명확히 한다.

The Fright of Real Tears : Krzysztof Kieślowski between Theory and Post-theory, London and Bloomington : British Film Institute and Indiana University Press, 2001. (오영숙·김소연 외 옮김, 『진짜 눈물의 공포』, 울력, 2004)

이 책은 이론(구조주의나 탈구조주의와 연관된 것)과 포스트이론(구조주의나 탈구조주의를 부정하는 경향)으로 분열된 영화 연구의 장에서 일어나고 있는 논쟁에 개입하고 있다. 포스트이론가들에게 반감을 갖게 되는 주된 원인은, 영화 연구에서 특정한 라캉적 개념들의 지배 때문이다. 지젝은 폴란드 영화감독 키에슬로프스키의 영화를 분석하면서, 오늘날 라캉의 개념이 점점 더 그 철학적 토대나 개념적 내포에 관한 타당한 고려 없이 사용되고 있다고 말한다. 이 책에서 그는 포스트이론의 참담한 결론을 낱낱이 폭로하며, 극도의 세심함으로 라캉적 통찰의 가치와 그 작동방식을 설명함으로써 자신의 방법론적 철저함을 증명한다.

On Belief, London and New York : Routledge, 2001. (최생열 옮김, 『믿음에 대하여』, 동문선, 2003)

이 책에서 지젝은 '자기 비판적인' 태도로 『무너지기 쉬운 절대성』의 영토로 되돌아간다. 믿음에 대한 분석으로 표제를 달았지만, 정작 이 책이 주창하는 바는 다시 윤리적 행위의 정치학, 즉 실용주의의 위안을 거부하고 성 바울이나 레닌의 강경하고 고집스런 윤리학을 되풀이하는 행위의 정치학이다. 그래서 이 책은 '세계의 밤'으로 뛰어들라는 지젝의 최근 요청을 담고 있다. 지젝의 다른 저작에 대한 사전 지식 없이도 쉽게 읽을 수 있는(그래서 가장 많이 팔린) 책이다.

● 지젝이 공동 저술한 책

Žižek, S. and von Schelling. F.W.J. *The Abyss of Freedom—Ages of the World*, Michigan : University of Michigan Press, 1975.

The Indivisible Remainder 1부의 주제를 다루는 책으로, 셸링의 『세계시대』에 대한 지젝의 에세이와 셸링의 두 번째 초안의 영어 번역을 묶어놓았다. 지젝은 셸링의 저서가 '충분이유sufficient reason'의 수수께끼를 해결하려는 과제를 중심으로 씌어졌다고 주장한다. 대부분의 철학자들이 자유를 설명하고자 한 데 반해, 셸링은 문제의식 자체를 뒤집어 어떻게 우리가 자유의 상태에서 빠져나와 이유reason의 네트워크에 사로잡히게 되는지 묻는다. 이에 대한 지젝의 분석은 이해하기 어려운 부분도 많지만(셸링의 현학적인 단장들처럼), 다른 저서에 나오는 라캉과 헤겔 논의를 상기하며 읽는다면 이해에 도움이 될 것이다.

Žižek, S., Burtler, J. and Laclau, E. *Contingency, Hegemony, Universality : Contemporary Dialogues on the Left*, London and New York : Verso, 2000.

간결하면서도 정열적이고, 웅장하면서도 유희적인 이 책은 지젝이 자신의 가장 성실한 지적 파트너인 주디스 버틀러, 에르네스토 라클라우와 문자로 나눈 대화를 묶은 것이다. 이 대화는 세 명이 서로 상대방에게 던진 질문에 답하는 에세이로 이루어졌다. 이들이 나눈 대화의 주된 논쟁점은 주체의 위상과 의미다. 지젝은 라캉에 대한 버틀러의 일관된 오해 때문에 가끔 짜증스웠지만 그 덕에 주체에 대한 자신의 이해를 명확히 정리할 수 있었다고 말한다. 그래서 이 책은 지젝의 사유에 접근하는 데 유용할 뿐만 아니라, 오늘날 정치적 좌파를 괴롭히는 이슈들에 대한 중요한 통찰을 보여준다.

Žižek, S. and Dolar, M. *Opera's Second Death*, London and New York : Routledge, 2002.

바그너의 오페라는 히치콕의 영화 다음으로 지젝이 자주 인용하는 사례이다. 이 책에서 지젝은 자신이 바그너에 집착하는 이유를 설명하고, 다른 저서 *Tarrying with the Negative*에 제시했던 작품 분석을 확장시킨다. 후반부는 돌라르의 모차르트 오페라 분석이다. 이 책이 이전 저작과 다른 점은 라캉의 이론을 설명하기 위해 바그너의 오페라를 도구로 사용한 게 아니라, 오히려 라캉 이론을 이용하여 바그너의 오페라를 설명하고자 했다는 점이다. 독자는 더 이상 지젝의 사례들이 라캉의 명제를 어떻게 구체화하는지에 골몰할 필요 없이 편안한 마음으로 책을 읽을 수 있다.

● 지젝이 편집한 책

Everything You Always Wanted to Know About Lacan (But Were Afraid to Ask Hitchcock), London and New York : Verso, 1992. (김소연 옮김, 『항상 라캉에 대해 알고 싶었지만 감히 히치콕에게 물어보지 못한 모든 것』, 새물결, 2001)

지젝의 충실한 독자라면 히치콕의 영화를 참조하지 않고서는 지젝의 책이 결코 완전할 수 없음을 알 것이다. 여기서는 감독의 작업에 단지 우연한 영향만 준 것이 엄청난 분석의 대상이 된다. 지젝과 다른 저자들(프레드릭 제임슨과 믈라덴 돌라르를 포함하여)은 히치콕에 대한 일종의 전이transferential 관계 속에서 아무리 미미한 세부일지라도 영화적 의미가 있는 것으로 본다. 지젝에 따르면, 히치콕의 영화는 심지어 자본주의의 주요한 세 단계에 대응하는 주체의 세 유형을 시기별로 보여준다. 지젝이 편집한 책(실제로는 지젝이 3분의 1 가량 쓴 것이지만) 중 최고로 꼽히는 이 책은, 영화 연구와 정신분석학의 흥미롭고 이해 가능한 결합이라 할 수 있다.

Mapping Ideology, London and New York : Verso, 1994.

이 책은 일련의 현대적인 이데올로기 분석과 비교적 고전적인 이데올로기론을 묶어놓은 것으로, 여기서 지젝은 『이데올로기라는 숭고한 대상』 1장을 편집 수록하는 한편 새로운 에세이 한 편을 싣는다. 이 에세이는 이데올로기 개념에 대한 가장 간명하고 설득력 있는 설명이다. 그에 의하면, 이데올로기는 실재와 상징계 사이의 간극을 감추는 환영으로 기능한다. (지젝에 따르면) 이 책의 가치는 지젝의 이데올로기론과—라캉의 이론을 이데올로기론에 적용한 대표적인 글로서—알튀세의 고전적인 논문「이데올로기와 이데올로기적 국가 장치」를 비교할 수 있다는 점이다.

Cogito and the Unconscious, Durham : Duke University Press, 1998.
지젝이 쓴 세 개의 에세이를 포함하고 있는 이 책은, 넓게 보아 코기토와 선험적 주체의 옹호를 표명하고 있다. 이 에세이에서 지젝은, 우리가 '인간적 인격human person'으로부터 자기-체험의 풍부함, 혹은 주체성을 덜어낼 때 남는 '괴물'이 주체라는 주장을 펼친다. 세 부분으로 나눠진 이 책은 정신분석에서의 코기토와 그것이 신체와 맺는 관계, 그리고 데카르트적 주체에 대한 현대적 비판들을 다룬다. 비교적 난해하지만 그만큼 많은 것을 얻을 수 있는 책이다.

Revolution at the Gates : Selected Writing of Lenin from 1917, London and New York : Verso, 2002.
관습적으로 비난받아온 자들에게서 소중한 정치적 교훈을 끄집어내는 지젝의 기획들 중 하나에 속하는 책이다. 이 책에서는 역사의 우연적이고 미결정의 순간이 갖는 의미를 파악하는 데 탁월한 능력을 보여준 레닌을 다루고 있다. 지젝에게 레닌은 사라지는 매개자로, 그의 통찰은 오늘날과 같은 다국적 자본주의의 시대에 생산적인 논의를 불러일으킨다. 지젝의 다른 저서들과 비교했을 때 이 텍스트는 자본의 무제한적 지배와 자유민주주의적 이념에 제약을 가할 수 있는 초국가적인 정치 운동과 기구를 형성하고자 하는—최근 저작에서 분명히 나타난—그의 노력을 보다 선명하게 보여준다.

● 지젝이 공동 편집한 책

Žižek, S. and Salecl, R. (eds) *Gaze and Voice as Love Objects*, Durham : Duke University Press, 1996.

(주로 슬로베니아 라캉학회에서 지젝과 함께 일하는 동료들이 쓴) 이 매혹적인 논문집에서 지젝의 글은 두 편이다. 첫째 글은 주로 응시와 목소리에 대해 다루고 있으며, 둘째 글은 바그너에 초점을 맞춰 남성과 여성의 관계는 구성적으로 적대적이기 때문에 '성 관계는 존재하지 않는다.'는 라캉의 명제를 설명한다. 사랑은 이 적대를 감추기 위한 신기루 혹은 미끼이다. 이 내용들은 라캉 이론 중에서도 특히 이해하기 힘든 것인 만큼, 지젝의 저서에 논쟁적 보충을 제공하는 이들(특히, 믈라덴 돌라르)의 글이 많은 도움을 줄 것이다.

● 지젝의 저서를 편집한 책

Wright, E. and Wright, E. (eds) *The Žižek Reader*, Oxford and Massachusetts : Blackwell, 1999.

지젝의 책은 대부분 그 자체로 이미 독본讀本이다. 각각의 책이 이미 다른 저서들에서 논의된 이론적 요점을 설명해주기 때문이다. 이 책은 그런 요점들을 가장 명확하고 간명하게 설명해놓은 부분들을 선별하여 묶었다. 이 책은 지젝이 '실재계의 철학자'라는 전제 아래 문화, 여성, 철학의 세 영역에서 실재 개념이 차지하고 있는 역할에 초점을 맞춰 편집되었다. (상당수는 지젝의 저서에서 뽑은 것이 아닌) 각각의 에세이 앞에는 짧은 해설이 붙어 있고, 지젝의 저작 전반에 대한 개략적인 설명과 지젝 자신이 쓴 서문까지 있어 그 내용상 가장 훌륭하고 대표성이 있는 지젝의 저작 모음집이라고 할 수 있다.

■ 인터넷 자료

Takemoto, Timothy, *Official Home Page of Slavoj Žižek*, http://www.mii.kurume-u.ac.jp/~leuers/zizek.htm(2002년 11월 개설)
지젝 자신이 교육 과정 목록과 서지 목록, 그리고 잘 나온 사진들을 제공하고 있다. 지젝이나 라캉에 대한 또 다른 사이트 호스트로 통하는 링크를 제공한다.

Lacanian Ink, *Žižek Bibliography*, http://www.lacan.com/bibliographyzi.htm(2002년 11월 개설)
가장 쉽게 지젝의 서지 사항을 볼 수 있는 곳으로, 지젝의 저서뿐만 아니라 온라인으로 받아볼 수 있는 많은 논문들이 목록화되어 있다. 또한 지젝의 간략한 전기 사항과, 지젝이 한 인터뷰 내용, 그리고 다른 라캉주의자들의 링크도 제공한다.

■ 참고문헌

Burnham, Clint, *The Jamesonian Unconscious : The Aesthetics of Marist Theory*, Durham and London : Duke University Press, 1995.

Derrida, Jacques, *Speech and Phenomena and Other Essays on Husserl's Theory of Signs* (trans. David B. Allison), Evanston : Northwestern University Press, 1973.

Descartes, René, *Discourse an Method and the Meditations* (trans. F.E.Sutcliffe), London : Penguin Books, 1968.

Dews, Peter, *The Limits of Disenchantment : Essays on Contemporary European Philosophy*, London and New York : Verso, 1995.

Eaglton, Terry, 'Enjoy!', *London Review of Books*, 27 November, 1997.

Gigante, Denise, 'Toward a Notion of Critical Self-Creation : Slavoj Žižek and the "Vortex of Madness"', New Literary History, 29 : 1, 1998, pp. 153-168.

Hanlon, Christopher, 'Psychoanalysis and the Post-political : An Interview with Slavoj Žižek', New Literary History, 32 : 1, 2001, pp. 1-21.

Homer, Sean, 'Psychoanalysis, Representation, Politics : On the (Im)possibility of a Psychoanalytic Theory of Ideology?', Centre for Psychotherapeutic Studies, University of Sheffield, 1995. http://www.shef.ac.uk/uni/academic/NQ/psysc/staff/sihomer/prp.html (2002년 개설)

Jameson, Fredric, *The Ideologies of Theory - Essays 1971-1986 : Volume 1 - Situations of Theory*, Minneapolis : University of Minnesota Press, 1988a.

Jameson, Fredric, *The Ideologies of Theory - Essays 1971-1986 : Volume 2 -*

Syntax of History, Minneapolis : University of Minnesota Press, 1988b.

Lacan, Jacques, *Ecrit : A Selection* (trans. Alan Sheridan), London : Routledge, 1977.

Lovink, Geert, 'Japan through a Slovenian Looking Glass : Reflections of Media and Politics and Cinema.' InterCommunication 14, 1995. http://www.ntticc.or.jp/pub/ic_mag/ic014/Žižek/Žižek_e.html. (2002년 11월 개설)

Marx, Karl, *Capital : Volume 1* (trans. Ben Fowkes), London : Penguin/New Left Review, 1976.

Orwell, George, *Nineteen Eighty-Four*, London : Penguin, 1949.

Palahnuik, Chuck, *Choke*, London : Jonathan Cape, 2001.

Pascal, Blaise, *Pensées* (trans. A.J. Krailsheimer), London : Penguin, 1966.

Rorty, Richard, *Contingency, Irony, and Solidarity*, Cambridge : Cambridge University Press, 1989.

■ 찾아보기

ㄱ

강박신경증 109, 182
거울 단계 53
「검은 집Black House」 193, 199
계급투쟁 145
관념론 43, 84, 88, 217
구체적 보편성 212, 213
『그들은 자기가 하는 일을 알지 못하나이
　다For They Know Not What They
　Do』 82, 258
기든스, 앤서니 Giddens, Anthony 99,
　100
기의 55, 59, 63, 252
기표 55, 59, 63, 184, 215, 216, 253
『까다로운 주체The Ticklish Subject』 71,
　261

ㄴ

남근 166, 167
냉소주의 128, 129, 197
『누가 전체주의를 말했나?Did Somebody
　Say Totalitarianism?』 103
니체, 프리드리히 Nietzsche, Friedrich 84

ㄷ

다윈, 찰스 Darwin, Charles 76
『당신의 징후를 즐겨라!Enjoy Your Sym-
　ptom!』 258
〈대사들The Ambassadors〉 186, 187
대중문화 22, 25, 36, 229, 257,
대타자 58, 78, 92, 103, 104, 106, 107,
　108, 113, 114, 117, 119, 169, 177,
　184, 185
데리다, 자크 Derrida, Jacques 74, 209,
　210, 215
데카르트, 르네 Descartes, René 71, 72,
　73, 74, 79, 80, 82, 95, 161, 167
도착증 30, 172, 182
돌라르, 믈라덴 Dolar, Mladen 32, 266,
　267
동일성 30, 89, 91, 257
동일화 54, 58
두 죽음 사이 249
듀스, 피터 Dews, Peter 223

ㄹ

라이히, 빌헬름 Reich, Willhelm 217
라캉, 자크 Lacan, Jacques 26, 27, 32,

33, 43, 51, 52, 56, 60, 74, 109,
160, 161, 207, 208, 211, 216, 219
라클라우, 에르네스토 Laclau, Ernesto
28, 212, 216, 266
레닌, 블라디미르 일리치 Lenin, Vladimir
Il'ich 268
로크, 존 Locke, John 140
로티, 리처드 Rorty Richard 192
리오타르, 장-프랑수아 Lyotard, Jean-
François 102, 103, 105

ㅁ

마르쿠제, 허버트 Marcuse, Herbert 217,
218
마르크스, 칼 Marx, Karl 27, 43, 47, 48,
49, 128, 131, 132, 159, 207, 219
마르크스주의 217, 226
매케이브, 콜린 McCabe, Colin 228
모순어법 46, 47, 61, 214
〈몬티 파이돈의 삶의 의미Monty Python's the Meaning of Life〉 110, 111
『무너지기 쉬운 절대성The Fragile Absolute』 261
'무엇을 원하는가Che vuoi?' 169, 181,
203, 177, 178, 180, 182, 183, 189,
190
물신주의적 부인 24
뭉크, 에드바르 Munch, Edvard 170
《믈라디나Mladina》 34
민주주의 37, 38, 250, 258
『믿음에 대하여On Belief』 265
밀레르, 자크-알랭 Miller Jacques-Alain

33

ㅂ

바그너, 리하르트 Wagner, Richard 162,
170, 266
바르트, 롤랑 Barthes, Roland 74
바이닝거, 오토 Weininger, Otto 47, 154,
155, 156, 157, 158, 160, 161, 169,
174
버틀러, 주디스 Butler, Judith 170, 212,
266
번햄, 클린트 Burnham, Clint 229
법法 58, 109, 112, 113, 253
베냐민, 발터 Benjamin, Walter 252
베버, 막스 Weber, Max 82
벡, 울리히 Beck, Ulrich 99, 100
변증법 45, 46, 61, 83, 212, 216, 257,
보들레르, 샤를-피에르Baudelaire, Charles-
Piere 25
부인否認 24, 197
『부정성과 체류하기Tarrying with the
Negative』 259
부정어법 24, 25, 26
『불가분의 잔여The Indivisible Remainder』 260
〈블레이드 러너Blade Runner〉 92, 93
『삐딱하게 보기Looking Away』 257

ㅅ

사라지는 매개자 82, 83, 84, 88
사랑 269

살레츨, 레나타 Salecl, Renata 32
상상계 53, 54, 61, 66
상상적인 것 53
상징계 53, 55, 58, 60, 61, 64, 65, 66,
　　78, 89, 92, 116, 117, 120, 144,
　　169, 172, 184
상징적 질서 58, 63
상징적인 것 53
상품 물신주의 131, 141, 144
생체정치 237
『성과 성격Sex and Character』 154, 157,
　　169, 174,
세계의 밤night of the world 80, 88, 120,
　　158, 231,
「세계들의 상점Store of the Worlds」 180
『세계 시대Die Weltalter』 86, 65
세계화 196
셰익스피어, 윌리엄 Shakespeare, Wiliam
　　149
셸링, 프리드리히 빌헬름 요제프 폰
　　Schelling, Friedrich Wilhelm
　　Joseph von 84, 85, 86, 88, 89,
　　143, 217, 265
소쉬르, 페르디낭 드 Saussure, Ferdinand
　　de 55, 57, 215
소크라테스 Socrates 45
『소중한 사람Beloved』 120, 262
소파 고정점point de capiton 134, 135
소포클레스 Sophocles 149
수행문遂行文 156, 158, 159
쉬클리, 로버트 Scheckley, Robert 180
슈만, 로베르트 알렉산더 Schumann,
　　Robert Alexander 238
슬로터다익, 페터 Sloterdijk, Peter 128,
　　129, 130, 135,
습관 113
신神 86, 87, 91, 120
실재 60, 64, 65, 114, 117, 144, 172, 257
실재계 53, 59, 60, 61, 89, 116, 142,
　　145, 212
실재적인 것 53

ㅇ

아감벤, 조르지오 Agamben, Giorgio 248
아우구스티누스 Augustine 71
『안녕, 내 사랑Farewell, My Lovely』 162,
　　163
『안티고네Antigone』 149
알튀세, 루이 Althusser, Louis 137, 138,
　　139, 268
야콥슨, 로만 Jakobson, Roman 27, 29
〈어 퓨 굿 맨A Few Good Men〉 220, 245
언표된 주체 159, 160
언표행위의 주체 159, 160
에버트, 테레사 Ebert, Teresa 224
〈에일리언Alien〉 22, 23, 164
엥겔스, 프리드리히 Engels, Friedrich
　　128
예수 115, 116, 180
오스틴 Austin, J. L 158
오웰, 조지 Orwell, George 192
왜상歪象 185, 186, 188
외밀함ex-timacy 90
외상trauma 64, 65
욕망 108, 109, 161, 181, 182, 183, 203
『우연성, 헤게모니, 보편성Contingency,

Hegemony, Universality』 212
위험사회 99, 109
유령 같은 보충물 144, 145
유물론 217
〈유주얼 서스펙트 The Usual Suspects〉 120, 121, 262
윤리학 199
음양陰陽 46
의미화 사슬 55, 56, 58, 63
이글턴, 테리 Eagleton, Terry 21
이데올로기 49, 50, 51, 109, 127, 128, 129, 132, 134, 135, 141, 142, 143, 145, 146, 173, 211, 239,
『이데올로기라는 숭고한 대상 The Sublime of Ideology』 28, 34, 257
이데올로기적 국가장치 137, 138, 139, 140, 141, 144, 209
〈이창 Real Window〉 189, 190
인종주의 177, 194, 195, 196, 198

ㅈ

자본주의 47, 50, 82, 83, 102, 122, 127, 128, 141, 196, 213, 228, 249,
자아 53, 58
『자유의 심연 The Abyss of Freedom』 261
재귀성再歸性 101
「재능 있는 리플리 씨 The Talented Mr Ripley」116, 118
적대 144, 146
적대성 66, 145
전체성 212, 214, 216
절대적 허풍 112

정신분석 33, 107
정신분석학 51, 76, 108, 217, 219, 257
정치 227, 228, 235
정치학 257
제5원소 168
제논 zenon 45
제임슨, 프레드릭 Jameson, Fredric 82, 102, 103, 217, 229, 267
좌파 212
주인-기표 252, 253
주체 37, 38, 39, 63, 63, 66, 76, 78, 82, 88, 89, 90, 94, 116, 117, 119, 120, 141, 158, 169, 188, 211, 215
증상 161, 162, 164
『진짜 눈물의 공포 The Fright of Real Tears』 264

ㅊ

『착한 병사 슈바이크 Good shodier Schweik』 222
챈들러, 레이먼드 Chandler, Raymond 162
『1984년』 192
『천상의 예언 The Celestine Prophecy』 119
철학 21, 22, 25, 26, 37, 158, 229, 257
초자아 109, 110, 112, 239, 253
총체 168
총체성 168, 221, 227

ㅋ

카프카 170
칸트, 임마누엘 Kant, Immanuel 79, 81, 217
코기토cogito 71, 72, 73, 74, 79, 80, 82, 95, 167
『코기토와 무의식Cogito and the Unconscious』 261
코페르니쿠스, 니콜라스 Copernicus, Nicolas 76
코폴라, 프란시스 포드 Coppola, Francis Ford 246

ㅌ

타자 115, 203
탈구조주의 74, 76, 78, 92, 207
탈근대 99, 104, 114, 116, 122, 196
탈근대성 102, 113, 114
『토템과 터부Totem and Taboo』 167
티토, 마샬 Tito, Marchal 31

ㅍ

파스칼, 블레즈 Pascal, Blaise 136
팔라닉, 척 Palahniuk, Chuck 59
팜므 파탈 162, 173, 262
페미니즘 170, 172, 225, 227
편집증 114
포스트 마르크스주의 216
푸코, 미셸 Foucault, Michel 220

프로이트, 지그문트 Freud, Sigmund 51, 64, 76, 77, 182
피히테, 요한 고틀리프 Fichte, Johann Gottlieb 88

ㅎ

하버마스 209
하셰크, 야로슬라프 Hašek, Jaroslav 222
하이스미스, 퍼트리샤 Highsmith, Patricia 116, 193, 199
『항상 라캉에 대해 알고 싶었지만 감히 히치콕에게 물어보지 못한 모든 것 Everything You Always Wanted to Know About Lacan(But Were Afraid to Ask Hitchcock)』 267
〈해학곡Humoresque〉 238
행위 112, 119, 122, 225, 231, 237
향락 24, 109, 112, 122, 162, 167, 184, 185, 195, 196, 237
향락 246, 257
『향락의 전이The Metastases of Enjoyment』 259
헌팅턴, 새뮤얼 Huntington, Samuel 252
헤겔, 게오르그 빌헬름 프리드리히 Hegel, Georg Wilhelm Friedrich 27, 43, 44, 45, 46, 49, 61, 79, 83, 113, 120, 158, 207, 212, 215, 216, 219, 257
호명 139
호모 사케르 248, 249
홀바인, 한스 Holbein, Hans 185, 187
『화성에서 온 남자, 금성에서 온 여자

Men are From Mars, Women are From Venus』 166
환상 178, 180, 181, 182, 183, 184, 185, 185, 186, 191, 192, 193, 195, 196, 197, 199, 200, 201, 203, 253
『환상의 돌림병 *The Plague of Fantasies*』 260

히간테, 데니스 Gigante, Denise 224
히스테리 109, 157, 169, 182
히치콕, 알프레드 Hitchcock, Alfred 47, 189, 258,
히친스, 크리스토퍼 Hitchens, Christopher 246

누가 슬라보예 지젝을 미워하는가

2005년 4월 15일 초판 1쇄 발행
2017년 6월 5일   5쇄 발행

지은이 | 토니 마이어스
옮긴이 | 박정수
펴낸이 | 노경인 · 김주영

펴낸곳 | 도서출판 앨피
출판등록 | 2004년 11월 23일 제2011-000087호
주소 | 우)07275 서울시 영등포구 영등포로 5길 19(37-1 동아프라임밸리) 1202-1호
전화 | 02-336-2776   팩스 | 0505-115-0525
전자우편 | lpbook12@naver.com
블로그 | blog.naver.com/lpbook12

ISBN 978-89-956462-1-2